《幸福教育的样子》（第六集）

美好的容颜

杨九俊 著

江蘇鳳凰教育出版社
Phoenix Education Publishing, Ltd

感谢您使用本书。您在使用本书时如有建议或发现质量问题,请联系我们。

【内容质量】电话:4008283622

【印装质量】电话:4008283610

图书在版编目(CIP)数据

美好的容颜 / 杨九俊著. -- 南京 : 江苏凤凰教育出版社, 2025. 4. -- (幸福教育的样子). -- ISBN 978-7-5743-1746-8

Ⅰ. G632. 421

中国国家版本馆 CIP 数据核字第 20250TJ362 号

书　　名　美好的容颜
作　　者　杨九俊
编辑统筹　王欲晓
责任编辑　刘　煜
出版发行　江苏凤凰教育出版社(南京市湖南路 1 号 A 楼　邮编 210009)
苏教网址　http://www.1088.com.cn
照　　排　江苏凤凰制版有限公司
印　　刷　江苏扬中印刷有限公司(电话:0511-88420818)
厂　　址　江苏省扬中市大全路 6 号
开　　本　787 毫米×1092 毫米　1/16
印　　张　17.75
版　　次　2025 年 4 月第 1 版
印　　次　2025 年 4 月第 1 次印刷
书　　号　ISBN 978-7-5743-1746-8
定　　价　58.00 元
网店地址　http://jsfhjycbs.tmall.com
公 众 号　苏教服务(微信号:jsfhjyfw)
邮购电话　025-85406265,025-85400774
盗版举报　025-83658579

苏教版图书若有印装错误可向出版社调换

目 录

第一辑 风乎舞雩

领悟创新意蕴　生成蓬勃气象

——试谈新课改精神的理解与落实 / 2

学科德育怎样落地 / 9

跨起来　跨出去　跨回来 / 16

深度学习“深”在哪里 / 21

语文新课标新在哪里 / 24

学习任务群：语文学习的创新样态 / 30

新课标的教学期待：理解与落实 / 36

“文学阅读与创意表达”任务群的理解与落实 / 49

名师成长之道 / 57

关于教育写作的若干箴言 / 62

第二辑 云蒸霞蔚

创想教育：通向儿童美好未来 / 70

一所高品质示范高中的办学气象 / 84

五育并举　融合育人

——江苏省扬州中学创建高品质示范高中实践探索 / 89

中国灵魂　世界胸怀

——南京外国语学校的高品质建设 / 94

让历史照亮未来 / 101

理想之光照亮校园 / 107

培育高中生创新素养的实践探索

——江苏省丹阳高级中学的高品质示范高中建设 / 111

聚焦教学　多维发力

——江苏省前黄高级中学高品质示范高中创建 / 117

让每个生命蓬勃绽放

——江苏省扬州市邗江区幸福教育区域实践探索 / 123

“为学而教”的区域实践 / 130

高中国防教育的精彩样本 / 137

幼儿园综合课程的园本建构

——南京市实验幼儿园的实践探索 / 139

田野课程之旅的启迪 / 147

“学会生存”向未来 / 153

暖认知：让学习成为温暖的旅程 / 159

成长空间的美学意蕴 / 167

学科实践的成功示例 / 170

助学系统：“学为中心”的落地保障 / 174

“小小博物家”，创新学习新路径 / 180

小人书，大世界

——记常州市新北区泰山小学小人书阅读、创编活动 / 183

爱与智慧催生“美丽教育” / 189

第三辑　郁郁葱葱

好大一棵树

——记于漪老师 / 194

薛法根的语文世界 / 203

让儿童“出场”

——小学语文素养表现型教学路径创新 / 215

理解教学：一张闪亮的名片 / 223

问乎之妙：儿童问学课堂的意蕴 / 229

菊荣的力量 / 234

走进教育的生活美学 / 239

深耕于体验的田地

——夏静团队体验教学研究述评 / 248

为每个儿童打开数学之窗 / 255

“尚美语文”：让语文学习成为美的旅程 / 260

不待扬鞭自奋蹄 / 267

附录 / 273

教育叙事中的文本解读

——杨九俊《诗意的光亮》方法论说略 / 273

让诗意的光亮照进现实 / 276

后记 / 278

第一辑

风乎舞雩

领悟创新意蕴　生成蓬勃气象

——试谈新课改精神的理解与落实

在2001年版义务教育课程设置实验方案和2011年版义务教育课程标准分别实施20多年、10多年之后，《义务教育课程方案和课程标准（2022年版）》已于2022年4月正式颁布。可以预见，落实新方案、执行新课标（亦称“2022年版课标”）是义务教育阶段在今后至少10年时间里的主要任务。因此，准确领悟新课改的创新意蕴，切实贯彻新课改的基本精神，对于推进义务教育立德树人根本任务的落实，全面提高教育教学质量十分必要。

一、从高远站位看立意

新课改立意新，新就新在站得高，看得远。

（一）唱响高质量发展主旋律

习近平总书记在党的十九大报告中指出：我国经济已由高速增长阶段转向高质量发展阶段，正处在转变发展方式、优化经济结构、转换增长动力的攻关期。党中央还明确了新发展理念，即创新、协调、绿色、开放、共享。这些都标志着作为现代化的后发型国家，我国正在经历“先量后质”发展方式的转变，进入高质量发展阶段。以经济发展为龙头，经济、社会综合体系全方位发展即高质量发展。唯有如此，才能让14亿多中国人民过上更加美好的生活，才能在中华民族伟大复兴征程中不断迈出坚实的步伐。高质量发展，创新是第一动力，人才是第一资源，教育不仅自身要高质量，要满足人民群众“上好学”的需求，还要为经济社会发展提供人力资源、人才资源。从深层次看，教育变革应呼应高质量发展主旋律，恰如《中国教育现代化2035》提出的：要把我国建设成学习大国、人力资源强国和人才强国，就要全面深化教育改革。新一轮课程改革在高质量发展主题的落实上，具有目的和方向上的一致性。

（二）关注百年未有之大变局

“百年未有之大变局”是中国共产党针对当前世界发展局势的重要研判。从当前情况看，最突出的是两点：一是科技的，信息化浪潮一浪高过一浪，互联网、人工智能、元宇宙纷至沓来，改变着人们的生活方式、生产方式、生存方式、思维方式，这些都在形塑也在呼唤新人；二是国际关系的，先发型的某些国家，正在或可能撤下他们攀登的“梯子”（德国经济学家李斯特的比喻），大大增加了后发型国家追赶的难度，“卡脖子”现象时常可见。面临大变局，我们一方面要坚持对外开放，建设人类命运共同体；另一方面要以改革为动力。在教育上，就是要不断思考和回答“培养什么人，怎样培养人，为谁培养人”这个根本问题，课程改革在一定意义上就是一种深层次的应答。

（三）遵循并探索教育发展的客观规律

每一次教育改革，一方面是因应科技、社会发展带来的深刻变化，另一方面是因为人的培养还有许多需要改进和优化的地方。本轮课程改革亦是如此，从修订的指导思想、原则和已经带来的变化可以看出核心团队抵达教育本质，探索、遵循教育规律的不凡努力。比如：完善培养目标、优化课程设置、聚焦核心素养、变革学习方式、倡导综合学习、加强学段衔接等，都是以探索、遵循教育规律为深层底色的。

二、从目标体系看“新人”

新方案、新课标的研制有鲜明的目标导向，而且构成了完整的目标体系。

（一）以“有理想、有本领、有担当”为培养目标

2014年，教育部印发的《关于全面深化课程改革 落实立德树人根本任务的意见》明确指出：立德树人是发展中国特色社会主义教育事业的核心所在。2018年，习近平总书记在全国教育大会上再次强调：要把立德树人融入思想道德教育、

文化知识教育、社会实践教育各环节。本轮课程改革，根据习近平总书记对培养时代新人的要求，为立德树人之“人”画像，指出：“义务教育要在坚定理想信念、厚植爱国主义情怀、加强品德修养、增长知识见识、培养奋斗精神、增强综合素质上下功夫，使学生有理想、有本领、有担当，培养德智体美劳全面发展的社会主义建设者和接班人。”这样的目标定位体现了德育为首，首先有德，德为统率；提出了全面发展，“三有”是德才兼备的整体，德智体美劳是“五育”并举的全面；包含了未来向度，以理想信念为动力，以全面推进可持续发展。

（二）以核心素养为课程目标

立德树人是根本任务，“有理想、有本领、有担当”是培养目标，具体到课程，2022年版课标则把根本任务、培养目标与课程特质相融通，提出通过课程培育的核心素养。从三维目标到核心素养，体现了对课程、学科本质的新认识，生成了提高教育质量的新路径。恰如新课标明确指出的：核心素养是学生通过课程学习逐步形成的正确价值观、必备品格和关键能力。要理解这里的三要素，可以通过“做事”这个视角。一方面，“核心素养”是在真实复杂情境中通过问题解决和创新表现出来的，或者说是通过“做事”让其可看见。“价值观”指做对的事，“关键能力”指能做事，“品格”指能把对的事做好。具体到课程，则要体现课程性质，反映课程理念。本次课改在2017年版普通高中课程标准提出学科核心素养的基础上，提炼了各门课程要培育的核心素养，这就使培养目标的落地有了着力点。而在具体表述时，一般采用要素列举、维度展现或者是二者兼顾的方法。

对核心素养的理解和把握，一要关注根基性。核心素养是向下扎根、向上生长的。核心素养是“带得走”的东西，因为它已经化为身体、生命的一部分，而不是考试完了，就“还”给老师和课本的那些靠死记硬背和反复操练掌握的知识技能。二要关注表现性。有人说核心素养存在冰山现象，对它的感知、认识，是通过对冰山“可看见”的部分观察生成的。所以“做事”是培育核心素养的基本载体。比如：数学课程要培育的核心素养是“会用数学的眼光观察现实世界”“会用数学的思维思考现实世界”“会用数学的语言表达现实世界”，而正是“做中学”，才可以看出会与不会。三要关注整体性。核心素养的要素、维度都是相互关联的，它们是一个整体，如：对地理课程要培育的核心素养，新课标用图示的方法呈现了它们的关系，“人地协调观”居于中心，是正确的价值观，而“综合思维”“区域认知”和“地理实践力”是围绕中心的三个板块，“综合思维”“区域认知”是思维方式和能力，“地理实践力”是行动力和意志力。这样的图示描绘出了一个地理的“人”。另一方面，核心素养往往是在“做”某件事情时综合表现出来的，如“感时花溅泪，恨别鸟惊心”，这里有拟人、对仗，关乎语言；把主观情感借助客观物象生动表现出来，建构审美意象，关乎审美；从主观到客观，从抽象到形象，从散落到齐整，关乎思维；而“溅泪”“惊心”，则让人想到那个腥风血雨的时代，关乎文化。语文课程要培育的四个核心素养在这个千古名句中得到了综合体现。所以，核心素养的培育不能用简单对应的方法，而是要把握其内在的整体性。

（三）以阶段性特征描述学段目标

各门课程的课程标准都阐述了核心素养的内涵。当明确课程总目标后，分学段描述具体目标的依据就是核心素养的学段特征，如《义务教育数学课程标准（2022 年版）》明确指出：“小学阶段侧重对经验的感悟，初中阶段侧重对概念的理解。”随后分别列出相关概念领起学段要求的横向结构，以四个学段的层级性形成学段要求的纵向结构。当然，在不同的课程标准中，有些表述则体现了课程个性，比如理科课程大致以概念、领域为牵引，语文、英语等课程则以学习实践活动为载体。把握学段目标，一方面要关注概念、要素、领域、活动方式之间的关联性，另一方面要关注不同学段的递进性，尤其要注意某些素养表现的再次出现，一定是在螺旋式上升轨道上的升阶，要从整个素养目标体系的角度进行认识和把握。

三、从结构化看课程内容

结构化是新课标课程内容呈现的显著特色。

（一）建构课程的知识体系

大多数课程标准在课程内容部分都通过图示描绘了课程或学科的知识体系，让人一目了然，建构的线索则是学科知识的内在逻辑。比如：《义务教育地理课程标准（2022 年版）》搭建了基于地理空间尺度的主题式内容结构，《义务教育历史课程标准（2022 年版）》则按照通史叙事结构描述了内容体系。有的虽没有出图，但仍可以想见，比如《义务教育语文课程标准（2022 年版）》[以下简称《语文课标（2022 年版）》]，将六个学习任务群分成三个层面：第一层设“语言文字积累与梳理”一个基础型学习任务群，第二层设“实用性阅读与交流”“文学阅读与创意表达”“思辨性阅读与表达”三个发展型学习任务群，第三层设“整本书阅读”“跨学科学习”两个拓展型学习任务群。这样，基础型、发展型、拓展型就搭建起语文这门课程的“建筑”。在一定意义上，大概念、大观点、大主题等都是从这座“建筑”中生长出去的，而这座“建筑”也为课程、学科的学习确定了大的路向。恰如有的课程标准明确指出的，把核心素养的培养有机融入学科核心概念的学习过程中，而核心概念则是课程内容这座“建筑”的梁、柱等。

（二）把学习内容嵌入学习任务之中

这一点其实是基于学习情境创生纵向的课程内容结构。2022 年版语文课标沿用《普通高中语文课程标准（2017 年版 2020 年修订）》中的做法，主要以学习任务群的方式组织与呈现课程内容。2022 年版语文课标明确指出：“语文学习任务群由相互关联的系列学习任务组成，共同指向学生的核心素养发展，具有情境性、实践性、综合性。”多个课标组借鉴了开发学习任务群的思路，如劳动等课程在建构课程内容时，直接使用“任务群”概念，以十个劳动任务群构建劳动课程的内容结构。而大部分学科课程，都明确以主题组织课程内容，分别从“内容要求”“学业要求”“教学提示”三个方面阐说，“内容要求”指向学什么，“学业要求”指向学得怎样，“教学提示”指向怎样学，显然具有鲜明的过程性结构的特征。为什么要采取这种方法，把学习内容嵌入学习任务呢？崔允漷教授在介绍新课改突破点时，提到了学习经验的结构化，这有助于从学理上解释这个问题。郭华教授在《让核心素养真正落地》一文中很有见地地指出：“课程内容结构化……既强调学科知识结构，还强调在这样的结构中所隐含着的学生的活动及活动方式的结构化，为课程内容的活化、动态化，教学活动的综合性、实践性提供内容基础。”而语文、劳动等以任务群为标志的课程内容的组织，则已经不是“隐含”，而是彰显学生的学习活动和活动方式的结构化，呈现了以学习经验为主轴的、创新的课程内容。

四、从学科实践看学习方式

学科实践是走出“学习方式变革在一定程度上陷入中看未必中用”窘境的创新路径。

（一）遵循教学基本规律

学科实践是个性与共性的统一，个性指学科特质，共性则是共同规律。学科实践首先关乎学习，自当在学习的“共同语言”基础上“寻找自己的句子”。教学规律很多，从学科学习的角度看，笔者以为特别要抓好以下几点：第一，认知与情感的统一。学习心理学表明，认知与情感是具有匹配性的，是相互作用、相互影响的。李吉林老师的情境教育之所以了不起，就在于情境教育解决了认知与情感统一这一教学的基本问题，促进学生高认知与高情感协同发展。第二，让挑战性学习贯穿始终。完成挑战性任务，是深度学习的重要标志。学习情境中的挑战性主要指思维的挑战，在课改启动的时候，我们就提出一堂课好不好关键要看有效思维的时间长度。在讨论愉快教育时，我们也主张学习中最大的愉快是享受酣畅淋漓的思维的快乐。近几年倡导的深度学习，是生成核心素养的重要途径，而思维升阶无疑是深度学习的重要维度。第三，合作学习与独立学习相结合。高质量的课堂需要合作学习与独立学习的相辅相成，要倡导合作，但合作要以有质量的独立学习为前提。第四，关注互联网时代学习生活的变化，探索信息技术与学习规律的内在契合点，引导学生掌握新的学习工具。

（二）像专家那样学习

像专家那样学习，意味着要以真实生活为基本情境，以任务驱动的方式，用学科典型的学习方式去探究问题，完成任务。本次课标修订在这方面有所强化，有的课标直接点明了主导的学习方式，如科学提出以探究实践为主要方式，劳动推进“做中学”“学中做”，语文提出以“识字与写字”“阅读与鉴赏”“表达与交流”“梳理与探究”为学科实践活动方式等。笔者曾就什么是彰显学科特质的学科实践和一些教师进行过讨论：语文教师列出的是积极的语言运用，把枯燥的文字符号变成生动形象的画面，在思维升阶的过程中实现情感的深化、升华等等；数学教师提出的是引导学生经历“直观—抽象—符号变换—应用”的思维过程，在探索、体验中培育核心素养；英语教师提出要以大主题情境为载体，以语篇为依托，组织英语由理解到表达不同层次的活动，力求语言能力、思维品质、文化意识同步提升，等等。当然，这些意见难免带有个性化色彩，许多更本质的意蕴还有待我们在实践探索中不断体悟、凝练。

五、从学业质量标准看评价

本轮课改的一个重要变化，就是研制了学业质量标准。贯彻落实学业质量标准，一是要有体系性视角。学业质量要从整个课程体系来把握，恰如新课程方案指出的，“各课程标准根据核心素养发展水平，结合课程内容，整体刻画不同学段学生学业成就的具体表现特征”。二是要把握表现性特征。学业质量是在行为中显现的,往往与“做事”的情境相联系,比如语文,就是按照日常生活、文学体验、跨学科学习三类语言运用情境,整合语文实践活动来描述的,所以要多运用表现性评价的方法进行测量、描绘。三是要关注过程性评价。一方面,传统评价关注终结性评价,这当然仍要重视,且特别要强调素养立意的命题,要以学业质量标准为依据;另一方面,要着力改进过程性评价,广泛收集课堂关键表现、典型作业和阶段性测试等数据,推进基于数据和证据的教与学改进,从而有力地以评价促进教与学水平的提升。

六、从系统优化看保障

除了以上所述,新一轮课改还在组织推进教材编写、资源开发、专业支持等方面提出了一系列措施。其中,较为瞩目的是“教学研究与教师培训”被作为专节列出。结合江苏实际,笔者以为在这方面要做好如下几点:第一,认真总结、推广先进经验。多年前北京有朋友谈及江苏教育教学成果丰硕、名师名校众多时,希望笔者说说缘由,笔者脱口而出:“水涨船高。”江苏教育水准高,最主要的是基层学校、教师具有创造活力,诸如李吉林老师的情境教学,邱学华老师的尝试教学,不都是闪亮教育本质和学科特质的学科实践吗?新一轮课改注重吸收前期课改的经验,所以,认真梳理原创经验,加以总结、提高、推广,一定是一件事半功倍的大好事。第二,坚持以改进专业实践为研训主线。研训是为了改进专业实践,这样的过程既是问题解决与创新的过程,也是教师专业素养提升的过程。第三,让专业支持惠及每一所学校、每一个教师。高质量应是所有地区、所有学校、所有班级、所有学生的高质量,高质量发展的专业支持一定要“全体都有”,要做好规划、创造条件、形成制度,特别要做好雪中送炭的工作,保证新课改的鲜花开遍、飘香于江苏义务教育阶段学校所有的校园。

记得2002年启动第八次课程改革之际,笔者在主持会议时曾描述过自己的期望:深化课程改革,是为了走向一个黄金时代,而只要以大情怀全身心投入,贯彻落实课改精神,就是意味着我们步入黄金时代!今天,笔者仍然如此期盼。在新方案、新课标颁布后,江苏教育人一如既往,坚定信念,扎实推进,全面贯彻课改精神,一定能生成江苏义务教育的蓬勃气象,一定就是在创造一个黄金时代!

本文发表于《江苏教育》2022年第49期

学科德育怎样落地

学科德育是德育的重要途径，要落实新课改“坚持德育为先”的要求，必须把学科德育摆在应有的位置，从认识上加以澄明，在实践上努力创新。

一、准确理解学科德育的内涵

（一）从教学内容的内在资源理解学科德育内涵

学科德育首先指向学科教学内容的内在资源。什么是教学内容的德育资源呢？2017年教育部颁发的《中小学德育工作指南》明确指出，德育的内容包括理想信念教育、社会主义核心价值观教育、中华优秀传统文化教育、生态文明教育和心理健康教育。《义务教育道德与法治课程标准（2022年版）》明确“道德与法治课程是义务教育阶段的思政课”，道德与法治课程旨在培养学生政治认同、道德修养、法治观念、健全人格、责任意识等核心素养。从这些上位文件的表述看，德育不仅仅是思想教育、政治教育，更是“为党育人”“为国育才”视野里完整的积极人格教育。

内在资源是指组成教学内容的素材中显见的德性。就语文课程来说，其课程内容主要的主题就是中华优秀传统文化、革命文化、社会主义先进文化。“在突出上述主题的同时，还应选择反映世界文明优秀成果、科技进步、日常生活特别是儿童生活等方面的主题。”[1]这些主题凝聚的学习素材大多闪耀着德性的光辉。《语文课标(2022年版)》在分学段阐说课程目标时，每一个学段最后都有一段话，指出在通过识字与写字、阅读与鉴赏、表达与交流、梳理与探究等语文实践活动培育核心素养时，要重视学科德育，如第四学段的最后一段话是："在落实以上要求过程中，注重理解中华优秀传统文化蕴含的核心思想理念、中华人文精神和传统美德，表达自己作为中华民族一员的归属感和自豪感；体会中国共产党在长期奋斗历程中培育形成的崇高精神和人格风范，体认英雄模范忠于祖国和人民的优秀品质，培育民族气节和爱国主义情怀。"[1]这是文道不分家的语文传统在当下的自然体现。

德育资源在人文学科、艺术学科比比皆是，在其他学科中也并不少见，因为在教材中，知识的载体往往是叙事性的，还常常连接着生活情境，自然就融入了德育资源。而跨学科主题学习、学科综合实践活动，也都是基于真实的生活情境的。教师自己开发课程时，常常"文章合为时而著"，素材的思想性也能得以彰显。

（二）从知识与道德的关系理解学科德育内涵

知识的最高价值是真、善、美的统一。"知识的目的在于求真，求客观事物所投射的真实，求人生切合真实世界，求知识切合价值，从而获得对客观真实事物的正确认识。而真恰恰是道德判断形成的前提。知识的效用在于扬善，即利用知识改造社会、改造人生，实现自然宇宙、生命个体、人伦社会、天地精神之和谐。知识的这一效用使知识具备了人性、人道性质。知识的理想在于追求'开物成务'的美学境界，即把握客观、化解矛盾、实现人类理想。"[2]

知识与道德是一体的，每个学科的知识都有独特的育人价值，"史鉴使人明智；诗歌使人巧慧；数学使人精细；博物使人深沉；伦理之学使人庄重；逻辑与修辞使人善辩"[3]。

知识与道德是一体的，学科知识为道德成长奠定了理性基础，"道德认知、情感、意志、行动建立在对人、物、事及其关系认识的基础上，我们正是在对事物认识的基础上才形成相应的态度和情感"[4]。《义务教育科学课程标准(2022年版)》对"态度责任"这一核心素养有如下阐述："态度责任是在认识科学本质及规律，理解科学、技术、社会、环境之间关系的基础上，逐渐形成的科学态度与社会责任。"[5]

知识与道德是一体的，因为知识的学与知识的用是连接的，而"用"是有价值性的，"学校中道德教育最重要的问题就是知识与行为的关系"[6]，"知识为行为之重要标准，不能养成知识，即是不能养成道德"[7]。

（三）从“过程与方法”的维度理解学科德育内涵

有学者认为，“教学是一种内涵深刻的道德活动”[8]，在新课改的话语体系里，也就是指“过程与方法”有解放学生、支持学生的要求。“目的与手段保持一致，不仅教学的原点建基于师生个体性的精神自由之上，教学努力引导师生走向一种德性生活，更是通过道德的手段来推动它，实践它。”[9]

一是要树立“学生为中心”的育人观，研究学生，发现学生，激活学生，让学生以知识建构参与者的身份沉浸在认知的情境中，使其主体精神得到生长。

二是要为课堂打开生活之门，加强其与生活世界的联系，这样做必然会引进学科德育的源头活水。

三是要注重师者本身“美学形象”的塑造。在教学活动中，教师有多重身份，他是审美主体，需要发现教学内容的美、教学对象的美、教学情境的美；他又是审美客体，应当呈现教学劳动的形态美，为学生提供审美示范；他还是审美中介，通过教学方法、教学技巧，引导学生进入审美境界。

如是，师者在“做人”这一点上，就具有了教科书的意义。

二、充分认识加强学科德育的意义

（一）学科德育是学科教学的应有之义

无论东西方，知识学习都是首先指向道德的培养。面对现代教育的分科教学，学者们一直关注对教育教学内在关系的研究，如赫尔巴特认为，“教育的唯一工作与全部工作可以总结在这一概念之中——道德。道德普遍地被认为是人类的最高目的，因此也是教育的最高目的”[10]；杜威指出“学科具有社会性”，也是强调学科教学自然地包含了学科德育的内容，因为人的社会性教育包含了要培养人参与社会生活的道德素养。

（二）学科德育是立德树人的时代要求

教育的首要问题是“培养什么人”，教育的根本任务是立德树人。“为党育人、为国育才”不只是一句口号，它是现代中国教育必须答好的时代命题。从教育的基本规律看，育人是第一位的，培养德性完整的人是教育的第一价值。进入大数据、人工智能时代，许多时候机脑可以代替人脑，智力的工作可以由机器代替。对此，一方面，科技越发展，驾驭科技的人越是要品德高尚；另一方面，机器替代人力，人们可以有时间享受德育、美育、体育，等等。

从现实世界的丰富性、复杂性看，坚持正确的政治立场，树立正确的人生观、世界观、价值观，是需要有“慧眼”的。正因如此，党和国家对德育工作给予了高度重视，对学科德育提出了具体要求。1993年中共中央、国务院印发的《中国教育改革和发展纲要》就指出：“加强德育工作是全体教师的共同责任。教师应当把德育贯穿和渗透到教育教学的全过程中。”2017年教育部颁布的《中小学德育工作指南》明确要求：“充分发挥课堂教学的主渠道作用，将中小学德育内容细化落实到各学科课程的教学目标之中，融入渗透到教育教学全过程。”“要根据不同年级和不同课程特点，充分挖掘各门课程蕴含的德育资源，将德育内容有机融入各门课程教学中。”新一轮的基础教育课程改革坚持德育为先，在课程标准中对学科德育进行了具体引导和部署。义务教育各门课程要培养的核心素养，都有直接指向学科德育的，如语文的“文化自信”，历史的“家国情怀”，英语的“文化意识”，地理的“人地协调观”，科学的“态度责任”，物理、化学的“科学态度与责任”，生物学的“态度责任”，体育与健康的“体育品德”，音乐的“文化意识与素养”，美术的“文化理解”等，都具有明显的道德性。此外，数学的“三会”建基于“现实世界”，自然与德育相关联；道德与法治的全部、劳动课程的大部分核心素养，都是具有德性内涵的。

（三）学科德育需要进一步创新实践

学科德育经过多年实施，取得了不少成绩，但也存在不少问题，需要我们创新实践、提升境界。这些问题主要包括：虚无化，因为应试教育的影响，“见分不见人”，认为学科德育是软任务，可有可无，长此以往，其就被有意无意地忽略了；浅表化，不能从铸魂润心的高站位出发去认识学科德育，只是满足于走过场，应付交差；泛化，不是利用学科内部生成的或教学过程中自然生成的德育素材，而是生拉硬拽，套上德育的“外衣”，学科课上成德育课；僵化，学科德育的最高境界是润物细无声，但在教学一线，多见说教式、训诫式的德育，常常引起学生内心的排斥。种种问题，都有待我们在创新实践中有效解决。

三、全面优化学科德育的实践

（一）坚持新课程的核心价值观

21世纪初，新课程启动时有一句开宗明义的口号：“为了每位学生的发展，为了中华民族的复兴。”每位学生都发展了，也就意味着中华民族复兴有望。按照马克思主义关于人的学说，人的自由和全面的发展应是教育的主要目的，新课程正是秉持这样的认识进行整体设计的。

学科德育要落实新课程的核心价值观，一是要把“全面”和“自由”融为一体加以认识。“育人价值指向学生个体精神发展的全部。”[11]聚焦“整全人”的目标，才能完整地落实学科德育。

二是要通过学科实践来落实学科德育。学科德育是在学科实践中进行的，学科实践就是像专家那样“做事情”，当然这个“做事情”是以发展思维、升华情感为主线的。“做事情”对不对就是价值观，能不能“做事情”就是关键能力，在“对”和“能”的前提下“事情”做得好不好就是必备品格。只有坚持实践性，核心素养才能扎根。学科德育也应当遵循这样的规律，通过学科实践活动，达到“知道”“理解”“能做”。

三是要让学生体验德育的愉悦感、幸福感。鲁洁先生提出：“德育的享用性功能，可使每个个体实现其某种需要、愿望（主要是精神方面的），从中体验到满足、快乐、幸福，获得一种精神上的享受。”[12]这种“享用”才是入脑入心的，才会有扎根生长的觉悟。“享用性”德育应该成为学科德育的理想追求。

（二）把握学科德育的学科特质

学科德育的基本内容是生长在学科知识里的，所以学科德育要在把握学科特质的基础上进行。《中小学德育工作指南》指出，语文、历史、地理等课要利用课程中的语言文字、传统文化、历史地理常识等丰富的思想道德教育因素，潜移默化地对学生进行世界观、人生观和价值观的引导；数学、科学、物理、化学、生物等课要加强对学生科学精神、科学方法、科学态度、科学探究能力和逻辑思维能力的培养，促进学生树立勇于创新、求真求实的思想品质；音乐、体育、美术、艺术等课要加强对学生审美情趣、健康体魄、意志品质、人文素养和生活方式的培养；外语要加强对学生国际视野、国际理解和综合人文素养的培养；等等。而综合实践活动课程、校本课程等也要根据课程特点落实德育。

（三）彰显教学的德性

德性指具有理性的人能决定自己的行动，有了行善的意念和准备并付诸行动，产生了效用。这种行为反复多次，习惯便成自然。“教学德性是教师在教学过程中自己表现的道德品行。”[13]

教学德性在课堂上的表现,第一是教师对学生的爱。爱是教育的灵魂,也是师德的灵魂。“教育的智慧是一种以儿童为指向的多方面的、复杂的关心品质。”[14]第二是教师在教育教学过程中表现出来的积极乐观的生活态度,师者乐观向上、豁达明朗的积极人格,对学生的精神发育有良好的示范作用。第三是道德的教学方式。“教学应当使教育的文化功能和灵魂的铸造功能融合起来”,“以正确的方式传授知识和技能,其本身就已经是一种对整个人的精神教育”。[15]教学方式的道德感表现在:尊重学生,融入对每个学生的关爱;契合学科教学的基本规律,富有创意,等等。卢梭说:“在敢于担当培养一个人的任务之前,自己就必须造就成一个人,自己就必须是一个值得推崇的模范。”[16]唯有“立己”,方能“达人”。

(四)贯通学科德育的境界

杜甫有诗《春夜喜雨》:“好雨知时节,当春乃发生。随风潜入夜,润物细无声。野径云俱黑,江船火独明。晓看红湿处,花重锦官城。”笔者在多年前就根据这首诗的意境,描绘了语文德育的三重境界[17],窃以为对于其他学科的德育也是有参考价值的。

第一重境界:春风化雨。课文里的德育资源是一片片积雨云,教师的辛勤劳作是阵阵春风。春风化雨,这就需要教师在备课时“化”到位,如融化,在准确、深刻、创造等方面下功夫,通透地理解德育内容;分化,用辩证的眼光分析复杂的思想性内容,取其精华,去其糟粕,“取”“舍”都是德育应有之义;点化,或示以观点,或引来材料,使作品的主题更加鲜明,更为突出;情化,“文章不是‘无情物’,师生俱是有情人”,要以情动情。

第二重境界:润物无声。润物无声有多种表现,其形式自然,没有画蛇添足的笨拙,也无油水分离的隔膜,而是水乳交融;分寸适度,恰如其分,恰到好处,有时只是“点到”,未必就要“点破”,更不能“点过”;氛围和谐,课堂里弥漫着和谐的氛围,正是催发霏霏春雨的最佳气候。

第三重境界:花团锦簇。“晓看红湿处,花重锦官城。”“好雨”下上一夜,必然杂树生花,一片“红湿”,使学生在“享用”中蓬勃生长。

参考文献

[1] 中华人民共和国教育部. 义务教育语文课程标准(2022 年版)[S]. 北京:

北京师范大学出版社,2022.

[2] 陈微."知识道德"新论[J].社会科学,2000(5):34－38.

[3] 培根.培根论说文集[M].水天同,译.北京:商务印书馆,1983.

[4] 周晓静,朱小蔓.知识与道德教育[J].全球教育展望,2006,35(6):23－27.

[5] 中华人民共和国教育部.义务教育科学课程标准(2022年版)[S].北京:北京师范大学出版社,2022.

[6] 杜威.民主主义与教育[M].王承绪,译.北京:人民教育出版社,2001.

[7] 单中惠,王风玉.杜威在华教育讲演[M].北京:教育科学出版社,2007.

[8] 坎普贝尔.伦理型教师[M].王凯,杜芳芳,译.上海:华东师范大学出版社,2011.

[9] 刘万海.以善致善:教学道德性论题的儒学启示[J].全球教育展望,2011,40(3):17－22.

[10] 张焕庭.西方资产阶级教育论著选[M].北京:人民教育出版社,1979.

[11] 叶澜.融通"教""育",深度开发学科的育人价值[J].今日教育,2016(3):1.

[12] 鲁洁,王逢贤.德育新论[M].南京:江苏教育出版社,1994.

[13] 刘雄英.教师教学德性:内涵、发展及实践进路[J].教育发展研究,2018,38(10):80－84.

[14] 范梅南.教学机智:教育智慧的意蕴[M].李树英,译.北京:教育科学出版社,2001.

[15]雅斯贝尔斯.什么是教育[M].邹进,译.上海:生活·读书·新知三联书店,1991.

[16] 卢梭.爱弥儿:论教育[M].李兴业,熊建秋,译.北京:商务印书馆,1978.

[17] 杨九俊.语文教学艺术论[M].上海:华东师范大学出版社,2020.

本文发表于《基础教育课程》2024年第9期

跨起来　跨出去　跨回来

教育部2022年颁布的《义务教育课程方案(2022年版)》(以下简称“新方案”)中明确提出“设立跨学科主题学习活动,加强学科间相互关联,带动课程综合化实施,强化实践性要求”,并要求原则上各门课程用不少于10%的课时设计跨学科主题学习。对于这样一个“硬”任务,应该怎么落实呢?

一、跨学科主题学习如何跨起来

(一)跨起来的前提是准确理解跨学科主题学习的内涵

我们可以从以下五个方面来认识:

其一,跨学科主题学习是一种课程形态。跨学科主题学习可以是一种学习方法,但在新方案的语境中,首先是一种课程形态。如同研究性学习曾经是整个课程体系的一个“特区”一样,跨学科主题学习,包括某些学科课程标准明确的综合实践,也是学科内综合学习的一个“特区”。

其二,跨学科主题学习是一种镶嵌在学科知识体系内部的课程模块。新方案语境中的跨学科主题学习,是基于学科的,属于“学科+”,有着鲜明的学科立场。

其三,跨学科主题学习是一种主题统摄的课程。《语文课标(2022年版)》指出,课程内容要突出中华优秀传统文化、革命文化、社会主义先进文化,指出“在突出上述主题的同时,还应选择反映世界文明优秀成果、科技进步、日常生活特别是儿童生活等方面的主题”。尽管不能简单地生搬硬套新课标，但我们可以从新课标的表述中揣摩出主题的意义性。主题的价值导向，正是跨学科主题学习中课程育人的聚焦所在。

其四，跨学科主题学习是一种整合性的知识形态。跨学科主题学习不是碎片化的，而是整体性的，是多个学科“养料”合成的一个课程模块。跨学科主题学习的核心是知识的整合，“跨”意味着越过学科边界，“跨”是两个或多个学科主动作用建构成一个新的整体，而不是多个学科知识和方法的“拼盘”。

其五，跨学科主题学习是一种“做事情”的实践方式。跨学科主题学习往往是以情境任务为载体，其特点是激发“做”的热情。“做”指向问题的解决，且常常以某个成果的形式为标志。所以，知识的应用是其重要特征。对主学科来说，是学用结合，侧重于“用中学”。对辅学科来说，侧重于“用”，在应用中从相关学科视角去解决主学科的问题。而这种“做事情”往往以相对完整的一个时间段为界限，以一个单元为基本单位。

（二）跨起来的关键在于主题的提炼和内容的整合

先说主题的提炼。

首先，要明确主题范畴，在这方面应该以新课标为主要依据。对语文学科来说，新课标已经明确三类主题范畴，即日常生活与学科学习、社会考察与社会热点、文化参与与文化专题。然后，应该充分考虑各地各校的具体情况。教育部在新方案中提出：“统筹各门课程跨学科主题学习与综合实践活动安排。注重统一规范与因校制宜相结合，统筹校内外教育教学资源，将理念、原则要求转化为具体育人实践活动。”这就要求我们在落实新课标时，将跨学科主题学习置于具体的学校、家庭、社区的情境中。因为贴近真实情境，所以可行，也有助于形成多姿多彩的实践样态。以南京市建邺区张蓉教师先期探索的跨学科主题学习为例，他们依据新课标精神，以“创新儿童的语文生活”为核心主张，结合本区域特点，从“日常生活类”“文化活动参与”“社会热点问题”三个类别展开设计，研制了八大主题的区域语文跨学科学习课程框架，包括习惯规则、触摸自然、社会实践、成长脚印、文化之旅、乡音乡情、校园生活、奇思妙想等。在实施时，又鼓励各校有自己的理解和表达。最后，给具体活动命名。具体活动的命名大致有四个维度：谁来做、做什么、怎样做、为什么做。以某一个为侧重点即可，比如“我带弟弟妹妹参观校园”基本涵盖了这四个维度；“我到敬老院送月饼”涵盖面也较宽，其中“语文＋数学”学科内容融合的月饼购买设计，没有也不需要在命名中表达（属于“怎么做”中的一个环节）；“家乡的昨天和今天”，让人一看，就明白是用调查、比较的方法来“做”；“中华一家亲”则以“为什么做”的价值意蕴命名，突出了意义性；等等。这都是一些好的命题。

再说内容的整合。

有学者认为，整合是“跨学科的石蕊测试”。换言之，是不是真正的跨学科主题学习，最关键的是看是否能有效地整合学习内容。真正意义上的整合应该有如下几点表现：第一，是有机性的。有学者提出“综合不是意味着把各部分拼凑在一起，像一个人做蛋糕时把各种原料放在一起那样，而是运用各部分之间的联系，并使部分服从于普遍真理”。每一个课程模块都是“一个”整体，不同的学科元素应该有机地融入这个整体，而不是仅仅陈列在这个整体中。第二，是进程性的。有学者认为，“跨学科整合称为进程而不是活动”“进程表达的概念是朝向特定（但往往是意料之外的）结果的逐渐变化”。跨学科主题学习的整合不仅仅是设计阶段的事，更是过程性的，是预设与生成双向接纳、双向生成的过程。第三，是创造性的。正如一些学者所认为的，“整合进程的本质是创造性组合和合并”“该进程的目的是创造性地形成新的且大于（也不同于）其组成部分总和之物——更全面的认识”。这个特征与开放性、生成性直接关联。笔者听过“我是小小气象员”的跨学科主题学习课，教师引导学生将对物候的描写整合进诗作中，引导学生从说明性和文学性两种语言的表达特点方面去体会，分别领略其精确性和生动性。课堂上有学生提出“有些诗句为什么违背了自然规律”并举例说明，如“白日依山尽，黄河入海流”“黄河之水天上来”等等。教师对这样的“意外提问”应秉持接纳、欢迎的态度，通过探讨帮助学生们对文学语言形成更全面的认识。这显然就是在“创中学”。

二、跨学科主题学习怎样跨出去

如何真正跨出去呢？

（一）强调实践性

新方案谈及设立跨学科主题学习活动时，明确“强化实践性”要求。跨学科主题学习就是要用实践的方式学，具体落实“做中学”“用中学”“创中学”。以语文第三学段来说，要求“参加”“参与”相关活动，在体验感知基础上运用多种形式分享经验和感受；通过小组研讨、集体策划、设计参观考察活动方案，运用跨媒介形式分享研学成果；选取有关主题，设计人工智能的未来生活；等等。现在的跨学科主题学习，案例大多以“做事情”为载体，是值得肯定的。

（二）强调结构化

跨出去不能东一榔头西一棒子，应该围绕特定的素养目标，做结构化的安排。结构化的重要标志之一，是单元整体考量，也就是跨学科主题学习应该以单元为基本单位，进行整体考虑，把每一节课都看成单元整体的有机组成，都是朝着单元整体目标前进的。结构化的重要标志之二，是“教—学—评”的一致性。从“大单元”视角考虑“教—学—评”一致性，内在的关联才能打通。结构化的重要标志之三，是内容与活动的一体化。结构化，并不止于课程内容的结构化，而是将学生及其活动纳入结构之中，使静态的内容动起来、活起来。

（三）强调进阶式

跨出去不是平面地展开，而是学习的拾级而上。是否进阶，一是看问题的解决。跨学科主题学习是综合运用多学科知识发现问题、分析问题、解决问题，这样一个问题解决的过程就是素养升阶的过程。二是看思维的发展。跨学科主题学习不能只见热闹而不见实效，见实效的重要表征是思维能力的培养。在活动设计时，要有意识地把活动板块的推进与思维的进阶关联起来。

三、跨学科主题学习还要跨回来

跨学科主题学习要有“回家”的意识。“回家”就是回到学习目标，学习目标大致包括三个方面。

（一）学科素养的落实

我们讨论的跨学科主题学习是在学科范畴内的课程模块，“学科＋”是通过激活其他学科的知识和方法来解决“这个”学科的复杂问题，旨在提高“这个”学科的素养。如 2022 年版语文课标关于跨学科主题学习的落脚点是“提高语言文字运用能力”。“我是小小气象员”紧紧扣住“怎么说得明”，“诗行某地”落脚于诗歌的欣赏和尝试创作，都是既让人看到“跨出去”了，也没有迷失方向。

（二）多学科视角分析和解决问题能力的形成

这是跨学科主题学习中 10％的课时不同于 90％的课时的地方。方法论的知识也是重要的知识。世界本身是整体的、复杂的，只是我们习惯用分割、孤立的方式来认识它，所以我们对这个世界常常不适应，尤其是不适应它的变化。现在用10％的课时培养学生复杂思维的能力，应该“种瓜得瓜”。“复杂性”这个词意味着“被连接”“编织在一起”。法国著名哲学家埃德加·莫兰关于整体性思维的思想，对于我们理解跨学科主题学习是有意义的。复杂性思维重在用“连接”的方式，多学科聚焦同一问题，就是用“连接”的方式解决问题，重在培养整体性、复杂性思维。

（三）主题意义的体悟

主题都是有价值意蕴的，仅从义务教育语文新课标表述看，一些主题范畴指向“养成爱书、爱文具的好习惯”“感受和学习生活中的中华优秀传统文化”等等，都包含了明确的育人要求。因为是在“做事情”的过程中体会到的，所以其价值不仅在“知道”，而且在“领悟”。怎么证明学习目标落地了呢？其主要的方式是表现性评价。崔允漷教授等提出：“评价表现化，即以表现评价为支架引领并考量学生在跨学科主题学习中的实践，让核心素养培育过程‘可视化’。”从案例来看，跨学科主题学习的评价，基本是围绕事情（东西）做得怎样、怎样做成这个事情（东西）而进行的。

本文发表于《中国教育报》2024年7月12日第5版

深度学习“深”在哪里

深度学习是个热词,但众声喧哗,令人莫衷一是。笔者以为,首先要讨论的是“深”在哪里。

一、从旁观式学习到参与式学习

按照旁观者知识观,知识的学习是主客两分的,知识是“他者”,所以考完试就“还”给课本和老师了。新课程倡导参与者知识观,即学生在老师的引导下主动参与知识的建构,在“做事情”的实践中领悟知识,将知识内化,使知识成为自身的一部分。所以,深度学习最重要的是学习的姿态,是学习者主体性的确立,激活学生的内在活力,引导学生以积极的情感投入学习,在学习过程中获得自我满足,这是前提性的,也是决定性的。自我促进的学生,他们泰然自若并且乐于学习,他们追求课程要求以外的知识,他们主动而非被动地获取知识,他们的惊奇远多于忧虑,而且他们甚至说学习给予他们热切与振奋的感觉。

二、从“浅层”到“深层”

这是深度学习最显明的意思。什么叫浅层?什么叫深层?浅层与深层是什么关系呢?笔者以为新西兰学者约翰·哈蒂在《可见的学习——最大程度地促进学习》中说得比较清楚。他认为理解有四个层次，分别是“单点结构层次”“多点结构层次”“关联结构层次”“抽象拓展层次”，它们分别指“一个观点”“许多观点”“相关观点”和“拓展性观点”。前两个层次属表层学习，后两个层次属深层加工。学习仅仅到表层是不够的，仅仅为了表层更是错误的，但处理得好，表层、浅层与深层就会是一个连续体，深层学习可以在浅层学习基础上进行。从哈蒂的阐释看，深度学习重要的是思维的进阶，是从“点”到结构化，从事实性到抽象性，从领会到应用。我国学者近些年来有大同小异的表述，一般认为知识有符号层(概念)、逻辑层(思维)、意义层(价值、情感等)。综合这些表述，笔者以为，“深度”(深层)有如下表征：(1) 知识图式化、结构化，新知纳入了已知，知识体系得到更新、优化，此时，知识已经内化。(2) 知识可以迁移、应用。这一方面是因为知识的结构化使之具有迁移的可能性，另一方面是因为学习者有运用知识的兴趣和习惯。(3) 形成洞察力。这是基于知识的关联性又超越其关联性的能力，知识已经转化为思想的武器，在具体情境中看得准、看得透。爱因斯坦说，对表面现象之后隐藏的规律的感觉，使我们形成直觉。彭加荣说，逻辑用于证明，直觉用于发明。洞察力应该是一种创新的素质。(4) 共鸣性的产生。学习者对情感、价值和学科本质有所领悟、高度认可，有的还发生强烈共鸣，在认知的同时，也实现了价值认同。

三、从单向度到完整

浅层学习、讲授和记忆的都是知识点，只是符号意义上的知识，只能是单向度的。如前论及，知识本身是完整的，深度学习就是完整的学习。同时，更要看到，深度学习不仅仅是“深”到知识里，还要“深”到人的成长里，“深”到获得滋养精神成长的完整知识里。儿童正是作为一种精神上的存在而不仅是肉体上的存在，才给人类的发展提供了原动力。也正是儿童的精神，决定了人类发展的进程，并有可能把人类引向更高级的文明。深度学习要关注高阶思维，要关注知识的深度，更要关注儿童精神的成长。所以，要引导学生像专家一样思考，“重返”知识生产的现场，学会专家的思考而不是记住专家的结论，并在经历过程中体会专家生产的激情和智慧；要以挑战性学习贯穿学习始终，锤炼自己解决问题的意志，培养自己有效解决问题的能力；要倡导“做中学”“用中学”“创中学”，在主动学习中提高自己的实践智慧；要在教师管理的“公共世界”、同伴互动的“半私人世界”、学生个体的“私人世界”（哈蒂语）这三个世界有所区别又相互融通中建构积极成长的社会情境，使个体性和社会性达到更高水平的平衡。如是，学生的完整成长才是可能的；许多学者所期盼的“深度学习促进学生作为具体的社会历史实践主体的成长和发展”也才有可能。

本文发表于《学校管理》2024 年第 3 期

语文新课标新在哪里

新修订的义务教育语文课程标准已经于 2022 年颁布，完整理解、准确把握其新的意蕴，对于全面落实课标精神十分必要。新课标新意迭现。作为学习新课标的初步体会，本文主要从课程目标、内容、实施、评价四要素的视角入手展开论述，希望对新课标形成结构化理解，从而促进新课标的整体性落实。

一、新在提炼核心素养，明确课程目标

本次义务教育课程方案和课程标准修订是站在落实立德树人高度，因应科技和社会飞速变化而进行的。核心素养就是立德树人要求在各课程中的具体化表达。义务教育语文课程标准提炼了文化自信、语言运用、思维能力、审美创造四个核心素养，又大抵按照相对应的思路，列出九条课程总目标，进而从识字与写字、阅读与鉴赏、表达与交流、梳理与探究等语文实践活动的方式这一维度，分学段列出具体目标。这样的目标系统具有鲜明特点。

（一）育人根基性

一是突出学科育人、课程德育的价值取向。核心素养把“文化自信”放在第一条，进一步强调以文化人的课程功能。课程标准提出，“认同中华文化，对中华文化的生命力有坚定信心”。这是在落实党和国家的时代要求，立德树人是党和国家赋予教育的根本任务，必然要求所有课程，包括语文课程加以落实。弘扬革命

文化、社会主义先进文化是语文课程“思政”的首要内容；但又要认识到，“思政”内容是永恒性和时代性的统一。如是，这样的精神滋养既是赓续政治品性的红色基因，又是全面提升学生道德境界的必然要求。语文育人不仅是时代要求，也是学科的特质和优势。按照朱自清先生的说法，做一个受教育的中国人，就应当接受古典的训练，这种训练就是种下中国文化的精神种子。“文章合为时而著”，今天对于古典，当有现代眼光；波澜壮阔的伟大时代，自会生产新的具有典范意义的语文成品。现代中国人又需要通过了解和借鉴人类文明优秀成果，瞭望并攀登世界文化高峰。现代科技社会发展构成的时代风貌，也会在语文生活中直接呈现或间接映衬。二是体现根基性特点。根基兼有基础、扎根、可生长等内涵。语文核心素养的培育，无论是思政、德行维度的育人，还是成为全面发展的语文人，都强调向下、向内扎根，向外、向上发展。

（二）内在整体性

我们可以从三个方面认识这一特点：一是核心素养相互关联。课程标准指出，“核心素养的四个方面是一个整体”，四者相互关联，相互渗透。相对其他三项，语言运用是专属于语文课程的，语言运用是语文课程核心素养的基础。语言与思维可以看作一张纸的两面，是密不可分的；说语言，总会说到语感，语感本身是思维的一种表征，又常常表现为一种审美敏感。文化是语言的成品和活动，也是思维的成品和活动。语言文字及作品是重要的审美对象，审美的过程也是语言、思维发展的过程，是文化的吸收和表现的过程。分开来说，语言运用是表达的需要，在其表现时，总是具有综合性。二是核心素养统摄非核心素养。核心素养可以包裹、涵盖、拉动那些非核心素养。这样作为学科课程的营养才具有完整性。三是核心素养自身内外贯通。语文课程的四个核心素养，在高中新课标中都各自包含了两个要素，如语言的“建构与应用”，思维的“发展与提升”，审美的“鉴赏与创造”，文化的“传承与理解”；义务教育新课标则以更简洁的表达来取代，更突出了“做”，但其内在贯通的意蕴是题中应有之义。语文学习对内就是吸收内化、涵育滋养，对外就是以言行事、以言取效，内外两个方面相互激发、螺旋上升，从而推动素养提升。

（三）陈述具体性

新课标对四个核心素养作了概括性阐述，又在目标体系中加以具体化。具体化的过程分两步走，第一步是明确总目标，总目标第一条是学科“立德”的总要求，后面八条基本按照一对二的对应关系具体阐述，将核心素养转化成课程总目标。如对于“思维能力”，核心素养分别从思维方式、思维品质和探究意识、理性精神等方面陈述，总目标则分成两条：一条侧重于作为语文学科特质的形象性思维，另一条侧重于一般性的逻辑思维，并分别设置相应情境，描述能力表现的应然状态，具有“可看见”的特点。第二步则分学段陈述具体目标。每个学段又按照“识字与写字”“阅读与鉴赏”“表达与交流”“梳理与探究”等语文实践活动方式，依据不同学段特点将课程总目标进行转化、落实。从语文实践活动方式的维度来看，可以理解为基于语文学习的具体情境，将目标要求与学科实践融通，如此一来更容易理解；逐个学段呈现，突出不同学段的特征，则更易于把握。这样的转化和落实体现了核心素养的整体性和层级性。

二、新在设计任务群，创新课程内容组织与呈现方式

新课标从“主题与载体形式”“内容组织与呈现方式”两个方面建构课程内容。“主题”囊括了中华优秀传统文化、革命文化、社会主义先进文化，以及反映世界文明优秀成果、科技进步、日常生活和儿童生活等；“载体形式”指反映、表现这些主题的各类语文作品和相关联的风物、活动。“内容组织与呈现方式”则是吸收高中语文新课标的经验，“遵循学生身心发展规律和核心素养形成的内在逻辑，以生活为基础，以语文实践活动为主线，以学习主题为引领，以学习任务为载体，整合学习内容、情境、方法和资源等要素，设计语文学习任务群”。学习任务群是语文课程本质的重要发现，是语文课程结构的重要创新，应当加以深刻领会。

（一）学习任务群是语文课程结构的基本要素

新课标将学习任务群分成三类，即基础性学习任务群：语言文字积累与梳理；发展性学习任务群：实用性阅读与交流，文学阅读与创意表达，思辨性阅读与表达；拓展性学习任务群：整本书阅读，跨学科学习。其中，“语言文字积累与梳理”具有基础性地位，而且渗透在其他学习任务群中。三个发展性学习任务群是对传统文体划分的某种超越，更多按照语文成品的作用划分。两个拓展性任务群从内容到呈现都有创新意义，“整本书阅读”是从“篇”到“本”的拓展，与其他各个任务群多以单篇文本呈现的形式形成相互补充，重在引导学生认识整本书阅读是高质量语文学习的重要内容。“跨学科学习”是从单学科学习向多学科学习的拓展，从

课堂学习向日常生活和社会实践的拓展，着意于立足语文课程培养学生综合学习能力。每个任务群又都贯穿四个学段，螺旋发展，体现层级性与整体性的统一。

（二）学习任务群体现了语文课程的特质

语文课程的特质可以从两个方面看，一是综合性、实践性的表现形态。学习任务群都是语文成品、语文活动的集聚，任务群相互之间也是开放的，这些都体现了语文课程的综合性；任务群的命名本身意味着语文课程的学习是任务驱动的，是以实践为重要表征的。二是从本质属性看，语文课程是工具性与人文性的统一。工具性指语文知识、技艺、能力的建构和应用；人文性则包括语文学习的内容和为什么选择这些内容，包括把国家通用语言文字的学习和运用作为一种生活方式、生命体验、生存智慧。工具性、人文性是密不可分的，分开来说只是为了讨论问题的方便。

（三）学习任务群具有高度整合性

学习任务群是一个“群”，必然是一种综合呈现。从教学需要看，体现为三个方面：一是学习内容的整合。学习任务群是课程内容的组织和呈现方式，课程内容的主题与载体更多是从不同文化维度划分的，而提炼形成任务群则对这些内容与载体进行了重新整合，尽可能对应素养表现。任务群又包含了课程内容与生活、与其他学科的整合。任务群之间是相互开放、互为整合的。二是内容与方法的整合。每个学习任务群都分为两个部分，即“学习内容”和“教学提示”，因此学什么与怎样学要整体考量。“学习内容”是把“主题与载体形式”“内容组织与呈现方式”有机结合在一起。“教学提示”大多从主题情境、学习活动、评价等方面展开，具有过程性特点。三是多种学习方式的整合。新课标提出识字与写字、阅读与鉴赏、表达与交流、梳理与探究等语文实践活动的基本方式，这些方式在具体运用时往往是相互渗透的，是有机整合的。其中最为突出的是读与写，任务群是把读与写融为一体的。因此要从读与写的双向互动、有机联系方面加以理解和把握。

三、新在以积极的语文实践，构建学习活动的主线

语文新课标强调“增强课程实施的情境性和实践性，促进学习方式变革”，就是在倡导语文课程的“学科实践”。需要重视以下四点。

（一）创设真实性情境

新课标在“教学要求”中提出，“创设真实而富有意义的学习情境，凸显语文学习的实践性”。这说明语文学习的实践是基于情境的。从语文学习的特点看，要倡导将语文学习嵌入日常生活场景、社会文化参与实践活动；要把握人文主题的特点组织学习单元，激活文本互文生成情境的内在作用，将人文意蕴与学生成长的真实生活相连通；要在情境设计中关注学习主题与环境、材料的逻辑联系，促进意义生成；要创设具有语文课程特点的情境，让情境内在孕育学生的语文实践活动。

（二）设计召唤性学习任务

按照接受美学的观点，作品具有召唤性，它是激活、召唤读者进入、参与的。学习任务群大而言之是任务导向的，这还只是一个方向性的引领，还需要我们在具体的学习单元里加以落实。特别是将学生的需求与学习的要求结合起来，加强基于真实情境的任务设计，以有意义、有召唤性的任务激发学生积极主动参与。

（三）引导学生进行“语文的”学科实践

语文课程典型的学习方式，一方面是指新课标明确的识字与写字、阅读与鉴赏、表达与交流、梳理与探究等学习活动的方式；另一方面要往深挖学科特质的方向继续走，往创造性教、创造性学等方面作努力。比如，体验是通过亲身经历进行认知的一种方式。体验无疑是语文深度学习的一条通道，在研习、探讨、亲历等语文学习活动中，加强体验，实现多重对话，参与文本的创造，领悟知识的意义，实现情感的升华，其语文味就可能如咀嚼橄榄，余味无穷。

（四）倡导跨媒介学习

高中语文新课标把“跨媒介阅读与交流”作为18个学习任务群之一，义务教育语文新课标尽管没有单独类似的任务群，但其精神意蕴都包含在“实用性阅读与交流”等任务群中。其在“教学建议”中又列专条提出“关注互联网时代语文生活的变化，探索语文教与学方式的变革”。落实新课标精神，要切实把握信息技术与语文教学深度融合的趋势，引导师生积极利用网络资源平台拓展学习空间，丰富学习资源，变革学习方式，学习跨媒介阅读与交流，培育信息素养。在信息技术支持的学习实践中，逐步认识、掌握语言与信息技术融合形成的新工具，为语文学习打开更广阔的天地。

四、新在研制学业质量标准，为学业评价提供依据

作为一个课程形态，评价是必不可少的内容。语文新课标对评价十分重视，专列“学业质量”作为新课标六部分内容之一。在“课程实施”中，又有一节阐述“评价建议”。在学习、落实过程中，要注意从以下方面把握。

（一）完整理解学业质量内涵

在新课标的描述中，学业质量有个“四、三、四”的结构：四个核心素养是质量标准的主要维度；三种语言运用情境是按照日常生活、文学体验、跨学科学习划分的，体现“可看见”的特点；四个学段相互衔接，描述出素养升阶的整体过程。对这样一个结构要完整把握。从体量上说，四个学段学业质量标准的描述都分五个自然段，一、二自然段指向日常生活，三、四自然段指向文学体验，第五自然段指向跨学科学习。具体内涵则随着学段升高而扩展和提升。

（二）把握语文学业质量的表现性特征

如果说核心素养是一种“冰山现象”，可看见的部分就是通过能力维度表现的。相关联的学业质量更具有表现性特征，在落实语文课程学业质量标准时要充分把握这一特征。基于情境，表现总是在情境中；重在过程，语文学习过程的展开正是素养表现在推动，在一定意义上，过程即表现；关注整体，空间维度上核心素养的表现是多维整合的，时间维度上核心素养是螺旋式上升的，即使回旋到同一个地方，那个地方也是熟悉的陌生地，是在整体循环中跃迁升阶的，同样的表现也往往包含了语文素养全部内容的充实和扩展，是一种总体性提升。

（三）充分发挥考试评价对教学的促进功能

无论是过程性评价还是终结性评价都要从知识导向向任务导向转型。考试命题情境化，任务性题型应当占更大比重。任务群的学习则应从全部学习过程考查，全方位给予评价，多以复杂情境的任务引导学生运用素养要素，进行问题解决和创新。要创新评价方式，为素养发展提供支持。一方面力求把内在的东西用外部可测量、可评价的方式描述出来，另一方面在过程性、表现性评价时，又要多用行为动词，用表示程度的词语描述。重视学习过程和学习评价中数据和证据的积累，促进基于数据和证据的教与学的改进。

本文发表于《中国教师报》2022 年 6 月 1 日第 6 版

学习任务群：语文学习的创新样态

《语文课标(2022年版)》提出以学习任务群组织与呈现课程内容。这是新版课标在内容修订上的一大突破，也是一个全新的要求，引起一线教师的高度关注。笔者发现，很多教师对于什么是学习任务群、学习任务群的特点和意义认识不清，进而对于如何在课堂教学中以学习任务群来组织和呈现课程内容感到迷茫。因此，从根本上厘清认识，找准学习任务群在课程教学中的落地路径十分必要。

一、什么是学习任务群

笔者认为，应从以下四个方面来认识学习任务群。

（一）学习任务群是课程内容的组织与呈现

学习任务群是在课程内容范畴讨论的事情，新版义务教育语文课标提炼了六个学习任务群，这六个任务群分三个层面：第一层设“语言文字积累与梳理”，为基础型学习任务群；第二层设“实用性阅读与交流”“文学阅读与创新表达”“思辨性阅读与表达”，为发展型学习任务群；第三层设“整本书阅读”“跨学科学习”，为拓展型学习任务群。这三层六个任务群搭建起语文课程内容的“建筑”。学习任务群使语文课程内容以空间结构性呈现的方式“立”了起来，这是了不起的事情。

（二）学习任务群是由相关要素有机组合的“群”

新版义务教育语文课标明确提出，要以中华优秀传统文化、革命文化、社会主义先进文化为核心内容，以学生生活为基础，以语文实践为主线，以学习主题为引领，以学习任务为载体，整合学习内容、情境、方法和资源等要素设计学习任务群。因此，学习任务群注重整体规划，强调多方面要素的有机整合。作为“群”，我们不仅要关注其内容的丰富性，更要关注聚合、整合的有机性，要在把握内在关联性上下功夫。

（三）学习任务群是任务导向的语文实践方式

学习任务群本质上是一种学习方式，要求在任务驱动下，以积极主动的语文实践构建学习生活。这个“群”里包含相关联的系列学习任务。“相关联”可以是空间视角，也可以是时间视角。作为学习任务，必须有过程、有结果，体现学习单位的完整性。这个学习任务与通常语境中的“学习任务”最大的不同，在于前者嵌入了学习内容。正因为这个特点，学习方式的运用就在一片用武之地中，靠实而不虚空。

（四）学习任务群是通过主题情境呈现的

根据《普通高中语文课程标准（2017 年版 2020 年修订）》精神，统编高中语文教材的编写，大致运用两种方法：多数情况下是以一个任务群对应相关单元，此外，还有“基础性”任务群，采用既对应单独设计单元又在其他单元相机渗透的方法。从新版义务教育语文课标看，任务群的呈现也大致是这个思路。在课标中，已用举例的方法加以介绍，在每个任务群的“教学提示”部分，都列出了一些主题情境作为示例。

二、为什么要提出学习任务群

对于一线教师而言，学习任务群是一个新概念，是一种教学的新形态。只有深刻理解其价值和意义，才会产生发乎内心的自觉行动。

（一）为核心素养目标所牵引

核心素养是课程立德树人的聚焦点、着力点。义务教育语文课程培育的核心素养包括文化自信、语言运用、思维能力、审美创造四个方面。核心素养具有育人根基性、内在整合性、行为倾向性等特点。“育人根基性”强调课程总是在哺育学生的精神成长，也是指核心素养具有类似植物性特征，向下扎根，向上生长，发展得好，蓬蓬勃勃，一派生机。“内在整合性”是指诸多要素组成一个整体，课标对此有清晰阐述，指出四个核心素养以语言运用为基础，而语言与思维是一张纸的两面，二者相辅相成。语言运用本身就是传递文化，也总是伴随着审美活动。以“感时花溅泪，恨别鸟惊心”这句诗为例，正是语言、思维、审美、文化的合力成就了这样的千古名句。行为倾向性是指核心素养总是在做事中有所表现。核心素养的要素是“正确价值观”“关键能力”“必备品格”，“正确价值观”是做对的事，“关键能力”是能做事，“必备品格”是指能把对的事做好。而“做事”要在真实情境中，素养也一定是综合表现的。课标指出学习任务群“指向学生的核心素养发展”“具有情境性、实践性、综合性”，为核心素养的生长提供了沃土。

（二）体现语文课程特质

语文课程的特质可以分为表现形态和本质特征两个方面。综合性和实践性是其表现形态。从综合性看，语文课程内容有中华优秀传统文化、革命文化、社会主义先进文化等主题，还有反映世界文明优秀成果、科技进步、日常生活特别是儿童生活等方面的主题。与这些主题相关，有语文成品、具体风物、语文活动等载体。学习任务群的“任务”则超越这些主题和载体，从“人”的成长视角，即新课标所说的“遵循学生身心发展规律和核心素养形成的内在逻辑”去设计，必然具有综合性。从实践性看，“任务”驱动，“以语文实践能力为主线”，这就是一个“做中学”的过程。工具性与人文性的统一是语文课程的本质特征。语文成品和语文现象，其工具性与人文性二者密不可分。学习任务群的教材呈现，在内容上，有人文组元的因素，而任务群“类”的特点则是工具性。在实践方式上，具体的方式是工具。为什么运用这种方式？怎样使用这种方式？学生在学习过程中有没有如苏联教育家苏霍姆林斯基主张的，真正激活主体力量沉浸式投入，拥有“智力尊严”？这些都关乎人文性。学习任务群无疑可以整体性地促进学生工具性、人文性的涵育和提升。

（三）契合教学基本规律

教学应当以学习者为中心，以学生积极的学科实践来构建主线。这应是学习任务群的第一要义。教学是引导思维的，应以了解学生为教学的出发点，在学生经验与实践场域的发展区间确定最近发展区，激发学生的深层思维。这也是学习任务设计的逻辑起点。要让学习始终充满挑战性，而挑战性主要体现在思维的含量和深度，用自主、合作、探究等学习方式完成学习任务，总体上应当围绕思维发展展开。认知与情感的统一是教学基本规律之一，要把握二者相互作用、相互促进的关系，在引导思维升阶的同时促进情感的发展。任务导向的学习，需要积极情感的投入，也更有利于激发美好情感的生成。学习是学习者与环境相互作用的事情，要有意识地引导学习者与环境积极互动，直至推进其关系“转化为参与和交流”（杜威语）。情境性是学习任务群特点之一，学习任务群包含了人与环境的交互性。教学规律很多，这里仅列举陈说一二。学习任务群作为一个载体，无疑为这些教学规律的落地创造了可能性。

三、如何实施学习任务群

学习任务群是新生事物，大家都有一个熟悉的过程，需要不断在实践中去探索、创造。

（一）落实新课程教学改革的要求

《义务教育课程方案和课程标准（2022 年版）》在课程实施部分对深化教学改革提出要求，这是“管”所有课程的，语文学习任务群的实施自然也要落实这些要求。具体而言，一是坚持素养导向，在课程育人、学科育人的站位上考虑，把立德树人根本任务落实到具体教育教学活动中。二是强化学科实践，要遵循教育教学的基本规律，用学科典型的学习方式开展实践活动，培养学科关键能力。三是推进综合学习，不仅要落实跨学科学习的任务群，更要用超越学科中心的思想去设计、实施学习活动。四是落实因材施教，一方面要促进每一个学生在课堂上会学习、真学习，另一方面要开展差异化教学，为个性化学习提供足够的支持。

（二）正确理解大单元教学

学习任务群对应具体单元时，往往采用主题情境的方式，以一个核心学习任务领起一个单元，构成一个学习单位。从大单元角度设计教学，无疑是对的，但大单元教学并不意味着要把教材的各“课”都推倒重组。从高中统编教材看，根据学习任务群编写的教材单元，主要是两种：一种是活动性单元，一个单元指向一个特定任务的学习活动，全单元是贯通的；另一种更多的是由基本语篇为主要学习材料组合成“课”，由多“课”和相关联的学习活动构成单元，一“课”可以是一篇文章，也可以是多篇文章，“课”就是单元中的一个学习板块。

有一部分优秀教师“用教材教”，超越“课”对单元内容进行重构，这种探索当然值得鼓励，但对绝大多数教师而言，教学还是根据教材编写思路走的。所以，我们建议在一般情况下，尽可能做好“编路、文路、学路、教路”的融合统一。对于活动性单元，要放开手，整体贯通单元设计学习活动。对于常规单元，“大单元教学”主要是强化单元意识，从单元整体视角审视、处理不同板块的教学。一般可以分三步走：第一步，初步感知整个单元，拎出核心学习任务；第二步，逐“课”学习，主要是通过积极的语文实践触摸文本肌理，“入乎其内”；第三步，整合学习，可以从主题、结构、语言、风格等方面“出乎其外”，并在这些方面进行读写融通及学习方法的相机选择，有重点地进行单元整体梳理与探究、迁移与应用。

不管是基于“课”，还是基于单元整体融通，或者是根据教学需要和教学个性超越单元，构建一个新的学习单位，都可以借鉴杜威“一个经验”的思想。杜威曾说：“我们在所经验到的物质走完其历程而达到完满时，就拥有了一个经验。”“一个经验”一般包含从具体到抽象的认识过程和从抽象到应用的领悟过程。“一个经验”具有学习的相对完整性，追求完整、完美的样态，而这正是实施学习任务群应该追求的。

（三）把握任务群各自特点

文章体裁划分历来有“大体则有，定体则无”的说法，任务群的划分也是如此。但作为类型，一定是因其具有相同属性才能组合到一起，因此还是要把握其特点，这样教学时才有确定性。任务群的划分基于文体，超越文体，但并不排斥文体，只要仔细阅读任务群的“学习内容”，就可以大致明了文体的归属。比如“实用性阅读与交流”，大致包括应用文、新闻类作品、说明文。当然，文体与任务群的划分不是一个维度，“定体则无”，具体问题具体分析应当成为一条基本原则。学习方式的匹配也应大致贴近任务群特点，可以采用活动体验、文本研习、问题探讨等方式，更妥帖、更深入地以学习任务群为载体开展语文学习活动，培育学生的语文核心素养。

（四）通过教学转化让学生掌握“带得走”的知识

在一定意义上，学生发展核心素养就是“带得走”的学习收获。教学的意义就在于让学习的知识“带得走”。在这个方面，学习任务群教学应当形神兼备，要关注“群”“大单元”等形态特征，更要重视其中的神韵所在，一方面要倡导任务导向的主动学习，另一方面要遵循教学基本规律，针对应试教育造成的积弊，结合语文课程特点，在教学过程中实现知识转化。一是把静态的知识转化成鲜活的知识。以真实情境激活知识，让学习者与知识建立亲近、亲切的关联，培养学生对知识的兴趣、热情。二是把片面的知识转化为整体的知识。长期以来，语文教学片面性现象严重，或者异化人文，把语文课上成政治课，或者一味强调工具性，经典名篇都仅用作语法训练的素材。教师要引导学生首先通过语言符号进入思维逻辑的层次，其次进入作品的意义系统，完整地掌握知识。三是把零碎的知识转化为结构化的知识，将新知有机地融入已知，并为未知敞开大门。要关注认知图式的建构，引导学生在学习过程中不断丰富、优化知识结构。四是把课文的知识转化为生命的知识。荀子《劝学》有言，“君子之学也，以美其身”。语文作为工具，不是置于身外的物质化工具，而是身体功能的扩大与拓展，应当成为身体、生命的一部分。要积极倡导学用结合、知行统一，在语文实践中学习语文，促进工具性内化于心、外化于行。

语文课程对于学生精神生命的哺育尤为重要。人民教育家于漪老师说：“文章不是无情物，师生俱是有情人。”语文学习不仅是认知的过程，也应该是情感体验、激荡、深化、升华的过程。在多年前的一次小型会议上，于漪老师谈到语文课程育人功能时，指出语文教师有一个重要使命，就是要在学生学习语文的过程中，不断把他们的心灵引向辉煌。如斯，学生从这里“带得走”的，一定是精神生命的升腾。

本文发表于《中国教育报》2022 年 6 月 10 日第 9 版

新课标的教学期待：理解与落实

《语文课标(2022年版)》要真正落地，关键在教学。《语文课标(2022年版)》在“前言”[①]部分论及课程标准主要变化时，专门有“增强了指导性”一条，谈及新课标“不仅明确了‘为什么教’‘教什么’‘教到什么程度’，而且强化了‘怎么教’的具体指导”。循着这样的思路，我们主要从这四个方面对《语文课标(2022年版)》的教学期待加以理解，以期在教学层面贯彻落实新课标的基本精神。

一、“为什么教”:聚焦核心素养

本轮课程改革，如《语文课标(2022年版)》在“前言”中所说:“全面落实习近平总书记关于培养担当民族复兴大任时代新人的要求，结合义务教育性质及课程定位，从有理想、有本领、有担当三个方面，明确义务教育阶段时代新人培养的具体要求。”这样的培养目标要在具体课程中扎根生长，则在于培育课程核心素养。《语文课标(2022年版)》在“课程性质”中提出“语文课程致力于全体学生核心素养的形成与发展”;“课程理念”的第一条就指出语文课程“以促进学生核心素养为目的”;“课程目标”则明确语文课程培育的核心素养为文化自信、语言运用、思维

① 本文中的“前言”“课程理念”“课程目标”“课程内容”“学业质量”“课程实施”都源自北京师范大学出版社于2022年出版的《义务教育语文课程标准(2022年版)》。

能力、审美创造，并阐释了各自的具体内涵和四个核心素养的相互关系。因此，我们可以理解教学就是为核心素养而教。要把握核心素养这个聚焦点，可以依据其基本特点。

（一）育德性

课程整体性的育人功能，是以育德、立德为魂的。语文有文以载道、文以喻道的特点，如“课程性质”开篇第一句——“语言文字是人类社会最重要的交际工具和信息载体，是人类文化的重要组成部分”，更是向来以“成人”为第一追求。这也是世界教育的共同规律，联合国教科文组织指出：“教育体系中选择的语言，通过在正式教学中的运用，能赋予各种语言某种权力和威望。这里不仅仅代表地位和象征性的一面，还有涉及以这种语言表达的共同的价值观和世界观的思维方式的一面。”[1]何况，祖国通用语言文字本来就是我们的精神家园呢！语文课程自应当承担起引领学生精神成长的重任。《语文课标（2022 年版）》把“文化自信”列为核心素养第一个，并在总目标中有三条阐说，而其他核心素养都是两条，这就从排序和数量两方面给予其突出的位置。按照“识字与写字”“阅读与鉴赏”“表达与交流”“梳理与探究”等语文实践活动方式构建目标体系时，每个学段都有一个段落在总结收尾中关顾学科育德，特别是中华优秀文化、革命文化、社会主义先进文化等课程核心内容落实的要求。如第四学段（七至九年级）学段目标的最后一段是：“在落实以上要求过程中，注重理解中华优秀传统文化蕴含的核心思想理念，中华人文精神和传统美德，表达自己作为中华民族一员的归属感和自豪感；体会中国共产党在长期奋斗历程中培育形成的崇高精神和人格风范，体认英雄模范忠于祖国和人民的优秀品质，培育民族气节和爱国主义情怀。”

（二）根基性

核心素养是植物性的，向下扎根，向上生长，正因为如此，才能称为“带得走”；核心素养也是起点性的，用于打基础，正是如此，在课程目标的描述中，“初步”“逐步”是高频词；核心素养还是整体性的，作为植物性的扎根、生长一定如“课程目标”所言，“核心素养的四个方面是一个整体”，任何一种语文现象，都是核心素养的综合体现。正是这样的根基性特征，才能实现“课程性质”所说的三个“打下基础”：“为学生学好其他课程打下基础；为学生形成正确的世界观、人生观、价值观，形成良好个性和健全人格打下基础；为培养学生求真创新的精神、实践能力和合作交流能力，促进德智体美劳全面发展及学生的终身发展打下基础。”

（三）实践性

“课程目标”中说，核心素养“是学生在积极的语文实践活动中积累、建构并在真实的语言运用情境中表现出来的”。“做事情”是核心素养培育的基本载体，“正确的价值观”是指做对的事，“关键能力”是指能做事，“必备品格”是指能把事做好。“对不对”“能不能”“好不好”合成了核心素养的整体。当然，这里的“做事情”是语文实践活动，既指一般意义上的知行合一、学思结合，“做中学”“用中学”“创中学”，又指具有学科课程特质的语文学科实践。恰如“课程理念”指出的：语文课程培育核心素养，是“以识字与写字、阅读与鉴赏、表达与交流、梳理与探究等语文实践活动为主线，综合构建素养型课程目标体系”。无论是总目标，还是学段要求，都是融情境性、参与式、样态化为一体的，这是由核心素养的实践性特征决定的。

二、“教什么”：领悟学习任务群

《语文课标（2022年版）》承接《普通高中语文课程标准（2017年版）》，以学习任务群来组织和呈现课程内容。因此，把握好“教什么”，关键在于理解、领悟学习任务群。

（一）要认识何为学习任务群

《语文课标（2022年版）》中“课程理念”的第二条有专门的阐释：“义务教育语文课程结构遵循学生身心发展规律和核心素养形成的内在逻辑，以生活为基础，以语文实践活动为主线，以学习主题为引领，以学习任务为载体，整合学习内容、情境、方法和资源等要素，设计语文学习任务群。”在“课程内容”部分则指出：“语文学习任务群由相互关联的系列学习任务组成，共同指向学生的核心素养发展，具有情境性、实践性、综合性。”《语文课标（2022年版）》分三个层面设置学习任务群：第一层设“语言文字积累与梳理”，为基础型学习任务群；第二层设“实用性阅读与交流”“文学阅读与创意表达”“思辨性阅读与表达”，为发展型学习任务群；第三层设“整本书阅读”“跨学科学习”，为拓展型学习任务群。根据《语文课标（2022年版）》的表述，我们可以看到：学习任务群是课程内容的结构化呈现，三层六个任务群搭建了语文课程内容的“房子”；学习任务群是学习内容、情境、方法和资源等诸多语文要素的有机整合,其“有机”就在于“遵循学生身心发展规律和核心素养形成的内在逻辑”;学习任务群是以学习任务为载体的,嵌入的不仅包括“学什么”,还有“怎样学”,也就是除了我们通常意义上理解的相对静态化呈现的知识内容,还有“以语文实践活动为主线”获取知识的学习方式。

(二)要把握课程内容的基本特点

“课程理念”第三条集中阐说了这个问题,可理解为课程内容要体现三个特点:(1)时代性,“充分吸收语言、文学研究新成果,关注数字时代语言生活的新发展,体现学习资源的新变化”;(2)典范性,“精选文质兼美的作品”;(3)开放性,“注重课程内容与生活、与其他学科的联系,注重听说读写的整合”。语文课程内容向来以基本语篇为主要构件,有的老师看到学习任务群有点茫然,因为熟悉的语篇形式、文体分类似乎不见了,有些找不着北。其实,走近任务群,我们会发现基本语篇都在其中。时代性、典范性等要求主要是针对具体语篇的。“实用性阅读与交流”“文学阅读与创意表达”“思辨性阅读与表达”三个学习任务群,大致包括了具有文体特征的基本语篇,其他三个学习任务群也包含了基本语篇,只是跨文体、跨任务群而已。以“实用性阅读与交流”来说,第四学段(七至九年级)学习内容包含记叙文、说明文、科技作品、新闻类作品,还有跨媒介阅读与交流。从体式的“貌”和时代性、典范性、开放性融铸的“质”两方面把握,有助于我们整体性认识课程内容。

(三)要理解学习任务群的教材转化

《语文课标(2022 年版)》的教材长什么样子?我们可以根据“教材编写建议”,并依据统编本高中语文教材做一些合理的推测。这对于我们进一步在确定性意义上把握课程内容,包括用《语文课标(2022 年版)》精神统驭现行义务教育语文教材,都是有意义的。

1. 系统规划。“教材编写建议”提出:教材编写“要通过学习任务的综合性、挑战性以及学习过程的探究性,体现同一个学习任务群在不同学段的纵向发展过程与进阶”。“课程内容”部分曾谈及:“根据学段特点,学习任务群安排可有所侧重。”如果说六个学习任务群是教材体系的横向结构,这里说的则是教材体系的纵向结构。

2. 对应落实。具体到一个学段、一个年级,学习任务群要落实到具体单元。从统编版高中语文教材看,大体有两种情况:一种是任务群组元,形成对应的多个单元，如发展型的三个学习任务群都是这样；另一种是既有对应的单元具体落实，又有通过相机渗透的方式，在其他任务群的单元融入学习要求，如基础型和拓展型的学习任务群都可能采用这种教材呈现方式。

3. 体现特色。“教材编写建议”指出：“要根据六个学习任务群的特点，通过目标取向、文本选择、学习实践活动方式等体现不同学习任务群的特色。”比如发展型学习任务群应以基本语篇的学习为抓手，拓展型学习任务群则以主题活动为载体。

4. 开放整合。“教材编写建议”提出：“也可设置关联性的学习内容，实现同一学段不同学习任务群内容的整合。”这就是说，在一个教材单元中，有可能是跨文体、跨任务群，甚至是跨媒介的。但“跨”是为了更好地落实一个或多个学习任务群相关的学习要求。

5. 呈现方式与课程内容匹配。“教材编写建议”指出：“要围绕学生生活实际和认知需求创设学习情境，以问题探究为导向，有机组合选文及辅助性学习资源，循序渐进地设计支架式的学习任务和活动，体现过程性评价，以促进学生自主、合作、探究学习。”《语文课标(2022 年版)》在阐说每个学习任务群时，都列举了一些学习主题、情境，如“思辨性阅读与表达”第四学段列举的学习主题和学习情境有“生活的感悟”“探究与创造”“艺海拾贝”“理性的精神”等。围绕学习主题、情境组织文本，设计活动，自然就“跳”出了人文主题，教材单元的设计努力实现人文主题、典范文本和学习活动的相互激荡，助学系统引导、支持学生按照学习任务群内在规定性，促进任务驱动的探究性学习，根据“群”的特点和单元学习的要求，加强单元综合性学习。这样的体例和呈现方式，对于学生核心素养的培育，应该是能够起到支持促进作用的。

三、“怎样教”：强化学科实践

《语文课标(2022 年版)》在“课程理念”的第四条提出“增强课程实施的情境性和实践性，促进学习方式变革”；在“课程内容”部分阐说每个学习任务群，将其都分成“学习内容”和“教学提示”两个板块；在“课程实施”中首先列出的是“教学建议”；在“课程目标”“学业质量”上也都贯注着对“怎样教”的期待。这些要求，都可以借助新方案中的“学科实践”加以提炼，并贯彻落实。

（一）遵循教育教学的基本规律

学科实践是共性与个性的统一，共性是指教育教学的基本规律，个性是指体现学科特质。共性方面，笔者择其要列举：

第一，情境化的任务设计。前已论及，核心素养是在“做事情”中生成并表现的，这个“事情”就是有教育价值的学习任务。“课程理念”提出：“义务教育语文课程实施从学生语文生活实际出发，创设丰富多样的学习情境，设计富有挑战性的学习任务，激发学生的好奇心、想象力、求知欲，促进学生自主、合作、探究学习。”可以看出，这里的任务设计是基于情境的，有时还是情境自带任务；是体现最近发展区的，对学生富有挑战性；是能激活学习者的内驱力的，借用接受美学的表述，就是任务有召唤性，能激励、邀请学习者主动参与。

第二，创生型的知识探究学习。“课程理念”在前引那段话的后面接着说道：“引导学生注重积累，勤于思考，乐于实践，勇于探索，养成良好的学习习惯。”这就要求学生能在教师的引导下，主动参与、体验，在积极的实践活动中理解、建构、创造。

第三，富有成效的合作与支持。按照杜威的说法，经验是学习者与环境相互作用的事情。一方面，在集体性教学中，学生本身就自然地处在一个社会环境中，“每个学习者有自己的经验世界，不同的学习者可以对问题形成不同的假设和推论，从而形成对知识多角度的丰富理解”[2]。有效的交流合作，可以使对话不断深入，提升“作品”（思想的或者物质的）质量。另一方面，学习还离不开同学特别是老师的支持。教师是学习的引导者、支持者，特别是在知识探究活动中，教师不失时机地提供学习支架，对推进深度学习尤为重要。因材施教的教育原则要落地，满足学生多样化的学习需要，加强个别化指导，也都需要相应的组织、制度、文化建设同步进行。

第四，开放的学习内容和学习空间。学习内容的开放，在于推进综合学习，通过主题式、项目化学习，开展学科内综合、跨学科综合教学活动，可以从综合育人视角更好地实现课程目标。学习空间的开放，如“课程理念”所说，“充分发挥现代信息技术的支持作用，拓展语文学习空间”；如“课程实施”所说，“引导学生关注家庭生活、校园生活、社会生活等相关经验，增强在各种场合学语文、用语文的意识，建设开放的语文学习空间”。如是，“生活即语文”“学习无边界” 就有可能成为美好的现实。

第五，完整性的目标达成。检验教学成功的关键在于目标达成；是否达成，要看知识是否“学会”；是否“学会”，还要看是否实现情感的共鸣和价值观的领悟。这样的完整性的目标达成，才能全面体现学科育人的价值。

（二）开展具有学科特质的语文实践活动

第一，用好语文的实践活动方式。《语文课标（2022 年版）》整合传统的语文学习方式，提出识字与写字、阅读与鉴赏、表达与交流、梳理与探究等语文实践活动方式，并且明确以这些语文实践活动为学习的主线；阐说课程的学段目标时，也是以这四种语文实践活动作为基本的维度；“教学提示”则把这些实践活动方式具体化、细化。在一定意义上，语文的学科实践就是用这些实践活动方式进行的，其中“梳理与探究”是初次出现，它涵盖了原来的“综合性学习”，也是与“跨学科学习”任务群重点匹配的学习方式。笔者以为，我们的理解还要更深一步，“梳理与探究”也是一个通用的学习方式。“梳理”不仅指向字、词、句的归类整理，也指向全部语文学习内容。比如《语文课标（2022 年版）》在第一、二学段提出在参与活动中积累经验，用图文、表格等呈现学习收获，就包含了梳理的要求；第三学段在“梳理与探究”的第三条，提出“感受不同媒介的表达效果，学习跨媒介阅读与运用，初步运用多种方法整理和呈现信息”；第四学段提出整理语言材料覆盖到篇，同样对跨媒介学习和参与语文活动提出了梳理的要求。所以要提高对梳理这种学习方式的认识。同时，还要关注梳理与探究的内在联系，梳理是使知识走向图式和结构化，而形成图式或结构化的知识才可能迁移应用，将“梳理”“探究”组合成一种语文实践活动方式，是因为它们之间有着或显或隐的关联性。

第二，触摸文本的肌理。具有典范性的基本语篇是核心的学习资源，语文实践活动大都是围绕嵌入学习任务的经典文本进行的。范梅南说“触摸”就是如《韦氏大学词典》所说的“轻柔地握住和感受”，“其目的是不仅仅以理智的方式‘欣赏和理解它’”[3]。范梅南在这个话题中还讨论了全身心的、审美的感知能力。依据这些理解，我们在阅读与鉴赏中把“触摸”解释为有温度地感知，大抵是说得通的。怎么“触摸”？“戏法人人会变，各有巧妙不同。”按照“大体则有”的说法，艾略特提出的经典的“三个成熟”可资借鉴：“假如我们能找到这样一个词，它能最充分地表现我所说的‘经典’的含义，那就是成熟……经典作品只可能出现在文明成熟的时候；语言及文学成熟的时候；它一定是成熟心智的产物。赋予经典作品以普遍性的正是那个文明、那种语言的重要性，以及那个诗人自身的广博的心智。”[4]艾略特提示我们，走向经典文本有三条基本通道，即使从其中一条走进去，也会发现内在的四通八达，从而窥其堂奥。根据笔者的长期观察，中小学语文教学存在着对作者“自身的广阔的心智”重视不够的现象，对体式、结构、风格常常浅尝辄止，甚至视而不见，以致很多经典文本都被教得“瘫”了下来。当然触摸文本肌理，我们的古人也有很多的路径创造，比如“知人论世”“以意逆志”“披文入情”“沿流讨源”“入乎其内，出乎其外”，等等。当下也有学者提出过一些好的建议，如杨义的“时空结合”，孙绍振的“还原”，方智范强调“感性与理性结合”，等等。总之，理解文本，以达至通体透亮，形神兼备；对话文本，以实现亲切晤谈，共同创生，这是我们应该努力的。不管用什么方法，只要有温度地感知，我们对经典文本的理解就可能是一种发现和创造。比如教《念奴娇·赤壁怀古》，有些老师困扰于“多情应笑我，早生华发”，认为调子一下子下来了，色泽也暗淡了；而有学者（如朱刚）则理解为：“虽是一片无奈，但这无奈的多情之中，仍有未尝泯灭的志气在。因为只有志气不凡的人，才会对过去了的不凡的历史如此多情。”[5]如此解读，可谓悟透了苏东坡无人能及处。教《湖心亭看雪》，有老师根据“问其姓氏，是金陵人”，而判断“拉余同饮”者与作者非同道中人，原因在于此二人都没有告诉作者姓氏。其实从语境中并不难看出，作者问了，人家也一定答了，而且还告诉了“是金陵人”。“是金陵人”是作者难以忘怀记着的，也可能是省略姓氏介绍以突出的，并且与文章起首“崇祯五年”遥相呼应，以空间呼应时间，整个的意绪、意脉、意境就清晰而澄明了。

第三，激活语文教育的传统和经验。语文教育在我国有深厚的传统，有很多都值得激活、传承、发扬光大，以促进学科实践的深化。比如多读多写就是最基本最普遍的一个传统。叶圣陶先生认为打好语文的基本功，就是要用好这个方法：“学习语文要练基本功。写一篇文章，就语文方面说，用一个字，用一个词，写一个句子，打一个标点，以及全篇的结构组织，全篇的加工修改，这些方面都要做到家才算好。”[6]怎样练基本功呢？叶先生说：“许多基本功都要从多读多写来练。读人家的文章，要学习别人运用语言的好习惯。自己写文章，要养成自己运用语言的好习惯。”[6]仅仅从这两段话，我们就可以看出，语文的基本功在识字写字、用字用词、辨析句子、文章结构等四个方面，多读多写、日积月累是练好基本功的路径。这些意思课标也有，但由于“钟摆”现象的惯习，有可能强调了“活”，就忽略了“实”，所以有必要不断提醒我们自己，走素养引领、基础为本的路子，通过多读多写练好语文学习的基本功。语文教育的优秀传统很多，需要做系统的梳理，有必要设计一些传统与《语文课标（2022 年版）》的对话，促进老师们从熟悉的陌生感视角，贯通语文教育的流脉，准确把握新课标精神。另外，多年以来优秀的语文老师们在教学实践中创造了一些宝贵经验，在《语文课标（2022 年版）》落实的过程中也值得加以总结推广。因为这些经验是课程改革的重要基础，与课程改革的精神是相通的。举几位笔者有过交往并注意向他们学习的例子。斯霞老师“字不离词，词不离句，句不离篇”的分散识字，可以说是总结创造了识字教学的基本规律。李吉林老师创立情境教育学派，系统地解决了认知与情感相统一这样一个教学的基本问题。洪宗礼老师以思维为总开关，统驭学生的学习活动，他的思维训练不仅关注逻辑思维，还引领学生在抽象的语言符号与形象的画面中自由地穿梭，是深得语文教学真谛的。于漪老师的课，“登山则情满于山，观海则意溢于海”。她对语言文字的“情化”功夫了得，如她主张红色经典的教学“要让躺着的文字站起来”。她在笔者参加的一个小型座谈会上谈过，语文老师要有一种使命，在教学时，将学生的心灵引向辉煌。于漪老师是在引导我们走向学科育人的高境界。许许多多优秀的老师都是如此，在躬身实践中，用自己的情怀和智慧，行板如歌向未来，这些都值得我们常常涵泳，激励我们不断创造。

（三）努力体现学习任务群各自的特点

严格意义上说，这也在学科特点的范畴之内，分开来说，是因为“学习任务群”这个新生事物，单独列出加以阐说，可以更突出些，也可以更充分些。

第一，按照学习任务群的内在规定性组织教学。顾名思义，学习任务群是任务驱动的学习，任务是置于真实情境的，而这个真实情境一般是教材单元情境的衍生、拓展、再造；任务是相对于一个完整的学习单位而言的，在一线教师那里，大致是指一个教材单元的学习，学习任务是一个单元总的核心任务，它需要分解成几个具体的学习项目或学习步骤，这里的分解要有结构化意识，分中有总；完成任务就是用语文实践活动方式开展探究活动，要强调活动的推进不仅应该引导思维爬坡，还要在独立学习的基础上进行有效的合作，如“课程目标”中仅总目标里就出现过多次“自己”，由此可以理解，我们应该怎样处理独立学习与合作学习的关系；任务的完成形成了学习成果，成果常常基于几个学习项目的整合，或者几个步骤的层层深化而形成，成果的分享、交流既是评价也是学习，知识的具体化应用是学习过程有机的一部分，也是评价的一条路径。至此，大致形成任务型学习的一个相对完整历程。

第二，要运用好特定任务群推荐的学习方法。方法无所谓对错，关键在于是否合适，学习方法应与知识呈现的特点相匹配。不同的学习任务群形成各具特点的知识形态，《语文课标（2022 年版）》都推荐了相应的学习方法。以发展型学习任务群为例，“实用性阅读与交流”提出学习活动“可以采用朗读、复述、游戏、表演、讲故事、情景对话、现场报道”等方法，还要求基于数字资源和信息化平台，引导学生提高语言理解与运用能力；“文学阅读与创意表达”则要求“注意整合听说读写，引导学生综合运用朗读、默读、诵读、复述、评述等方法学习作品”“重视古代诗文的诵读积累，感受文学作品语言、形象、情感等方面的独特魅力和思想内涵”，鼓励“口头交流和书面创作”，等等；“思辨性阅读与表达”提出“应设计阅读、讨论、探究、演讲、写作等多种学习活动”，在第四学段，“识别文本隐含的情感、观点、立场，体会作者运用的思维方法，如比较、分析、概括、推理等，尝试对文本进行评价”。方法的运用契合任务群知识呈现的特点，是会有事半功倍之效果的。

第三，正确处理好大单元教学。大单元现在是一个很热的话题。在一线老师那里，关于单元，一般指的是教材单元。从教材单元看，无论是根据 2017 年版高中语文课标统编的教材，还是根据 2011 年版义务教育语文课标统编的教材，大致路子都是形成两种教材单元，一种是以基本语篇为主要学习材料组合的单元，也可称为常态单元；另一种是活动性单元，也有老师称作异形单元。对于常态单元，我们的建议是分三步走：第一步，初步感知整个单元，拎出核心学习任务，对单元学习做出整体规划，有的老师还习惯以思维导图形式绘制本单元的学习指南；第二步，逐课学习，或者将教材分成几个板块学习，主要是通过积极的语文实践，触摸文本肌理，“入乎其内”；第三步，单元整合学习，可以从艾略特所说的“三个成熟”入手，再加上读写融通、学习方法指导等，进行梳理和探究，对经典文本能够“出乎其外”，识其高致，对诸多要素往图式化方向梳理整合，对单元知识进行迁移应用。[7]对于活动性单元，放手做活动便是。比如六下第六单元“难忘小学生活”，是一个主题综合性学习单元，可以以“毕业季”为真实情境，通过做五件事表达依依惜别的感情：填写时间轴，分享难忘回忆；制作成长册，展示六年点滴；写临别赠言，交流师生情谊；举行毕业演讲，汲取成长力量；举办联欢会，留下温暖记忆。八上第一单元是活动探究单元，南京的赵富良老师执教时，以具体的“校园活动报道”这个任务为基本载体，把学生分成新闻审稿组（关注新闻的真实性、客观性、时效性)、新闻编辑组(关注新闻标题、导语、结构)、新闻播报组,进行合作学习,推进新闻阅读,开展新闻采访,组织新闻写作,进行新闻播报,使得读写说、学和用、课内和课外融为一体,取得很好的效果。整本书阅读(名著导读)也属于活动性单元,我们建议是“读起来”“读进去”“读出来”。“读起来”就是激发兴趣、制订计划,认真开展阅读活动。“读进去”就是深入经典内部,以文学作品说,可以如艾略特所说,从文明、心智、语言的成熟三个方面深入其中。“读出来”就是从一文到一人,拓展到同一个作家其他的书;从一本到一类,归纳出可以迁移的读书方法。如果嵌在常规单元的名著节选,也有老师相机组织整本书阅读,则还要“读回来”,回到学习的具体单元,加深单元学习的广度和深度。新一轮课改还倡导开展主题式、项目化学习等综合性教学活动,有些老师多年来自己开发了主题综合课程,这些大都可以走活动性单元教学的路子。

四、“教到什么程度”:优化学习评价

《语文课标(2022年版)》专门以“学业质量”为独立的部分,阐说学业质量内涵,分学段描述学业质量;在“课程实施”中提出“评价建议”,对过程性评价、学业水平评价提出指导性意见;“课程理念”第5条谈评价,“课程目标”提出的核心素养即为评价的依据,“课程内容”的“教学提示”包含了对评价的指导。可以说,评价受到高度重视。怎样通过优化学习评价,准确测量“教到什么程度”,促进学生更好地发展呢?下面笔者借温度器和杠杆这两个比喻进行讨论。

(一)用好“温度器”

“就测评所扮演的温度计角色而言,人们希望测评能提供有关学生当前学习表现、进步以及教学质量的信息。而作为改革的标杆,人们希望测评能够通过明确课程的内容,激发教师和学生对测评结果的责任心,促使学生和教师更加努力,进而推动教育改革。”[8]测评如此,整个的学习评价也一样。

这里的“温度器”指的是学业质量标准。要用好,首先在于它是准确的,是不能失灵的。我们可以从三个方面加以把握。(1)要有素养意识。如《语文课标(2022年版)》所说:“语文课程学业质量标准是以核心素养为主要维度,结合课程内容,对学生语文学业成就具体表现特征的整体刻画。”(2)要有任务群意识。每个学段的学业质量描述,逐层逐段都是与相关任务群对应的,如第四学段的学业

质量描述共有5段话，第1段对应“语言文字积累与梳理”，第2段对应“实用性阅读与交流”和“思辨性阅读与表达”，第3、第4段对应“文学阅读与创意表达”和“整本书阅读”，第5段对应“跨学科学习”。而“课程内容”中“教学提示”相关的评价建议，也是贴着特定学习任务群的。准确把握不同学习任务群各自的评价要求，有助于我们贯通学习目标、学习过程和学习结果考虑问题。(3) 要有学段意识。质量标准有鲜明的层级性，仅就“整本书阅读”说，第一学段提出“喜欢阅读图画书、儿歌、童话、寓言等”，第二学段提出“喜爱阅读童话、寓言、神话等”，第三学段提出“独立阅读散文、小说、诗歌等文学作品”，第四学段提出“广泛阅读古今中外的诗歌、小说、散文、戏剧等文学作品”。阅读方法、阅读目标也是不断提高要求的。如《语文课标(2022年版)》所言：“四个学段的语文课程学业质量标准之间相互衔接，体现学生核心素养发展的进阶，为核心素养评价提供基本依据。”温度器有了明确的科学标准，还要用好，因为学习状况、学业质量并不都是用纸笔测试可以一目了然的。《语文课标(2022年版)》提出“按照日常生活、文学体验、跨学科学习三类语言文字运用情境，整合识字与写字、阅读与鉴赏、表达与交流、梳理与探究等语文实践活动，描述学生语文学业成就的关键表现”。结合“课程实施”部分的“评价建议”，我们一方面力求把内在的东西用外部可测量、可评价的方式描述出来，另一方面又要关注过程、重视表现，更全面、更真切地反映学生学业水平和学习状态。

（二）发挥杠杆的积极作用

评价的功能，主要是促进学生发展，要发挥这个杠杆的积极作用须把握如下几点：(1) 积极推进“教—学—评”一体化。把评价设计挪到教学设计之前，源自课程标准的学习目标作为设计评价内容的依据，把“教到什么程度”清晰化、目标化。同时，要重视作业设计，作业是评价，也是学习。《语文课标(2022年版)》要求：“教师要以促进学生核心素养发展为出发点和落脚点，精心设计作业。”要通过“教—学—评”一体的设计与实施，促进教学成为一个有机整体。(2) 考试命题突出素养导向。《语文课标(2022年版)》强调命题要“坚持素养立意”“考试命题应以情境为载体，依据学生在真实情境下解决问题的过程和结果评定其素养水平”。这些精神应得到很好的落实，努力通过命题改革撬动教学方式的改变。(3) 倡导反思性评价。评价促进学生学习、改进教师教学，不仅在于科学、准确，在于主体的多元、方法的多样，还在于评价结果的使用。要倡导基于数据与证据的教与学的改进，通过高质量的反思，发挥评价正确的导向作用，推进教学进步和素养升阶。

《语文课标（2022年版）》的教学期待，意蕴丰富，需要我们全面准确地加以理解；导向明确，需要我们切切实实转化为教学行为；生长性强，需要我们用情怀和智慧创生新的境界。好在通过二十多年基础教育课程改革的洗礼，我们已经建设成一支特别能战斗的队伍。我们一定能化挑战为机遇，把美好的期待转化成辉煌的现实。

参考文献

[1] 钟启泉. 母语教材研究：意义与价值（序三）[J]. 全球教育展望，2007(7)：46－48.

[2] 余胜泉. 智慧课堂核心是促进深度学习[J]. 小学教学研究，2021(31)：1.

[3] 范梅南. 教学机智：教育智慧的意蕴[M]. 李树英，译. 北京：教育科学出版社，2001.

[4] 艾略特. 艾略特诗学文集[M]. 王恩衷，编译. 北京：国际文化出版公司，1989.

[5] 潘向黎. 世人皆以东坡为仙[J]. 钟山，2021(5)：7.

[6] 叶圣陶. 叶圣陶教育文集：第三卷[M]. 刘国正，主编. 北京：人民教育出版社，1994.

[7]杨九俊. 学习任务群：语文学习的创新样态[N]. 中国教育报，2022－06－10(9).

[8] 龚孝华. 变：学校教育评价观探索之旅[M]. 北京：教育科学出版社，2007.

本文发表于《中学语文教学》2022年第9期

“文学阅读与创意表达”任务群的理解与落实

文学具有认识功能、教育功能、审美功能，历来是语文课程内容的重头戏。《语文课标（2022 年版）》中指出，义务教育语文课程按照内容整合程度不断提升，分三个层面设置学习任务群，其中“文学阅读与创意表达”属于第二层发展型学习任务群。理解和落实“文学阅读与创意表达”任务群的基本精神，对推进语文课程改革意义重大。

一、“文学阅读与创意表达”任务群的课程目标

（一）从核心素养维度看

学习任务群的课程目标是从核心素养里“长”出来的。学习任务群与核心素养既有侧重对应的关系，又有综合体现的关系。

“文学阅读与创意表达”任务群侧重对应“审美创造”这一核心素养。课标指出，“审美创造是指学生通过感受、理解、欣赏、评价语言文字及作品，获得较为丰富的审美经验，具有初步的感受美、发现美和运用语言文字表现美、创造美的能力；涵养高雅情趣，具备健康的审美意识和正确的审美观念”[1]。从这一表述看，审美创造是通过“感受、理解、欣赏、评价”等语文实践活动，获得一体两面的发展，一面主要是发展其工具性价值，属于能力维度；另一面主要是发展其人文价值，属于涵养维度。可见，“文学阅读与创意表达”任务群在这一核心素养的培育中，地

位最为重要。

“文学阅读与创意表达”任务群综合体现其他三个方面的核心素养。文以喻道，学生通过对文学作品的学习与作者共情，体认作品的价值观，当然会增加文化自信；作品是语言的建筑，经典作品则体现了语言的典范性、创造性，因此，文学作品的学习对落实语言运用这一核心素养的要求，引导学生感受“丰富内涵”，“形成个体语言经验”至关重要；思维品质、思维习惯以及逻辑思维这些思维能力的培养，指向所有任务群的学习，而形象思维的培养则应当由“文学阅读与创意表达”这个任务群来担纲。

（二）从总目标看

课标中提出的总目标是核心素养的具体化。“审美创造”是通过总目标的第8、第9条加以阐释的，第8条侧重向内的吸收，第9条侧重向外的表达。稍加注意不难看到，这里出现三个“自己”——“能结合自己的经验”“丰富自己的情感体验和精神世界”“表达自己的见闻和感受”[1]，说明个性化是审美创造的重要特征，这也使“创意”有了落脚的地方。当然，其他几个方面的核心素养在总目标的具体表述中，也是“文学阅读与创意表达”任务群落实目标要求时应当关照的。

（三）从学段要求看

课标中，课程目标的学段要求是以语文实践活动方式为维度来呈现的，学习任务群与语文实践活动方式也是有所侧重且综合体现的。与“文学阅读与创意表达”任务群更为匹配的语文实践活动方式，是“阅读与鉴赏”“表达与交流”。在第一学段，“文学阅读与创意表达”任务群在“阅读与鉴赏”“表达与交流”中都是在第3条有具体表述；第二学段，则都在第4条；第三学段，“阅读与鉴赏”主要是在第4条，“表达与交流”则是在第3条、第4条都有涉及；第四学段，“阅读与鉴赏”是在第3条、第4条，“表达与交流”是在第4条、第5条。[1]到第四学段，我们看到，“文学阅读与创意表达”任务群的目标达成的要素是内涵、样式、方式、语言，从向内与向外两个维度展开，形成了完整的目标系统。

二、“文学阅读与创意表达”任务群的教学内容

（一）以人的成长为原点往多个向度打开，不断丰富内容

对“文学阅读与创意表达”任务群的内容作梳理可以看出，其内容的结构方式是

以人的成长为原点，先按照重要性优先的原则，把革命文化主题放在首位，然后以人的成长为原点往多个向度展开，并随着学段升高，不断丰富内容(见表1)。

表1 各学段“文学阅读与创意表达”任务群内容主题

学段		一	二	三	四
主题	革命文化	√	√	√	√
	人与自然	√	√	√	√
	人与社会			√	√
	人与他人				√
	其他	描写多姿多彩生活作品	儿童文学作品	少年成长作品	影视作品

（二）人文主题统领的呈现方式

对于语文课程内容，课标表述为主题与载体形式、内容组织与呈现方式。而以学习任务群组织与呈现出来的，是中华优秀传统文化、革命文化、社会主义先进文化等主题及表达主题的载体。当教材单元形成时，我们应看到，人文主题与经典文本、学习活动之间相互激荡，形成了单元整体情境。课标在“文学阅读与创意表达”任务群的“教学提示”中提出要“围绕多样的学习主题创设阅读情境”，并按学段分别列出若干主题，这是我们理解教学内容时应该把握的。

（三）其他学习任务群的“文学”内容

在其他学习任务群中，“整本书阅读”主要是围绕文学展开，“语言文字积累与梳理”“跨学科学习”也都对文学有所涉及。这里依据课标，对其他学习任务群的“文学”内容做一个梳理(见表2)，“文学阅读与创意表达”任务群的基本精神也应当在这些课程内容的教学中有所落实。

表2 其他学习任务群中的“文学”内容

学段		一	二	三	四
任务群	整本书阅读	儿歌、童话	文学名著 神话传说	革命文化	革命文学 文学名著
	语言文字积累与梳理	儿歌、古诗	古诗词	优秀诗文	对联、诗文
	跨学科学习	传统文化	文化活动	文化社团	文学艺术社团

三、“文学阅读与创意表达”任务群的学科实践

（一）育德的

德育为先，首先从育德角度讨论。“知识的目的在于求真，求客观事物所投射的真实，求人生切合真实世界，求知识切合价值，从而获得对客观真实事物的正确认识，而其恰恰是道德判断的前提。知识的效用在于扬善，即利用知识改造社会，改造人生，实现自然宇宙、生命个体、人伦社会、天地精神之和谐。知识的这一效用使知识具备了人性、人道性质。知识的理想在于追求‘开物成务’的美学境界，即把握客观，化解矛盾，实现人类理想。”[2]这是就知识的共性而言的。从知识的个性看，语文更是具有“知识道德”的鲜明特征，文以载道，文学则文以喻道。恰如别林斯基所说，“作品的思想性就像宝石里的光”，是整体地存在的，因此“育德”是这个学习任务群教学的内在要求。但要注意的是，育德要遵循语文教学的规律，遵循任务群学习的规律。笔者在多年前曾借杜甫的《春夜喜雨》，描绘了语文育德的三重境界，似可参考。第一重境界是春风化雨，德育素材是一片片积雨云，教师的辛勤劳作是阵阵春风，要用融化、点化、情化等方法，将积雨云化成绵绵春雨；第二重境界是润物无声，杜甫赞扬的是伴着和风静静地滋润万物的春雨，语文德育亦是，须讲究形式的自然、分寸的适度、氛围的和谐；第三重境界是花团锦簇，“好雨知时节，当春乃发生”，让人们自然而然地想象到一片“红湿”，花团锦簇的美好景象。[3]

（二）主动的

新方案指出，要“强化学科实践。注重‘做中学’，引导学生参与学科探究活动，经历发现问题、解决问题、建构知识、运用知识的过程，体会学科思想方法”[4]。语文课标的重要理念之一，是要“创设丰富多样的学习情境，设计富有挑战性的学习任务，激发学生的好奇心、想象力、求知欲，促进学生自主、合作、探究学习”[1]。按照课标要求，语文学习任务群的设计是以语文实践为主线的，而在“文学阅读与创意表达”这个任务群的“教学提示”中，课标明确指出要“引导学生成长为主动的阅读者，积极的分享者和有创意的表达者”[1]，因此，通过情境化的任务设计，引导学生主动“出场”，自主、合作地进行知识的创生性探究，十分必要。

（三）语文的

每个语文学习任务群都要遵循语文学习的共同规律，“文学”也不例外。这里列举几个。

如，多读多写。它是中国语文教育最重要的一条经验，所谓“熟读唐诗三百首，不会吟诗也会吟”，在一定程度上，积累的重要性不亚于方法。

再如，语文实践活动方式的综合运用。语文实践活动方式与核心素养的培育、任务群的教学，都有相对侧重的关系，但又要体现综合、整合的特点。“文学阅读与创意表达”侧重对应“阅读与鉴赏”“表达与交流”，但“识字与写字”“梳理与探究”对学习这个任务群也大有用武之地，若能有机综合，实现方法与内容的最佳匹配，当然会有好的效能。

又如，感性与理性的融通。教学情境中的学语文与日常生活中的学语文的不同之处，在于日常生活中学语文，主要是感性的语文，学习者也可能从中悟到一些“理”，但那多是无意识、无目的的；教学情境中的学语文，是感性与理性的结合，在感性的、具象的基础上，要抽象、概括、形成清醒的认识，然后再回到感性的语文生活中验证、丰富。

（四）文学的

学科实践要体现学科具体知识的基本特质。新课标在阐述“文学阅读与创意表达”任务群时指出：“本学习任务群旨在引导学生在语文实践活动中，通过整体感知、联想想象，感受文学语言和形象的独特魅力，获得个性化的审美体验；了解文学作品的基本特点，欣赏和评价语言文字作品，提高审美品位；观察、感受自然与社会，表达自己独特的体验与思考，尝试创作文学作品。”[1]以笔者拙见，根据这段话，我们要关注三个方面，一是这个任务群的学习方式主要是整体感知、联想想象；二是要通过阅读与鉴赏，把握作品表现出来的基本特点及其独特性；三是阅读与鉴赏要获得个性化的审美体验，从而表达学习者独特的体验与思考。其关键所在，是要把整体感知、联想想象的学习方式落实到位，这样的学科实践才富有文学味。

对于联想想象，平时大家谈论很多，这里围绕“在”“还”“超”三个字展开，只就整体感知谈一点初步的思考。

“在”整体中感知，就是把所有细节的教学都放在文本整体的情境中。当然，教师还需要把握语言系统的全部信息，恰到好处地把“整体”拓展开去，从而丰富感知的内涵。比如,《草原》中的“这次,我看到了草原”,提供了以前“听到”“读到”的信息,对比之下,“满心的愉快”更具感染力。《少年中国说》开头“故今日之责任,不在他人”,一个“故”字就将课文置于一个更大的背景之中,“整体”就更具有深邃感。

“还”整体感知。写作时作者都是从不同方面一一道来,但在真实生活情境中,这不同的方面是一个整体,所以教学时,教师要引导学生用融合的方法,“还”整体感知。比如,《春》中描写景物,春花春草、春风春雨,总得有个先后顺序,教学中教师就当引导学生融和赏景。《沁园春·长沙》上片写景、下片叙事,叙的事是以上片的景为“真实情境”的,景与事、人有着一种叠现的关系,可见整个词作得浑然一体。这些都需要“还”整体感知,才能把握其丰富的、丰厚的意蕴。

“超”整体感知。语言系统没有这方面的信息,但超越“知识的背后”,在一个宽阔的背景上整体感知,会获得更为丰富的审美体验。比如,学习唐诗时,要将教学置于初唐、盛唐、晚唐的大背景中,对作品的欣赏才能得其三昧。

（五）单元的

语文学习任务群的单元呈现,大致是两种形态,一种是活动性单元,一种是主题统领基本语篇构建的单元。活动性单元,大单元贯通,放手“活动”就是。基本语篇构建的单元,都是按“总—分—总”的编写思路设计,教学时参照“编路设计学路”就可以了。但在实际教学中,往往这里的两个“总”没有落实下来。第一个“总”是要总起、总领,要引导学生初步感知整个单元的学习材料,检出核心学习任务,绘制单元学习地图;第二步就进入“分”,“分”中要有“总”,“分”也是指向核心学习任务的,是结构化学习设计中的一个具体项目;最为关键的是最后的“总”要加强,要对前面的“分”进行整合,从大单元的视角完成整体性的探究学习,教师可从内容、结构、语言、读写融通、学习方法等方面进行大单元的梳理与探究,力求形成图式化、结构化的知识,并在真实情境中进行知识的具体化应用,从而达成具体的素养目标。

（六）开放的

笔者一直主张课堂要向四面八方“打开”。语文学习,单元与单元、任务群与任务群,以至语文与其他学科,都应当相互开放:加强学科内知识的整合,统筹跨学科学习;加强语文学习与学生经验、社会生活的联系,将其置于真实情境之中;充分发挥现代信息技术的支持作用,拓展语文学习的空间。课标中这些相对共性的要求,当然也要在“文学阅读与创意表达”任务群中落实。开放的学科实践,在语文特别是“文学阅读与创意表达”学习任务群中，很重要的一个方面在于课外阅读的充分“打开”，在于引导学生参与当代的文学生活。文学阅读选材特别要在“创意”“灵性”等方面下功夫，引导学生通过课堂的、课外的学习，真正种下文学的种子。

四、学业评价

（一）把握学业质量标准

课标分学段描述学业质量标准，“文学阅读与创意表达”的质量标准大致在每个学段的第 3 自然段展开。这里要关注的，一是这个任务群主要以审美创造的素养要求为依据；二是运用“阅读与鉴赏”“表达与交流”等语文实践活动方式来描述；三是体现了学段的贯通性和进阶性，比如，每个学段第 3 自然段首起的话分别是“喜欢阅读”“喜爱阅读”“独立阅读”“广泛阅读”，阅读的对象不断丰富，阅读的升阶点非常明确。

（二）关注过程性和表现性

课标明确要求，“评价应围绕学生阅读文学作品的过程性表现进行”[1]，并提出每个学段侧重考察的重点。教师要按照课标要求，在课堂教学评价、作业评价、阶段性评价等方面体现过程性评价的基本原则：过程性评价应有助于教与学的及时改进，统筹安排评价内容，综合运用多种评价方法，要拓展评价视野，倡导学科融合等。

（三）提高命题的技术性和艺术性

学生对考试总是很敏感的，因此命题者一定要坚持素养立意、依标命题。指向“文学阅读与创意表达”任务群的考试命题，课标提出“文学体验情境侧重强调学生在文学作品阅读中体验丰富的情感，尝试用不同的方式进行创意表达”[1]，这就要求命题者不断提高命题的技术性和艺术性。技术性方面，包括内容要顾及一般，突出重点；文字要简明易懂，表达清楚；排列要由易到难，有层次、有梯度。艺术性方面，则要在材料的恰当选择、情境的生动设计、问题的激活思维、解答的创意空间等方面体现科学性和创造性的统一。

参考文献

[1] 中华人民共和国教育部. 义务教育语文课程标准(2022 年版)[S]. 北京：

北京师范大学出版社,2022.

[2] 陈微."知识道德"新论[J].社会科学,2000(5):34-38.

[3] 杨九俊.语文教学艺术论[M].上海:华东师范大学出版社,2020.

[4] 中华人民共和国教育部.义务教育课程方案(2022年版)[S].北京:北京师范大学出版社,2022.

本文发表于《基础教育课程》2023年第2期

名师成长之道

在《成长之道——20 位名师的生命叙事》中，20 位名师的讲述，铺陈了各自的成长之道。

一、名师成长的“道路”

道者，道路也。《说文解字》对“道”的解释为：“所行道也，从辵，从首。”“道路”应该是“道”最原始的意义。从 20 位名师的讲述中，我们看到了他们从教三四十年来，和着时代的音程，一路行板如歌，成才，成名，成家。

首先，积极态度是他们的生命底色。《论语·八佾篇》有这样一段：“子夏问曰：‘巧笑倩兮，美目盼兮，素以为绚兮，何谓也？’子曰：‘绘事后素。’”说的是一个女子应该先有皮肤洁白的质地，然后才能更好地显示“巧笑倩兮，美目盼兮”的美丽。它大抵解释了仁与礼的关系，仁为“素”，礼可“绘”。做人最重要的底色是什么？就是积极向上的生活态度。“我来到这个世界，为了看太阳。”（巴尔蒙特诗句）20 位名师是众多优秀教师的代表，向上向善是他们的精神底色。这意味着他们的人格中饱含纯真可爱，而且也决定了“绘事后素”带来的朝气蓬勃。曹勇军老师讲述的题目“我是新的生活，大声向你问好”，就让人对他，对他的人格充满敬意和期待。正是这种积极向上的心理品质，使他们习得性乐观，能够如郝保国老师“直面逆境”，如孙双金老师“在挫折中磨炼”，从而在人生压抑处超离困窘，拨云见日。

其次，勇立潮头是他们的价值追求。按照幸福的理论，人生幸福感的核心是意义实现。20位名师都追求人生价值的彰显，其重要的表征就是做一个“手把红旗旗不湿”的弄潮儿。这一代名师生逢其时，他们的成长和进步都是以国家改革开放，以基础教育课程改革为深层背景的。令人欣慰的是，这批人没有辜负伟大的时代。他们走在课改前沿，领风气之先，做出了自己应有的贡献。他们中大多数人的教学成果都曾获得国家级奖项，这正证明了他们在课改中勇于探索，从而实至名归。

再次，专业精进是他们的成长样态。教师的专业发展主要是通过专业实践的改进，进而更好地领悟甚至创造专业精神。20位名师从教三四十年来，拾级而上的，主要不是名誉更多、名声更响、名气更大，而是专业的不断进阶。只要把其中几位的故事小标题排列一下，就可见一斑。比如，张齐华的“三次蜕变”：从工艺走向学科，从学科走向学习者，从学习者走向人——专业的境界、人生的境界是在不断提升、拓展的。谢嗣极老师从不会教书始，到会教书，又到似乎不会教书，这种否定之否定，其实是渐入佳境的螺旋式上升。唐琴老师的标题中用了“突围”这个词，可见瓶颈的突破对其成长具有重大意义。王崧舟老师讲述了他专业成长的五个阶段，“从诗意语文迈向诗意人生”，用他自己的话说，他这么多年来，总在“不断刷新自己的人生标杆，拥抱生命更多的可能”。

最后，多重角色是他们的身份特点。梁启超先生曾说，做教师的好处，一方面可以教学生，一方面可以做学问。20位名师都享有梁先生所说的“好处”，而且他们都能把“教学生”当成做学问，做出了很多名堂。20位名师多重角色的另一种，是既做教师，又做管理者。据我所知，他们从事教育管理，也是风生水起。20位名师当中还有几位，既教教材，又参与教材编写。多位小学数学名师参加了国标本小学数学教材编写。曹勇军老师是国标本苏教版高中语文教材编写组的核心成员，最近还在参加统编初中语文教材的修订。20位中还有几位，或者客串，或者常态地“兼职”。比如，孙双金老师客串主持人，王开东、贲友林等老师都开设了广有影响的微信公众号，冯渊老师兼职《语文学习》《现代教学》《语文建设》等杂志的编辑，等等。这些多重的角色，使他们的专业视野得以拓宽，也使教学抑或研究都更有左右逢源、触类旁通的感觉。

二、名师成长的“道理”

道者，道理也。20位名师的讲述，最精彩之处，是介绍他们在成长过程中悟出的道理。

第一，是对教育使命的理解。在中国传统教育的语境中，师者的职责在于“传道授业解惑”，但重点在于“道德的教诲”，理想在于“世道人心的扭转”(黄宗羲观点)。我们今天要落实立德树人根本任务，与教育传统是相贯通的。名师们深明其理，都把引导学生做人当作教育最大的道理。孙四周老师叙事的标题《教育向善》，正是基于自己对教育本质的理解。各位名师都把“教育向善”落实到培养德性统率的完整儿童的事业之中。比如，陈铁梅老师的美术教育，探寻的是审美人生教育，不仅仅重视形式感的训练，更重要的是培育精神自由、生命高贵的“审美人”；张齐华老师倡导“社会化学习”，不仅关注作为学习者的儿童，更关注具有社会性素养的更立体、更完整的“大写的人”。

第二，是对儿童的理解。在名师们看来，教育的奥秘是适应儿童的需要。恰如有作家谈到生活与写作的关系时直言“如果你写得不够好，那是因为你对生活贴得不够近”，教师的教学如果不够好，是因为跟学生走得不够近。以儿童发展为中心，不应当只是一句口号，而应当落实落细到教育教学活动中。正因为如此，他们明了教育的目的所在——一切为了儿童，恰如管建刚老师自述，“满脑子想的都是学生、学生、学生，为学生而教”。他们把认识儿童、研究儿童作为教育教学的必修课，所以，就如余颖老师阐述的那样，要在教学中“倾听、理解每一个不同的学生个体”“组织实实在在的生生互动，促进个体更好地学习”。徐斌老师为了更好地贴近儿童，每天晚上听三个小时鞠萍姐姐、孙敬修爷爷讲故事的磁带，连续三个月，终于改变了自己教学语言枯燥、干巴巴的缺点。贲友林老师还把“学为中心”发展为“教师和学生共学、同学为中心”，给人更上层楼的感觉。他们的学科教学都有鲜明的学生视角。再如，蔡宏圣老师“基于数学史的数学学科育人实践”，为了学生、适应学生、发展学生是其一以贯之的立场。他们不仅关注学生的现状，更关注学生的潜能。纵观多位名师，他们不约而同地都谈到发现、激活学生潜能的努力。我以为这是名师之“名”的重要表征，有些学生的潜能确是需要师者独具慧眼的。好教师的职责就是为学生打开发展的积极可能性，而这群人具有这样的意识和能力。华应龙老师谈教学体会，强调采用的是激励、唤醒和鼓舞，“唤醒就是要把学生的潜能发挥出来”。郝保国老师指导学生的数学学科竞赛与数学论文写作，正因为他注重激发、激活学生，为学生不断打开积极的可能，学生有了许多令人惊艳的收获。

第三，是对教学的理解。20位名师全身心地投入基础教育课程改革之中，汲取新课改的基本精神，新课改倡导的教学文化已经在他们的课堂里扎根生长。可以说，他们掌握了新教学的“共同语言”。作为具有研究意识的名师，他们比一般教师走得远、钻得深、看得透，进而形成意识甚至洞见。比如，孙四周老师在对知识教学、问题教学、情境教学、现象教学比较研究的基础上，形成自己的教学观。曹勇军老师对课程、对项目化学习的理解，是以“做事情”来表达的，他对课程的开发、对学习活动的设计，更多不是在应用而是在创生理论。20位名师，几乎所有人，对自己“当家”的学科教学都有独到的理解，而在具体教学中几乎都达到“人课一体”的境界，教学与生命高度融合了。

第四，是对教师专业发展的理解。这本讲述名师成长故事的书，寓理于事，最为集中的就是教师专业发展的规律。我们可以用“气”“课”“文”“群”四个字概括。“气”，指气概、气质、气脉、气度、气象、气场等等。这在前面的论述中已多有涉及。名师的名气，最为本质的是饱含这些“气”。“课”，名师的高度是一节一节高质量的课垫就的，不少名师成长的关键事件，就是磨课。这其实也是“做中学”，通过磨课生成教育领悟，有时还能达到一种境界的提升。王益民老师叙事的题目为“‘课路’青山外，行舟绿水前”，“课路”就是成长之路。“文”，概而言之，就是指教科研成果。不仅接受前贤和同行的理论滋养，而且能提供公共作品给他人分享，甚至有广泛影响力。这是名师成名的重要标志。“群”，是关系构成，包括合作者、共同体，也包括“人带你”和“你带人”。许多名师都以感恩的心回忆师父、同行对自己的提携之功。华应龙老师甚至以“感恩”作为叙事的关键词。袁爱国老师叙事的题目是“专业交往的半径和路径”，“半径”即是与他人的交往，他主要讲的是与师父一辈的交往；而我要说的是，能提携是因为后生可期，是因为你在群的关系构成中是匹配的、优秀的元素。作为名师，要有“你带人”的责任。非常可喜的是，这些名师都把成就他人当作本职工作。据我所知，陈铁梅、唐琴等老师的工作室，都是枝繁叶茂、花团锦簇的，名师带高徒，高徒出名师，教学相长，他们更加有“名”，自然是情理中的事。

三、名师成长的“道说”

道者，道说也。有学者认为，道似首，“首”的开口说话即为“道”。名师们的“开口说话”，包括三个方面：

一是教育思想。其中，大多以教学主张来表述，如华应龙的“化错教育”、孙双金的“情智语文”等等。名师的一个重要标志，是把自己的教育思想、教育实践凝练成关键词。只要说到某个关键词，人们就想到某个人，甚至某个人的文章，某个人的语言。比如“童心母爱”，是斯霞老师的思想印章；“情境教育”，则为李吉林老师开宗立派所创造。这20位名师，属于中生代，但也都卓然成家，已经有了自己的关键词，说明他们已经用理性的思考从教育实践中超离出来，找到了“自己的句子”。如周卫东老师所说“苦心孤诣的咏叹”，成了曲调，有了自己教育生活的“主题思想”。

二是教学风格。“风格是艺术所能企及的最高境界”（歌德语），教学风格的形成，标志着教师的教学已经进入炉火纯青的高境界。通过名师们讲述的故事，我们可以想象到教育现场，想象到名师们教学的样态。比如，孙双金和余颖两位都是我交流较多的名师，孙双金老师讲述的“第一次”情感激荡，这是他为文的风格，也是他立课的风格；余颖老师的“欠然”，夹叙夹议，充满哲理的味道，这与她和她的团队倡导的“小研究课堂”的理趣风格是吻合的。这些名师的教学风格，对于青年教师们，是有很大感染力的。

三是语词特色。这是就故事本身而言的。三四十年的从教经历，以一篇故事来讲述，所选择的事件是典型中的典型，所表达的见解是思想的精华。其中一个重要的语词特色就是金句迭现，让我在阅读时常常或会心一笑，或凝神思考。比如，贲友林老师叙事的一个小标题“走过的每一步都算数”，意味深长；张齐华老师讲述的“唯一不变的是改变”，是具有普遍性的人生道理；孙双金老师的九个“第一次”，带来的后半句人生体验是有共情力的。言之有文，一定会让这些故事传得更远，让这些故事的主人公发挥出更大的示范效应。

本文发表于《江苏教育研究》2023年第19期

关于教育写作的若干箴言

我自20世纪70年代就开始投身教育研究，四十多年来，出版了数十本著作，发表了数百篇文章，积累了不少教育写作的经验。总结以往，其中的一条经验，是一些箴言曾对我产生过积极影响。推己及人，相信这些内涵丰富的箴言会为大家的教育写作带来有益的启示，所以很乐意和大家分享。

一、写作是唯一的，在你和不可能之间

美国作家查尔斯·布考斯基在论及写作时指出："写作是唯一的，在你和不可能之间。"这句话耐人寻味。对于你来说，很多事情都是不可能的。但是因为写作，"不可能"变成"可能"，"可能"变成"现实"。作为一个教育工作者，发生这种变化，最重要的是追求人生的意义，追求作为一名人民教师的人生价值。

记得李吉林老师生前多次对我说过："我的文章都是我一个字一个字写出来的。为什么要写呢？因为要写，所以我就要读，要想。读多了，想透了，写出来了，我不仅有东西和同行分享，更重要的是促进我把情境教育做得更好些。"李吉林老师是一位一线老师，她就是通过写作，把一件看上去绝对不可能的事情，变成辉煌的现实。一个普通的小学老师成为教育家，她所创立的情境教育成为有国际影响的教育流派，获得首届国家级教学成果特等奖，多次拿到全国教育科学研究优秀成果一等奖。这多么了不起！牟宗三先生说，"人生有两种境界，一种是向下堕

落，另一种是向上升腾”。因为研究，因为写作，很多教育工作者的精神生命能够向上升腾，实现了更大的人生意义和价值。这其实也是在传承中国传统教育思想的精髓：“学以为己。”“学以为己”是说学习首先是养心修身，使自己的人格更完整、精神更高贵，教育工作者的研究也是如此。我们经常讨论：你为什么研究？为什么写作？我从来都是毫不犹豫地说，首先，是为自己。为自己精神的、生命的饱满。然后，立己达人，你自然会惠及他人、惠及社会。

教育写作有没有功利性的一面？有！法国社会学家皮埃尔·布迪厄认为，个人的文化修养是一种资本形式，个体往往存在用自己的精神内涵兑换社会文化资本的倾向。人总是活在社会现实中，总要受社会化管理那一套体制的影响，教育写作从不可能走向可能，也包括“身外之物”的获取，譬如职称、职务、荣誉、社会影响等等。这个不要去回避它，关键是排序不能乱。教育写作的第一价值是为自己写作，使自己“立德树人”，站立起来，进而为教育、为社会作出更大的贡献。功利性是第二位的。二者不是绝对矛盾的，你到了一个更高的平台上，你有了文化资本，可以做更大的事情，做更重要的贡献。

这句话我曾在多个场合讲过，应该说已经产生了积极影响。十多年前，江苏省中小学“师陶杯”论文颁奖活动上，我就讲这句话。记得一位设区市市政府分管教育的秘书长听了这句话，热情地跟我握手。他有同感，他在实现更大人生意义时，也一定是用写作兑换了文化资本。徐州市教研室刘春老师曾在一个场合专门向我致谢，其原因在于她的女儿参加作文大赛颁奖会后，回去和爸爸妈妈交流，说：“以后你们不要动员我写作文了，我听一位伯伯在颁奖会上讲到一句话，‘写作是唯一的，在你和不可能之间’，我懂了！”

二、生活、思想、情感是文字的养料

老舍在回友人的一封信中指出：“生活、思想、情感是文字的养料。”[1]如果说第一句箴言是讲为什么写，那么这句则是在回答写什么。

首先是生活。我有一篇文章曾在《江苏教育研究》作为卷首发表，表达的是我的一个基本观点——“课堂是我们成长的地方”[2]。当然，这里的“课堂”是泛称，包括班主任生活，包括我们全部的教育生活。教师的专业成长，只有一条通道，就是改进专业实践。“名师”靠一堂一堂高质量的课垫就了他的人生高度。“问渠那得清如许?”恰如王栋生老师和中学生谈写作时所说:“你的大地是生活!”教育写作的源泉当然是生活。

其次是思想。我们的教育实践能超离那种教书匠式重复的、机械的劳动,是因为我们有思想,是因为我们用教育理解去引导了我们的教育行为。每个老师都有教育生活,但不是每个老师都能写,更不是每个人写出来的东西都很好,很重要的差别是思想的有无和高下。我们不是简单地写生活,而是写经过思考的生活,“我手写我思”。这个时候,那些理论的东西和实践的东西糅在一起,就长出了一棵一棵新苗。这种新苗,其实就是一种创造。而写作者的生活,也会因之更有意义、更有品位。一位优秀的教师,应当不断经历“实践—反思—学习—研究”的螺旋式上升过程。

最后是情感。杜威讲过一句话:“知识只是情感的汪洋大海里面的一滴水。”教育是一项富有情感的事业,你不能热爱生活,不能热爱学生,那你的教育写作是没有意义的,甚至也很难有真正的教育写作。范梅南说:“教育学是迷恋他人成长的学问。”写作总是情动于中而形于言,教育写作的成品则是“迷恋他人成长”的大情怀催生的孩子。斯霞老师的文字,是童心母爱的一个个音符,斯老师的教育写作,奏响的就是大爱之歌。南通的刘昕老师送给我一本书,我看了以后非常感动。他们学校有一个孩子,在学校里横竖不开口,随便怎么跟他交流,他都不讲一句话。作为校长的刘昕,听老师介绍过以后,就和老师商量,自己来给这个孩子加课。除了老师上的课外,她单独为这个孩子备课上课。一共上了250多节,每节都有精心准备的教案。终于有一天,她和这个孩子的任课老师在办公室交流时,听到外面有怯生生的声音喊“老师”。一看,门口站着的就是这个孩子。第一次听到这个孩子开口对老师讲话,班主任和刘昕相拥大哭,然后把孩子抱过来,痛哭一场。伟大的胜利啊!铁树开花了!从此,这个孩子就步入比较正常的状态,和人交流了,终于冲过了自己成长的一道坎,人生的一道坎。刘昕从她备课的资料中,选择了70多篇出了这本书。这就是情感,这就是生活。当然,这里也有她的思想。

生活、思想、情感,这三样东西对一个写作者是很重要的。我认为,生活是体,思想是魂,情感是血脉。这三者熔铸在一起,作为一个教育人,作为一个教育写作人,你就站在那里了。

三、学会两套本领:讲故事和结构化

有了生活,有了思考,情动于中,怎样把它写出来呢? 我认为有两关要好好地过一过:一个是讲故事,另一个是结构化。

这句箴言,我是综合了几位学者的观点。一位是美国学者丹尼尔·平克,他有一个观点——现在是一个高感知的时代,讲故事非常有效果。他列举了人生的六种基本能力,讲故事是其中的一种。关于结构化,陈嘉映、金生等学者都非常重视。从知识的源流看,以叙事带出知识和以说理阐释知识,是人类知识史的两股源流。前者可以看看史传、神话、寓言等等,包括一些经典诗篇,都是在讲故事,知识包容其中。后者用阐释、解释的方式去传递知识,如诸子百家。这两股源流都源远流长,在今天都仍然有很大的作用。一般的论文写作是在解释、阐释知识,但是教育写作不一样。特别是中小学教师、幼儿园教师,擅长很感性地去表达自己的思想,讲的故事不仅感人,而且有力量。所以这两种方法我们都要重视。

也有学者对这两种知识传递的方法给以比喻:一种叫"剥洋葱";一种叫"敲核桃"。所谓"剥洋葱"是叙事,是讲故事。讲故事的观点在哪里呢? 剥到最后你没有看到一个"核",但是你剥每一瓣洋葱的时候洋葱味你都感受到了。"敲核桃"指的是解释、阐释的文章,敲开以后里面有核桃仁,这就是思想观点。当然我认为"敲核桃"不是最好的比喻,用"吃包子"似乎更恰当些,这个思想在咬第一口的时候就感受到了,这和"敲核桃"还是不一样的。

首先说讲故事。讲故事大概有三种方式。第一是针对一个具体问题的解决,许多老师的教育叙事就是这一种。第二是在阐说、解释的过程中,举一个例子,这叫事实论据,用来佐证观点。第三其实就是一种起兴手法,先用一个故事,给文章一个规定情境。讲故事对一线老师很重要。南京市第十三中学的曹勇军老师有本书就叫《我和学生的故事》,曹老师认为,教书就是老师和学生的故事。有趣的是,曹老师的学生也在"讲故事",他的学生在文章中回忆:离开母校多年,想起曹勇军老师,总是很感动。曹老师看书的样子,说话的样子,悠悠地走路的样子,包括抖烟灰的样子,想起来就很亲切,就心生暖意。曹老师说"教书就是老师和学生的故事",看来这也是他们师生的共识。故事具有高传播性。一个好的故事,马上就传播开了;一个很深刻的理论,不一定传得开。故事还有它的独特性,故事很少有雷同的。它是一种生动的特殊性，而一般性都包含在特殊性当中了。故事还有多喻性。我有一次在文章中讲过一个故事：当时才讲三维目标，有的老师上课，什么都往三维目标上靠。比如，孩子捧一束鲜花来，老师一定要引导孩子说这个就象征我们伟大祖国欣欣向荣。我就把这个故事作为一个“起兴”，来讨论三维目标怎么落实。我的同事、江苏省教科院的马维娜老师看过后对我说：“您讲的这个故事很精彩，它可以从多个方面进行解释。”马老师是从事教育社会学研究的，她的视角和我的就肯定不一样，她一定想到可以从教育社会学的多个维度解释它。当然，讲故事要有亲切感，我经常和《江苏教育研究》的同事们讲，老师们写的文章，一个重要的标准是——有没有烟火气，是不是来自现场。有烟火气的文章有打动人的力量，至少让你感到很亲切。讲故事还要注意抓住细节，我们读文学作品，常常是一些隽永的细节让我们流连忘返，教育写作也要努力提供精彩的细节，这些细节不仅使故事生动起来，而且常常有照亮全篇的效果。

再说结构化。一篇文章其实就是一座房子。怎么把这座房子搭起来呢？讲故事的文章在搭房子时侧重于时间维度，包含了起因、经过、结果等要素。这里重点说说一般的论文。关于结构化，陈嘉映教授给过一个说法，叫“建筑说理”。各种材料，各得其所，于是房子的架子就搭起来了，于是房子就有了。结构化就是要有逻辑，金生教授认为就是针对问题，进行理性思维，有逻辑地表达出来。在我看来，如果你自己还没有个性化的结构方式，那么可以抓住四个基本问题往前走。这四个基本问题是：为什么、是什么、怎么做、做得怎么样。针对教学的某个具体问题去写文章，可以大体分四个层次：首先提出问题，接着分析原因，然后阐说解决策略，最后归纳结论。同时，还要注意到，不同的领域、不同的学科，论文的结构化也是有特点的。比如课程，不管怎么表述，课程的四要素（目标、内容、实施、评价）一定要包含在里面；比如文化，精神文化、制度文化、行为文化、物质文化这些基本要素都要考虑到。写作时未必是按照这些要素去结构化，但作为基本要素要有，它们形成了文章的内在肌理。不同学科也是如此。比如，一位数学老师就着教学案例讲数学的学科实践，说到符号变换，描述从动作符号变成图像符号，然后再变成数字符号，这就有点数学味道。有位语文老师送一篇“论语文课程怎样进行思维训练”的文章让我看，我扫了一眼就请他回去再好好想想，为什么呢？因为他的文章中没有提及形象思维，更没有提及创造性思维，语文特质出不来，内在结构是残缺的。

四、寻找属于自己的句子

海明威讲写文章其实就是寻找属于自己的句子。我要强调的是，第一，所有自己的句子，都要以共同的语法为前提，在公共话语平台和别人交流。你讲的话别人要听得懂，只有自己懂、别人听不懂的话千万不要说。你讲的东西别人听不懂，很多时候其实是你自己没想清楚。第二，教育写作是教育写作生活的整体追求，首先不是语言表达的问题，而是实践问题。近年来江苏在开展高品质示范高中创建，多位校长都围绕自己学校的创建写了很有分量的文章。文章好，首先是实践好，主要是实践好，是学校突出优势探索，在建设高品质学校过程中的创造性实践，是学校生成的具有普适意义的经验。第三，寻找属于自己的句子，要"认识你自己"。以我自身说，什么是"属于自己的句子"呢？我的写作有什么特点呢？因为我是教语文的，文科更重视感悟，我以为自己在长期的语文教育生涯当中，培养了一点悟性，因而写文章时力求"扬己之长"，表达通透一些。还有，我经常到中小学，知道老师们用什么话语去表达，所以力求说得亲切一点，尽量娓娓道来。因此，"通透性"和"亲切感"就是我所追求的。第四，这个"寻找"要不断学习，要自觉地接受前贤和同行的精神滋养，在学习的过程中不断提高。最好能有个感觉，通过你的不断学习，过个三五年，人家就刮目相看，突然发现你有了飞跃。这个感觉其实就是你经历了一个从量变到质变的过程。如是，你的人生就在不断升腾。第五，相互砥砺。如果有一个朋友圈，有几个、十几个人，过一段时间就可以坐下来，海阔天空，说到说不动了，这个时候才说"好吧，再见，我们下次再聊"，这对于成长是很重要的。江苏的人民教育家培养工程、"苏教名家"培养工程等等，之所以有较大的成就，很重要的就是因为形成了一个相互学习、相互激励、相互映照的状态。第六，"寻找"是"十年磨一剑"的过程。要学会坐冷板凳，要下苦功夫，耐得住寂寞。江苏省教科院的孙孔懿老师每过几年就有一本重量级的著作拿出来，他在苏霍姆林斯基研究、教育家研究方面卓有建树，在学界进入第一方阵。原因之一，就在于他的板凳功夫了得。

经常有老师问我们，怎么写才能写得好？怎么写才能发表？每当这种时候，我总会想起巴金曾反复对萧乾说的一句话："写吧，只有写，你才会写。"[3] 在这个问题上，我绝对认可巴金。让我们一起记住并且践行巴金老人的话，“只有写，你才会写”。

参考文献

[1] 老舍. 出口成章：论文学语言及其他（增编本）[M]. 沈阳：辽宁人民出版社，2016.

[2] 杨九俊. 课堂是我们成长的地方[J]. 江苏教育研究，2008(10)：1.

[3] 萧乾. 挚友、益友和畏友巴金[M]. 成都：四川文艺出版社，2019.

本文发表于《江苏教育研究》2022 年第 26 期

第二辑

云蒸霞蔚

创想教育：通向儿童美好未来

“我来到这个世界，为了看太阳。”本着这样的人生信念，庄惠芬校长从 2011 年主政新创校常州市武进区星河实验小学（以下简称“星河实验小学”）起，就和同事们一起，通过育人方式的全面变革，培养学生“人人有好奇心，个个有创造力”，为义务教育学校培养学生的创新素养，蹚出了一条新路。

一、培养对象：从“掐尖式”向面向全体转变

义务教育学校培养学生的创新素养，以至进行拔尖创新人才的早期培养，是有不少争议的，关键就在对特定群体和全体学生关系的处理。有学者说，一听到拔尖创新人才培养，心里就“发毛”，因为不少学校是把“割韭菜”“掐尖”作为选拔的基本途径，然后组织“实验班”之类，倾其最优资源把这些选拔出来的学生“供”起来。怎么解决这个问题？这就需要廓清义务教育学校创新人才培养的功能定位。说到“创新”，其概念源头是奥地利经济学家熊彼特所提出的“创新就是生产函数的变动”，是基于经济领域的。[1]此后的相关研究当然超越了经济领域，比如新近有学者提出，创新可分为技术创新、设计创新、知识创新、理论创新、范式创新等几类。[2]学界对创新、创造的研究是重要的，但需要转化，在其基本规律、基本思想上，不同领域、不同层级的创新有着相同的神韵；在教育的情境中我们应该关注的是从创新事迹里抽象出来的创新素养；而在基础教育学校，创新、创造则主要基

于学习的情境;在义务教育阶段还不能突破面向全体学生这一条底线。

庄惠芬团队对此有清醒的认识,他们是“顶天”的。《中国教育现代化2035》明确提出探索发现与培养具有特殊才能和潜质学生机制,为创新人才培养和成长提供更加有利的环境。义务教育学校不能置身事外。创新人才培养要从娃娃抓起,才能水涨船高。同时,义务教育学校落实这样的精神,又要“立地”,从儿童、从义务教育特质出发。庄惠芬团队在成熟思考的基础上,设计了儿童创想家的形象,为这个大写的“人”注入三重内涵:其一是儿童的,是活泼泼的儿童生活,是天生的游戏家、无处不在的生活家、美妙的艺术家、好奇心满满的探索家、奇思妙想的发明家等等。其二是小学的,主要指向学习生活,指向基本素养。“创想”主要指向创造性学习及创新人格、创新思维,而不是创造性成就。其三是面向全体的创新素养提升和面向超常儿童创新能力培养有机结合的。这里的超常儿童培养,主要体现为实质公平,即为有潜能的学生创造积极可能性,为他们的兴趣特长发展创造“天高任鸟飞”的发展机会,这其实也是“面向全体”的重要内涵。

二、价值追求:从单一性向整全性转变

对教育教学价值单维度的认识,常常是创新性培养的堵点。庄惠芬团队正是在认真学习思考的基础上,对诸多基本问题作出了具有学理基础的回答,从而实现理性自觉。

(一)对“全面发展”的认识从单维度走向立体式

人们对“全面”的理解,更多是时间维度的,强调德智体美劳全面发展,这当然很重要,但“全面”还应有空间维度,有激活潜能、激活创造性、面向未来的维度。人们在讨论马克思“人的全面发展观”时,关注到人的“全面”发展,包括唤醒自然历史进程赋予人的各种潜能素质,使之能得到最充分的发展,“充分”是“全面”不可缺失的深刻内涵。而创造性与体现充分发展的自由活动有着紧密的内在关联,自由王国中人的本质力量最显著的标志,是马克思所说的“从全部才能的自由发展中产生的创造性的生活表现”[3]。庄惠芬团队的“创想”,就是在空间维度基础上,侧重指向时间维度。他们研究了“幼态持续”的理论,认识到人的宝贵之处是幼态的好奇心、想象力、创造性,乃至善良、公正等等,这些是可以保持和发展的,这就使教育具有了重要的价值。他们还关注到,创造力对儿童来说是与生俱来

的，但又是容易遗失的：儿童在1岁时创造力达到96%，但如果不加以呵护培育，10岁时只剩下4%。6～12岁是儿童好奇心、想象力的敏感期和活跃期，如果不抓住关键期，创新人才必备禀赋——“幼态持续”的生长就会中断。他们还关注到，创造力的培养是基础教育的应有之义，“创造的灵感，这是人的一种需求，个人在这种需求中找到幸福”，“不可想象在多年的生活中会没有创造”[4]。庄惠芬团队和我聊天时多次谈及，在我们的教育方针、培养目标，以及各课程、各学科核心素养的表述中，“全面发展”是具有时空结合特色的，“人”是站立的，是“走向”未来的，我们要克服的是把“全面”技能化，把“全面”静态化，把“全面”整齐划一化，把“全面”变成“限高”。我们应该在空间维度落实全面发展的同时，将创造性的素养要求加以强调，在课程、教学、活动中全面落实。

（二）对创新素养的认识从单一要素走向体系化

谈到创新素养，“能”最为大家所关注，而庄惠芬团队则跳出单一要素的束缚，从“愿”“能”“做”等方面建构实践体系。“愿”，是侧重创新人格；“能”，是侧重创新思维；“做”，则是侧重实践能力。他们研制的小学生创新素养指标体系（见表3），则体现了对“创新人”的全面认识。

表3　星河实验小学学生创新素养指标体系

目标	指向创新意识、创新精神、创新思维、创新能力、创新人格的启蒙	
育心励志启思创行	科学报国情怀	埋下有家国情怀、人文情怀、世界胸怀的种子，传承弘扬中华优秀传统文化，成为有理想、有本领、有担当的时代新人。
	扎实学科基础	夯实学科基础知识，掌握学科基本技能，形成学科基本思想；在学科交叉、科教融合、跨学科课程学习中，积极进入创想实验室等参与创新实践。
	科学研究能力	逻辑能力，包括演绎逻辑和归纳逻辑；言语能力，即分析、解释、评价、批评和论证建构的能力；计算能力，即约简、嵌入、转化的能力。
	发明创造思维	设计思维，以最终产品为导向寻找解决问题方案；形象思维，培养想象、联通、直觉、灵感、思维和洞察力，具有丰富的想象力；创造性思维，能够针对一个问题谋划出多种解决方案；批判性思维，善于从多种可能的路径中找出一条最佳路径。
	健康心理素质	抗压能力好，情商发育好，懂得如何与他人交往；悦纳自己，群体适应性强，有良好的意志品质，会调节情绪，有合作能力。
	知行合一能力	能够运用已有的知识和技能，能够跨学科思考问题，从而解决现实生活中的问题，在学习生活中初步具有创造新事物的能力。

为了加强创新人格的培养，星河实验小学在坚持德育为先、德育统率的同时，专门开发了“创想习惯树”培养计划，以境脉式的学校场域、共生式的家庭场域、融合式的社区场域、沉浸式的虚拟场域作为肥沃的园地，让创新人格的树苗茁壮成长。星河实验小学创想少年品格指标体系见表4。

表4 星河实验小学创想少年品格指标体系

创想少年品格	内涵
会主动	积极主动、善用资源、自主学习、探究与担当
有计划	有理想、有目标、守承诺、做事有计划
能共赢	专注、诚信、遵守纪律、注重优先顺序、愿意与人分享
会尊重	相互理解、有同理心、有勇气、尊重对方
愿同理	能互惠、知公平、懂富足、能与他人感同身受
善合作	有创新意识、能合作、思维开放、和他人共同探索
好创造	持续进步、保持好奇、时常探索、积极创新创造

（三）对认知活动的认识从单向度走向完整性

学校教育是以认知学习为基本载体的。而长期以来，我们对认知活动的认识是知识符号的单向度，学生获得惰性知识，考完就扔了，“带不走”。庄惠芬对此十分警觉，她自己的数学学科，便是以“站起来的儿童数学”为旗帜，开展学科育人的实践。这里的“站起来”，就是学生知识完整性的获得，从表层的单点的知识向深处走，走向思维，走向结构化，走向知识的迁移应用。而且，让深度的学习不仅“深”到知识点，还要“深”到心灵里。儿童正是作为一种精神上的存在而不仅是肉体的存在，才给人类的发展提供了原动力。也正是儿童的精神，决定了人类发展的进程，并有可能把人类引向更高级的文明。[5]这样的认知活动，自然就指向创新素养的整体性，指向人的成长的整体性，创造性培养通向美好未来的时代新人。

三、课程创新：从统一性、标准化向丰富性、弹性化转变

课程是学校育人的中心地带，培养学生的创新素养，当然需要课程从统一性、标准化走向丰富性、弹性化。庄惠芬团队在这方面进行了卓有成效的努力。

（一）国家课程的创新实施

在国家课程实施的规定时空里，“就”着做，使日常的教学闪现“创想”的光泽，

积极而又稳妥。

1. 融入式实施国家课程。在课程核心素养培育的过程中，融入好奇心、想象力、创造力三个要素，使国家课程标准的教学与学校育人的文化特质结合起来。学校参照陶行知先生“创造教育”的思想，以观察、体验、发问、探索、合作、表达、共情等七个日常学习行为落实三要素，并将其细化，融入“课程总目标—学段课程目标—年级课程目标—学科教学目标—单元教学目标—课时教学目标”，这就使“创想”文化覆盖到日常的教学。

2. 嵌入式开展常态教学。在常态的课堂中嵌入“创想特区”，在中高学段开设5分钟“思维即刻”，学校有主题性的计划，训练内容则由学科老师根据学段和学科特点自行确定。三到六年级训练的主题分别是：顺向思维和逆向思维；聚合思维和发散思维；再造性思维和创造性思维；上升性思维、求解性思维和决策性思维。

3. 衔接式构建课程模块。用75%～85%的时间夯实课堂的基础性课程板块，用15%～25%的时间建构课堂的拓展性课程板块，或是宽度的打开，或是长度的延伸，或是深度的挖掘，使“创想”在每一个相对完整的学习时间里都能“闪亮出场”。

（二）校本课程的创新开发与实施

在校本课程的开发与实施中，放开做，为每个孩子的自由发展创造课程机会。

1. 以学校为主体开发主题性活动课程（见表5）。从自然诗学、生活美学、儿童哲学、智能科学四个维度入手，立足于对现实生活问题的解决，在生活中确定主题，把儿童的问题变成课题，由“团队挑战”和“即时挑战”两大要素构成“想象中的目的地”。培养参与者的创意思维、团队合作精神、领导才能，以及问题解决和创新能力，促进学生特长和天赋的发展。

2. 以年级段、班级为主体开发“苹果园创意课程”。在低、中、高年级段设立三个“小学校”——青苹果学园、红苹果学园、金苹果学园，根据不同年段学生的兴趣、爱好组群，教师自主开发并实施，学校统筹成果报告会，激活了年段、年级、班级课程创造力和积极性。

3. 以儿童为主体开发“天才一小时”课程。每周用一个小时时间，赋予学生“学我所爱，爱我所学”的选择权，引导学生开展探究性学习。学校在学生创意的基础上进行适度结构化建构，老师加以适当的引领和引导。现在已经形成以小组、小班为主要组织形式，以跨班级、跨年段、跨学科、跨学校为主要运行机制，以自主设计任务、自主分工合作、自主研发工具、自主组织活动、自主报告成果为主要特征的实践样态,“人人都是创造之人”(陶行知语)正在成为现实。

表 5　星河实验小学主题性活动课程

年级	学年主题	活动内容	类别
一年级	一千零一“叶”	生活中叶世界的好奇派对,访问我的树叶朋友,探秘树叶的生长等。	自然诗学
	一平方米菜园	品味“播”的好奇、“种”的辛苦、“赏”的乐趣、“收”的喜悦,构造班级里的小菜园。	生活美学
	我与我一家	我的自画像、我的家庭树、我的全家福、我的合家欢、小小幸福家等。	儿童哲学
	小小建筑师	访问恐龙,做恐龙年鉴册,做恐龙的居住地模型等。	智能科学
二年级	厨房植物	吸油烟的植物、打开厨房里的植物学、一起打造绿色厨房等。	自然诗学
	班级博物馆	通过“一花一主题”和“一物一宇宙”共同打造一班一品,打造班级博物馆。	生活美学
	我与班级	我的同伴、不一样的上学日、情绪同心圆、班级岗位互换日等。	儿童哲学
	一日小“蔡伦”	体验神奇造纸术,渗透植物、动物、天文、传统文化、新型智能等科学领域。	智能科学
三年级	班级动物园	选择饲养的动物、给动物安个家、饲养办法多、帮助小动物过冬、班级动物园博览等。	自然诗学
	小小理财师	“钱西西的压岁钱”“钱西西变形记”“钱西西购物记”“钱西西的银行之旅”等。	生活美学
	我与学校	作业要不要写、偶像和榜样、能不能玩手机、要不要帮助大家等。	儿童哲学
	农业物语	在了解“多肉世界”“种子魔法园”“庄稼医院”“有机农业”的基础上设计一个农业生态园等。	智能科学
四年级	植物星球	探索植物繁衍技能、植物的生存本领,以及植物的奇特外形、植物的进化历程。	自然诗学
	创想城微店	经历市场调研、设计平台和商家、完善店铺主营业务、进货、配置支付接口、确定发货方式和合作伙伴、推广店铺、提供良好服务、核算盈亏等创业过程。	生活美学
	我和我的城市	读城记、规划常州、再造常州等。	儿童哲学
	生活里的 AI	利用 AI 技术进行服装、建筑、机械等主题设计。	智能科学

续表

年级	学年主题	活动内容	类别
五年级	池塘变形记	池塘生物的多样性以及学校池塘的改造与运行。	自然诗学
	常州老字号	档案里的美食地图、青果巷里的博览会、非遗里的老字号、乡音常州等。	生活美学
	我与正义	正义之士系列：扶或不扶、推或不推、回或不回、转或不转等讨论。	儿童哲学
	新能源世界	走进新能源之都、参观新能源汽车研究所、了解新能源与未来生活等。	智能科学
六年级	万物启蒙	在地方风物(风光景物、风俗物产、民俗习俗)中选择相应主题如竹文化、茶艺等进行研究。	自然诗学
	创业者联盟	生活实验室里进行创意想象、设计自己的公司品牌，结伴注册自己的公司，学会日常运行等。	生活美学
	我的未来职业	访360行、习36技、走18站创新行业、设计我的梦想职业等。	儿童哲学
	我的梦想居	认识环保节能的新材料技术，设计绿色智能建筑等。	智能科学

4. 为超常儿童提供课程支撑。星河实验小学创造了学科跳级制，某门学科课程“吃不饱”，学生可以申请学科跳级。这样就把学生从现有体制的束缚中一下子释放出来。同时，学校为超常儿童提供“精、全、博、简、优”的课程计划，采用集中式资优班、分布式资优班、资优巡回辅导班、资优特殊教育班等多种形式，开发“基础通修＋兴趣选修＋专业精修＋自主研修”课程体系(见表6)，为具有特殊潜质儿童的充分发展建场子、搭梯子。

表6　星河实验小学个性潜能课程

课程模块	研习方式	内容
少年科学院课程	基础通修	以发现学生潜能方向、培养和发展学生兴趣为目的的专门课程。以室内课程为主，如“数字科学家”“带你走世界”“结构建模”“认识星空”等，学生所表现的才能可归属于不同的领域，激发、保持学生的兴趣。

续表

课程模块	研习方式	内容
天赋少年发现课程	兴趣选修	以识别学生优势潜能为方向、培养学生潜能为目的的课程。以项目班实践活动为主，如“虚拟天文观测活动”“思维训练定向越野”“趣味智能运动会”“探索植物四季”“科技悦读行动”“越做越好玩的科学”等。让学生亲身参与科学研究，接触前沿课题，体验科学研究的艰苦和魅力，提高科学素养及探究能力。
创想实验室潜能课程	专业精修	以识别优势潜能发展水平为目的的课程。如“天文”“机器人”“工程技术”“科学思维”等课程。与武进星星充电、丰顺企业、石墨烯小镇等创新实验室合作，进行专门领域课程开发、创新实验室建设、学生课题研究指导等方面的合作。
在科学家身边成长课程	自主研修	为天赋少年班聘请教授、研究员和科技专家等导师，指导学生项目研究小组完成科学研究课题。与常州大学、河海大学、江苏理工大学等高校合作，举办科学名家讲座，组织参观实验室活动；推进以学科微课程、学科讲座、“office hour”、假日创新课程等为载体的导师制计划。

四、教学变革：从灌输性向探究性转变

人们在研究创造过程时，曾有多种概括，比如英国心理学家华莱士曾提出“四阶段”：准备期——准备和提出问题；酝酿期——沉思和多方假设；明朗期——顿悟和突破；验证期——评价、完善和充分论证。这样的过程，是以探究贯穿始终的。学习也是一个学生对知识再发现、再创造的过程。探究是生活的创造、学习的创造、专业的创造以及重大成就的创造的最大公约数。庄惠芬团队正是把探究作为创想学习的重要特征，实现教与学方式的根本变革。

（一）引导学生像专家那样学习

知识体系既是前人积累下来的智力活动外化的形式，又是下一代人得以把前人的智力活动还原、内化为自己的认知结构，并在此基础上进行创新的依据。[6]怎么在传承中创新呢？就是要像专家那样学习，让教学活动成为受教育者承继人类创造力的过程。庄惠芬团队引导学生“重返知识发现的现场”，在探究性学习中经

历专家发现问题、解决问题的过程，使学习从学习专家结论变为学习专家思维，进而把思考凝练成基本的学习方式：学为主体—境为主场—疑为主轴—做为主题—创为主旨。

（二）以游戏化学习作为基本的学习方式

游戏是激动人心的使人愉快的活动，因为它能满足儿童对新事物的需要。[7]游戏是能让人全身心沉浸的，以游戏化学习作为基本的学习方式，能使“像专家那样学习”具有儿童的特点，使探究对儿童具有亲切感和召唤性。基于这样的认识，庄惠芬团队开发了游戏化学习的流程（见图1）。

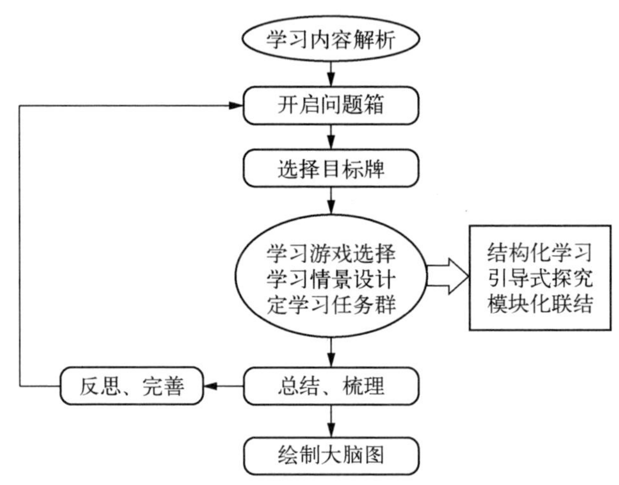

图1　星河实验小学游戏化学习流程

（三）以思维发展为主轴

按照杜威的观点，教学就是引导思维，创新性人才的重要特征就是具有创造性思维。“数学是思维的体操。”作为一名优秀的数学教师，庄惠芬深知思维训练的重要性，她和同事们从“创想”素养的培育入手，在学生思维力培养方面进行了有益的探索：比如，重视对问题意识的培养。“发现自问题起”，“提出问题比解决问题更重要”。星河实验小学十分重视培养学生发现问题、提出问题的习惯和能力，仅就“问点”来看，他们引导学生从教材角度抓住关键点、疑难点、含蓄点，从生活经验的角度抓衔接点、契合点、验证点。再比如，特别重视形象思维的发展。钱学森曾说：“我建议把形象（直感）思维作为思维科学的突破口。”[8]有科学家提出，创造性的科学家具备“对新观点的一种活跃的直觉想象力，这些新观点不是演绎得出的，而是通过艺术家一般的创造性想象而得出的”[9]。庄惠芬团队和大家一样重视逻辑思维，甚至提出要把归纳和演绎作为思维之刃的两面加以反复磨炼，同时他们又给形象思维以特别重要的位置，不仅在语文、艺术等以形象思维为主的学科上重视形象思维，而且在其他学科上也很重视形象思维。她自己的“站起来的儿童数学”就是一种形象思维表述，她和同事们把形象思维与观察力、记忆力等一般能力，与抽象思维结合起来，但常常是以形象思维为起点的，而且终端也仍然让形象思维活跃着。这应该看作培养创新思维一种很有价值的探索。又如，星河实验小学特别重视学生思维品质的培养。首先，培养深刻性思维，在人文学科教学中把“探测”深度作为创造性学习的重要表征，在理科教学中把抵达学科基本思想作为重要评价指标。其次，培养灵活性思维，训练思维起点的多向性、思维过程的变通性、思维成果的应用性。再次，培养批判性思维，倡导有理有据的求真，引导学生在思维活动中通过自我监控提高反省力。最后，培养敏捷性思维，重视头脑风暴、直觉思维、发散思维等思维方式的训练，珍惜思维过程中“灵光一现”的教学价值，引导学生在“对”的前提下“快”想“快”创。

（四）体现综合性、实践性

星河实验小学的课程与教学有三个关键词。一是“跨”。“跨”主要体现综合性，因为“跨”关联的学习方式更多是项目化学习，所以“跨”自然连接到实践性。庄惠芬团队特别重视学科内的整合，重视学科间的融合，重视超学科的主题实践活动。当代学科的发展，一方面继续分化，另一方面走向高度综合化。“复杂性”这个词意味着“被连接”“编织在一起”。复杂性思想揭示了“一个怪异的词——涌现”[10]。从提出“创想教育”开始，庄惠芬就敏锐地把握住当今“涌现”的知识特点，让“跨”成为讨论问题、落实举措时高频出现的热词。二是“做”。“做”是一个基本的学习支架，强调具身参与、手脑并用，体现着儿童学习应具有的实践性特征。“做事情”必然超越具体的知识边界，超越学科中心，也就体现了综合性特点。当然，在星河实验小学，这个“做”落实到项目化学习、跨学科主题学习，就是经验课程的任务完成。“教育可以自然而然地实现知其然和知其所以然，基础知识和技能可以相互交织、相互补充。近几十年来，关于课程的讨论一直在知识与能力之间不断摇晃。现在时机已经成熟，我们可以配置一套新的动态机制，既可以为承载大量知识的教学方式提供支撑，也不放弃基于项目和基于问题的教育方式所带来的成果。例如，通过密切关注当代问题，使课程学习与学生自身息息相关。”[11]在星河实验小学的创想教育中，这种“新的动态机制”已经成功配置。三是“用”。按照教学规律，学习从直觉的、感性的进入，在体验的基础上归纳、概括，建构抽象的观点，再回到真实情境进行知识的具体化应用。恰如有学者所言，从直观到抽象是认识，从观念到应用是领悟。我们的传统教学，知识具体化应用这个环节是残缺不全的，因而在很多学习者那里，知识并未内化，“带不走”。星河实验小学针对这一问题，采取了有效措施，重现认知图式的建构，为知识迁移创造条件；在国家课程校本化实施中，形成相互支撑的基础性板块和拓展性板块，拓展则是以“用”为主；作业要求逐步从知识的再现转向知识的运用。“跨”“做”“用”无疑有力地促进了学生，包括创新素养在内的核心素养的培育。

五、环境建设：从封闭性向开放性转变

杜威认为，教育是在经验中，由于经验，为着经验的一种发展过程。[12]杜威说的“经验”，指的是“活的生物”与环境相互作用的事情。而这里的“环境”，既有物理的，也有社会的。庄惠芬和同事们深知“环境育人”的意义，从创校起，他们就特别重视环境建设，并把环境作为触发“创想”的着力点。

（一）构建“三环”并立的物理性创想空间

星河实验小学的物理性创想空间包括内环、中环和外环。内环，是指学校就是创想园。学校有36个创想主题课程馆、36个角落课程空间，有命名“星星岛”的一系列复合型班级学习空间。就“星星岛”来说，物理空间是“各班教室＋走廊＋长廊”，通过教室空间与技术支持，实现教室空间内与外、线上与线下融通，将“星星岛”建成信息台，多交流各种声音；问题墙，鼓励学生多提出好奇的想法；游戏区，多有不同理念不同项目的游戏；关联带，让学生多寻找有价值的联系信息；发现屋，鼓励学生多讲讲独特的发现；冒险角，让学生多试试有难度的挑战；操作坊，鼓励学生多做做新鲜的实验；探究地，引导学生多想想解决问题的方案；优化梯，让学生多提出改进设计的意见；人物廊，宣传爱学习爱创造的伙伴；成长树，可以多储存每天的美好；星星单，可以多集聚最美的光芒。中环，是家庭创想实验室。孩子们因地制宜，建立人文、科学、艺术、数学创想实验室，目前已建成2323个家庭创想实验室。外环，是校外社会实践场所。学校已在常州市范围内建立了“Family—School—Community”（简称“FSC”）野外创想课程基地和10个娃娃创

想实验所。由此，为学生的“创想”建立了全程全景的物理空间。

（二）构建激发儿童创造的朋辈群

同学关系是儿童经验生长最重要的社会环境。庄惠芬提出“创想关系学”，用关系激发创想。学习组串联：同组内合作学习不同角色串换，同一角色到不同小组串换；班际互访，可以有几名同学到别的班级访学一段时间。小助教上岗：36个主题课程馆各有5个课程宝贝担任活动的小先生，中高年级学生陪伴新入学的一年级小伙伴熟悉环境，中高年级学生还可以申请到结对班级上一次夕会课。孩子的学友从单一变成多重。打造混龄化联合体，周一的全校走班课程群落，学生可以按兴趣意愿选班；周五创想学院分成7个主题，高年级带低年级，实行学长制；每月有半天进行FSC跨区体验，在校外实践基地，与不同区域、不同学校、不同年级的同学组成一个新的班级，学生大大扩展了交往半径。采用混养的生活方式，创立“双胞胎日”，与自己最好的朋友相处一天；尝试“合宿”，推出“我爱我家，邀你来住”活动，使儿童有了真正意义上的“社交”。开展“创想城市”岗位锻炼，将学校建成不同社区，设置社区工作岗位，让孩子们进行岗位实践，以一个社会角色参与人际互动，积极促进孩子的社会性成长。而学友伙伴关系的重构，只是“创想关系学”的一部分，他们还在实践着：为他者，重构师生关系的伦理向度；情感账户，引导儿童在人际互动中提升情感能力；时光轴，用“日日新”照亮班级时光，用“周周行”描摹亲子图景，用“月月美”为校家社的共创共享留痕。“创想”因此具有了生动性、生长性的社会环境。

（三）环境即课程

杜威说：“经验是有机体与环境相互作用的结果、符号与回报，当这种相互作用达到极致时，就转化为参与和交流。”[13]庄惠芬充分认识到环境的课程价值，星河实验小学开发了场馆课程、关系课程，学生日常的学习生活，就是场景式学习、浸润式学习，环境既是空间（物理的），也是“空气”（社会的），还是连续性的资源，又是可以“参与和交流”的学习共同体的有机组成。

六、学校文化：从就事论事向有机体建设转变

谈到创造力培养，文化是绕不过去的话题，比如斯滕博格等讨论创造力时，提出创造力需要六种资源的相互作用，这六种资源指智力、知识、思维风格、个性、动

机和环境。这里的“环境”不是具体的空间，而是弥漫性的文化。他们认为，这个“环境”应当是文化有机体，一个文化有机体的存在可以为这样的创造力提供和保持条件。[14]文化有机体是把环境看成一个生态系统，它是整体的，各部分相互关联，相互影响；它是生长的，具有动态性和发展性。无论一个组织，还是全社会，创新人才的培养都不是就事论事能够实现的，都需要文化有机体给予保护和支持。星河实验小学的创想教育是与学校文化有机体的建设同步的。学校的文化有机体是“创想牌”的。为什么做创想教育？“创想无界，心筑未来”是学校的教育哲学，“办一所人人有好奇心、个个有创造力的创想学校”是学校的发展愿景。创想教育做什么，怎么做？创想教育不是一项具体工作，而是学校育人方式的整体变革，是包括文化嬗变在内的六个转变（如上文所论）。创想教育怎么保证不“跑冒滴漏”，而是全面落实到位？关键在人，首先在于领头人。左宗棠有副对联：“发上等愿，结中等缘，享下等福；择高处立，就平处坐，向宽处行。”朱小蔓先生生前用此联的下联嘉许庄惠芬校长，笔者深以为然。“择高处立”，是使命担当；“就平处坐”，是务实精神；“向宽处行”，是实践路径。这就是庄惠芬的“创想”，庄惠芬就是创想教育“手把红旗旗不湿”的弄潮儿。关键在人，其次在于教师成为学校文化变革的核心力量。星河实验小学的教师已经由内而外散发出创想气质，有向上向前的气概，有富有朝气、书卷气的气蕴，有成就学生、凝聚团队的气度，有作为创想种子的气场。关键在人，最后在于育人共同体的协力。家长、社区人士，以至儿童本身，人人都是教育者，人人都是受教育者，大家一起成就“创想”，也在“创想”中共同成长。把育人方式变革全面落实到位，还需要技术做支持。学校建设了支持创新素养培育的数据系统，“星河大脑”以互联网为基础设施，沉淀、打通大数据，以支持儿童创新素养发展为核心，建成一套完善的包含“感知层”“传输层”“决策执行层”（即“感、知、用”）的学校智慧大脑架构，通过对学校创想教育实践进行无感沉淀，自动形成丰富、清晰、多维度的学校数据资源，进行即时分析、诊断、预警、监测、评价、反馈，并对整改、学习、成长给予及时支持。把育人方式变革全面落实到位，制度保障不可或缺。学校借助大数据，为学生成长画像；支持教师通过专业实践的改进，沿着“经验型—科学型—道德型—审美型”的成长阶梯拾级而上；通过校家社合作，建设激活多主体创造性的协同机制。

文化本身就是一个“场”，创想文化在星河实验小学洋溢着、弥漫着，“泥融飞燕子，沙暖睡鸳鸯”，孩子们梦幻般的创想童年就诞生了，孩子们通向未来的道路也就打开了。因为创想，他们成长的容颜，他们参与的社会生活的容颜，他们创造的未来世界的容颜，都会更加神奇、更加美好！

参考文献

[1] 熊彼特. 经济发展理论：对于利润、资本、信贷、利息和经济周期的考察[M]. 何畏，易家详，译. 北京：商务印书馆，1990.

[2] 戴耘. 拔尖创新人才培养的理论基础和实践思路[J]. 华东师范大学学报(教育科学版)，2024，42(1)：1-23.

[3] 丁学良. 马克思的“人的全面发展观”概览[J]. 中国社会科学，1983(3)：127-153.

[4] 苏霍姆林斯基. 育人三部曲[M]. 毕淑芝，赵玮，唐其慈，等译. 北京：人民教育出版社，1998.

[5] 蒙台梭利. 童年的秘密[M]. 马荣根，译. 北京：人民教育出版社，2005.

[6] 吴也显. 教学规律试探[J]. 教育研究，1983(1)：48-53.

[7] 李丹. 儿童发展心理学[M]. 上海：华东师范大学出版社，1987.

[8] 钱学森. 关于思维科学[M]. 上海：上海人民出版社，1986.

[9] 布莱克斯利. 右脑的奥秘与人的创造力[M]. 董奇，杨滨，译. 北京：国际文化出版公司，1988.

[10] 莫兰. 整体性思维：人类及其世界[M]. 陈一壮，译. 北京：中国人民大学出版社，2020.

[11] 联合国教科文组织. 一起重新构想我们的未来：为教育打造新的社会契约[R]. 北京：教育科学出版社，2022.

[12] 杜威. 杜威教育论著选[M]. 赵祥麟，王承绪，编译. 上海：华东师范大学出版社，1981.

[13] 杜威. 艺术即经验[M]. 高建平，译. 北京：商务印书馆，2017.

[14] 斯滕博格. 创造力手册[M]. 施建农，译. 北京：北京理工大学出版社，2005.

本文发表于《江苏教育研究》2024年第10期

一所高品质示范高中的办学气象

每次流连于南京师范大学附属中学(以下简称"南师附中")的校园,与南师附中师生作有些深度的交流,总是感动于其积健为雄、浑厚大气的气象。南师附中在江苏省高品质示范高中的创建过程中,这种文化特征得到进一步彰显。

一、格局

南师附中是有格局的。

(一)高的站位

南师附中有着强烈的国家意识,其校训"嚼得菜根,做得大事",表达的就是为国家为民族勇于担当的远大志向。对于高品质示范高中的建设,葛军校长及其领导的团队能自觉地从响应国家发展战略转型的高度来认识。党的十九大报告指出,我国经济已由高速增长阶段转向高质量发展阶段,正处在转变发展方式、优化经济结构、转换增长动力的攻关期。教育是经济社会发展的重要组成部分,要为国家高质量发展提供人力资源和人才支撑。江苏不失时机地启动高品质示范高中建设,正体现了江苏教育人的政治自觉和使命担当。南师附中在申报省高品质示范高中建设立项学校时,将发展报告和建设规划的标题定为《植根百年文化,培育社会中坚》《锐意实验探索规律,培养时代新人》,鸿鹄之志可见一斑。

（二）宽的视野

南师附中之所以始终聚焦学生核心素养的培育，力求所培养的学生能适应并且引领科技和社会的发展，是因为葛军校长和他带领的团队认识到“中国学生发展核心素养”的提出，标志着教育应结合科技、社会的变化进行培养目标的调整。南师附中大张旗鼓地提出“锐意实验”，使“怎样培养人”的实践体系在整体上闪烁着创新的光芒。同时，葛军校长和他带领的团队也密切关注国内高中和国际发达国家高中的最新办学思考和实践，并努力在国际视野中与一流学校同台共舞，进而为之不断充实、不断优化。

（三）好的心态

教育家按教育规律办学，需要具备强大的定力，保持良好的心态。在某种意义上，高中教育受应试教育的影响，分数成了衡量学校教育教学质量的关键。的确，教育教学是需要质量的，但学校用什么手段去争取高分数、高质量，却大有讲究。它需要校长，特别是教育家型校长，把“培养什么人，怎样培养人，为谁培养人”想透做实，否则，在落实课程方案时就会“跑冒滴漏”，导致教育功能异化。南师附中坚持按教育教学规律办学，走出了一条轻负担高质量的办学之路。

二、境界

格局生成境界。南师附中的办学境界由蓬勃的朝气、书香的味道、探究的精神、开放的物境、民主的氛围等元素相互作用形成。

（一）蓬勃的朝气

林庚先生认为：“盛唐气象所指的是盛唐时期诗词中的蓬勃气象，这种蓬勃不只是发展的盛况，更重要的乃是一种蓬勃的思想感情所形成的时代风格。”在我看来，这种对事物本质的精辟概括具有推及一般的价值。南师附中的学生朝气蓬勃、充满活力，是因为他们立志为中华民族的伟大复兴“做得大事”而豪情万丈；是因为他们在南师附中的校园里，得以不断放飞梦想，不断创造人生积极的可能。南师附中的领导与教师团队焕发着向上向前的蓬勃朝气，是因为领导作为组织者和引领者，敢于争先，锐意进取；教师作为学校变革的核心力量，勤于探索，勇于创新。

（二）书香的味道

学校自然应当是读书的地方。南师附中的教师认为，阅读的高度决定人生的高度。他们将阅读课程从人文阅读扩展到全科阅读，并构建基础、进阶两大阅读体系，开发出50多门阅读课程，鼓励学生进行自主性阅读，引导学生将读书融入日常生活。南师附中从学生实际需求出发，优化读书环境，使整个学校在一定意义上成为一座全时空打开的图书馆。更难能可贵的是，南师附中有一批爱读书的教师，他们自发组织了“地平线读书社”，自主研发系列讲座免费向社会开放，每次讲座参与人数多达500人，甚至曾出现一家三代人一起参加的场面。

（三）探究的精神

南师附中创建高品质示范高中的教学项目，以“思维飞扬”为立意，倡导自主探究，主张用探究性学习的方式打开学生的思维。南师附中的课堂教学凸显这样四大特征：主体性，学生扮演专家的角色，参与设计、组织、探究活动；高阶性，学生围绕核心问题进行探究，发展高阶思维；协商性，学生通过组织学习共同体，在学习中相互支持、相互启迪，促进思维的发展；分享性，学生在学习成果的交流分享中，丰富学习的意义。

（四）开放的物境

境界是有“界”的，但是南师附中的学习又是无边界的。近几年，南师附中主要推行这样三种方式：一是重构学习空间，以全e生态创建时空互联，综合推进“智慧校园”建设；二是以创客空间搭建实践载体，让每一个学生都经历一个完整的创新设计过程；三是以任务驱动浸入社会情境，广泛而深入地开展社会实践活动和综合主题实践活动，让学生的学习空间向四面八方打开。

（五）民主的氛围

创新人才的培养是需要条件的，其中尤为需要的是民主自由的文化。南师附中的教师具有独立人格，有主见，他们大多以内心的热爱，投身于教书育人的事业。在学校的民主氛围中，教师充分发挥创造力，通过设立“校园生活行动”等项目，培养学生的独立意识和民主法治意识。在南师附中，“有序的民主”受到学生广泛的欢迎。

以上五个元素自成风景，又融为一体。不管是指向一个元素的“截图”，还是五个方面互为生成的整体风貌，都可以从中看出其内在的有机性。宋人郑獬有诗云：“野色更无山隔断，天光直与水相通。”有前贤认为，凡如这里的天光与水色，器度与景物整体通透地呈现，都可称为境界。境界的生成一定是真善美三位一体，并以美（乐）为重要表征的，而这正是我在观察南师附中课堂时看到的风景。

三、底气

南师附中的大格局，美境界。何以“能”？试答曰：底气也。

（一）文化自信

南师附中建校120年来，承担社会重任，定位于“研究普通教育”之成法，“教生实地练习”之场所，“普通学校”之模范，以“应社会所需要”“养成社会中坚人物”。百余年来，从南师附中走出一批知名校友，其中包含57位院士、30余位将军。“嚼得菜根，做得大事”的校训，成为南师附中文化的基石；“锐意实验”的创新传统，引领南师附中在教育改革中敢领风气之先；扎根本土、融贯中西的立场与视野，使南师附中能够呈现大的格局。这些优秀的文化基因在伟大复兴的时代语境中得到进一步激活，使南师附中人常有“指点江山，激扬文字”的气概。

（二）机制创新

普通高中要走出一条高质量发展的绿色之路，必须进行文化创新、体制创新、机制创新。南师附中有“锐意实验”的传统，在新时代更以创新尽可能创造更多积极的可能。仅以培养机制创新来说，南师附中就做出一系列卓有成效的努力：自2014年起，与中国科学院大学和中国科学院南京分院合作，开设“科学菁英班”；与北京大学、清华大学、南京大学、同济大学等签订人才培养合作项目；参与中国科学院的“紫金探究计划”和中国科学技术协会的“英才计划”，有力地推进了拔尖创新后备人才的培养。

（三）倡导“人人名师”理念

教师是学校发展的第一资源。南师附中向来名师辈出，在高品质示范高中创建工作中，倡导“人人名师”理念进一步推动教师的专业成长。以我对南师附中教师队伍建设的了解来看，第一，南师附中注重教师素养的涵育与提升。这是南师附中的文化熏陶出来的，教师在这座园子里教书育人，自然应当“腹有诗书”。第二，南师附中以教师教学的进步推进教师发展。南师附中倡导“研究的教学”，促使教师进行自觉的组织，探索教育教学特别是学科实践的基本规律，不断为同行贡献“研究的教学”新成果。南师附中的名师主要是在“研究的教学”中成长的。

第三，为教师成长设定目标。南师附中为教师的进阶提供支持保障，引导教师从预备走向经验，从经验走向专业，从专业走向道德，从道德走向审美，不断升腾自己的专业生命与精神生命。第四，紧贴学生需求创新教师发展举措。在课堂教学中，南师附中以学习共同体为组织保障，使教师明晰自身作为引导者、保障者、支持者的角色定位，进而教学相长，让师生在共同发展中相互映照。

《管子》云："气道（导）乃生，生乃思，思乃知。""气"不仅凝聚生命力，而且能思、能知。南师附中由文化自信、创新精神、"人人名师"理念融汇而成的底气，是丰富的、强大的。教师本着充分的文化自信，推进育人方式变革，创生美好境界，带来不凡的气象，应该是自然而然的事情了。

本文发表于《江苏教育》2023 年第 2 期

五育并举　融合育人

——江苏省扬州中学创建高品质示范高中实践探索

“浩浩乎长江之涛，蜀岗之云，佳气蔚八中。人格健全，学术健全，相期自治与自动。欲求身手试豪雄，体育须兼重。人才教育今发煌，努力我八中。”朱自清先生创作的校歌至今仍回荡在江苏省扬州中学（前身为江苏省第八中学，以下简称“扬州中学”）校园，其中包孕的教育信念早已成为扬州中学人的文化基因。扬州中学在高品质示范高中创建工作中，以“五育并举、融合育人”为主旋律，突出优势探索，推动全面提升，学校建设跃升至新境界，佳气氤氲，蔚然大观。

一、明乎“为什么”，激发内在动力

突出优势探索，是高品质示范高中建设的路径创新，但扬州中学为什么选择“五育并举、融合育人”这样的“大”主题呢？

（一）以促进学生全面发展为人生使命

在和扬州中学同仁长期交往的过程中，我强烈地感受到扬州中学的老师是有“天降大任”情怀的，总是想到为人师就是在形塑更美好、更优秀的人。近几年，和严济良、薛义荣等校领导交流，谈及“五育并举、融合育人”的话题，更感到他们就是把面向全体学生、学生全面发展当作自己的人生使命。在他们看来，教育工作者就是应该做这件事，就是应该把这件事做好。其间，我们曾一起重温马克思的观点，如青年马克思提出：“人以一种全面的方式，也就是说，作为一个完整的人，把自己的全面的本质据为己有。”[1]《资本论》明确宣告：“共产主义是以每个人的全面而自由的发展为基本原则的社会形式。”[2]作为一个有信仰的教育工作者，要把革命导师的教诲和自己“素以为绚”的性格底色熔铸成初心，以学生全面发展作为投身于教育事业最本源的追求。

（二）落实党和国家立德树人根本任务

为党育人、为国育才是新时代学校的价值向度。在“为谁培养人”的基本立场确认后，近些年来，党和国家围绕培养什么样的人、怎样培养人出台了一系列文件，希望落实立德树人根本任务，优化教育的现实质态。其一，加强德育的统率地位。“立德树人”源于“三不朽”（立德、立功、立言）和“百年树人”等优秀传统文化精髓。“三不朽”就是讲德性统率的全面发展：“立德”自然是德；“立功”是因为道德高尚，由己达人，自然会对社会做贡献；“立言”则是因为已是道德楷模，真知灼见一定要记载下来。其二，在补短板方面加强工作。譬如，劳动教育重新被列为教育方针的内容，系统解决五育不平衡的问题。其三，全面发展素质教育。全国教育大会和历次党的代表大会报告，都把发展素质教育作为重要任务，2019 年中共中央、国务院出台的《关于深化教育教学改革全面提高义务教育质量的意见》提出“坚持五育并举”，强调“突出德育实效”“提升智育水平”“强化体育锻炼”“增强美育熏陶”“加强劳动教育”。2019 年国务院办公厅《关于新时代推进普通高中育人方式改革的指导意见》也提出“要通过深化改革，努力培养德智体美劳全面发展的社会主义建设者和接班人”。扬州中学在落实党和国家要求方面毫不含糊，而且因为葆有初心，他们不仅是在观念上，更是在信念上坚信不疑、坚定不移。

（三）传承优秀文化传统

2020 年，时任校长严济良在高品质示范高中创建轮值会上，如数家珍地介绍了扬州中学怎样探索全面育人、育全面发展人的光辉历程。20 世纪初，扬州中学的前身——仪董学堂取法董仲舒，坚持“中学为体，西学为用”，选拔“品行端正，文理优长者”进入学校学习；1913 年，扬州中学进入省立八中时期，朱自清曾任教务长，提出“人格健全，学术健全，自治自动，体育兼重”的思想；省立扬州中学时期，1927 年周厚枢校长秉承人格健全教育思想，突出科学陶冶和人格感化；新中国成立后，扬州中学坚持教育方针，促进学生健康成长；改革开放以后，扬州中学逐步明确“科学与人文相融合”的办学特色，促进学生素质全面发展；进入新时代，扬州中学坚持“五育并举、融合育人”，培养担当民族复兴大任的时代新人。如此看来，扬州中学的“五育并举、融合育人”是顺乎自然，自然而然的。

二、认识“是什么”，建构观念系统

教育实践是伴随着教育理解推进的。“五育并举、融合育人”是以准确的理解为前提的，又是在实践推进过程中不断深化认识的。扬州中学严济良、薛义荣等核心团队成员“做中学”，逐步建构了正确的观念系统，深刻地回应了如下基本问题：

（一）怎么理解“融合”

“五育并举”顾名思义，就是指向全面发展；“五育融合”则有诸多争论，也有不少反对这种提法的声音。扬州中学校领导和核心团队进行了多次论证，笔者就曾参加了两次有关议题的讨论。大家认识到，从融合角度说五育是站得住的。其一，“五育并举”本身就有“融合育人”的效应，因为德智体美劳作用于同一个对象，在一个具体的人那里，五育融合了，它们不是各自孤立的东西，而是一个身体、生命表现的几个维度，一个全面发展的人是闪光的“合金”，而不是由五块不同的金属片拼合而成。比如一个人的理想情怀往高尚一路升腾，必然促进他的智、体、美、劳有更好的发展。其二，从过程看，在“五育并举”的前提下，“五育融合”是可行的，也是必须的。“五育并举”是五育之全面，“五育融合”则是五育之充分。因为融合，所以五育各自独特性得到更好的彰显。比如在学生知识学习过程中，以美启真，思维进阶时伴随着审美体验，当然使学科实践事半而功倍，取得更为理想的效果。也可能是基于这样的理解，并且有切身体验，扬州中学长期重视美育，在以美育为抓手促进其他各育发展方面积累了大量经验。可见他们是致力于规律的探寻的。

（二）怎么在“融合”视野下落实“并举”

无论是“并举”还是“融合”，都是以坚持各育独特性为前提的，而不是相互代替、此消彼长的。比如德育与美育在道德发展对个性情感发展的依赖方面联系紧密，但二者不能混为一谈。德育是一种规范教育，偏重于对美的行为的逻辑判断，偏重于个性对社会性的服从，带有一定强制性；美育则是一种偏重于发展个性的教育，具有心理解放的特点，具有自由与愉悦的特点。德育常常是灌输的，美育则是一种诱发。德育偏重培养社会人格，美育偏于培养个性人格，如此等等。[3]扬州中学对此有很好的把握，他们通过培训、讨论，使全体老师进一步认识五育各自的核心价值。如德育，重在“全员育人，人格健全”，培养学生正确的政治认同与法治意识，良好的道德品质和行为习惯；智育，重在“各科协同，启发智能”，促进学生夯实“双基”，培养学科学习力；体育，重在“人人健体，身心两健”，引导学生在体育中磨炼意志，增强体质；美育，重在“贯注渗透、情趣高雅”，提升学生审美素养，培养学生美好情操；劳动教育，重在“动手动脑，实践创新”，培养学生树立劳动光荣观念，掌握基本劳动技能，养成劳动习惯。只有较好地发挥五育独特的育人功能，“融合”才能有力促进五育的“并举”，五育的独特性价值和融合性效能才能相互映照。

（三）怎么在“并举”的同时支持自由发展

人的发展，“全面”与“自由”是相互关联的两个维度，“自由”发展也包括某一“面”的充分发展。“五育并举”既应是全面的，又应是自由的。“全面”不是一刀切，不是用一把尺子量，它不是制约而是包含了学生个性的发展。扬州中学基于对“全面”与“自由”关系的准确认识，夯实共同基础，丰富多样选择。根据生源特色和学校发展定位，健全竞赛课程体系，培育拔尖创新人才，促进学生春花秋月，各臻其美。

三、躬身“怎么做”，演绎特色创新

扬州中学“五育并举、融合育人”，明确“为什么”，认识“是什么”，有了情感理性的自觉，实践更是风生水起。

（一）系统规划

课程是学校育人的基本载体，扬州中学在课程体系方面，围绕育人主题，做了系统规划。一是优化学校整体的课程结构，将“五育并举、融合育人”的理念贯注其中，一方面突出并举之“全面”，另一方面以丰富的校本课程体现发展之“自由”。二是精心设计五育课程，创造性研制五育各自的课程规划，每一类课程规划都有主阵地、主体活动、相互渗透三个板块，形成“大德育、大智育、大体育、大美育、大劳育”的教育新视域。三是制订学科课程规划，各学科依据“五育并举、融合育人”的思路，制订三年一贯的课程规划，内容包括指导思想、课程性质、课程理念、课程目标、课程地图、课程内容、实施策略、学习评价等八个方面。三个层级的课程规划引导“五育并举、融合育人”的理念切切实实地落地生长。

（二）扎实推进

规划是蓝图，执行力是蓝图变成现实的保证。一是要素整全：做什么事，都是要有设计感的，做事的内容指向“全面”而“自由”；怎么做事，从理念到方式，从行动到保障，有板有眼，章法分明；谁来做事，分工明确，以项目为抓手，激活多主体，形成育人合力。二是扬长补短：美育素有传统，重视扬其长，使校园更见五彩缤纷、青春飞扬；体育相对较弱，通过“合班分组、走班教学”，极大调动了学生积极性，学生参与体育活动的兴趣激增，体质体能测试成绩实现跨越性提高。三是“事”“情”融通：将传承与发展贯通，在致敬前贤的文化氛围中推进育人方式变革；让思政课有温度，使主流价值观的教育入脑入心；组织学生参与设计、组织、实施、分享主题综合性活动，让学生乐在其中，甚至流连忘返。

（三）创新突破

“文章合为时而著”，时代感往往是因创新而生成的。扬州中学正是不断以创新举措，使“五育并举、融合育人”取得新突破。在融合方式上有突破，坚持彰显五育各自独特性的同时，做好“大”的文章，推进跨学科综合、跨课程综合。在课程和学科规划中专列“相互渗透”板块，让融合得到制度性保障。强化问题导向，针对当代青年心理和行为危机增多的问题，学校制订和实施“危机干预规程”，形成德心一体、积极校正的心理健康特色；面对选科走班等难点问题，加强生涯规划教育，将“尊重选择”放在第一位，设计“新生指南—发展指导—生涯测评—选科指南—网上模拟—过程指导—满足志愿”的模型，使选科的过程成为一个综合育人的过程。创意设计校园生活，以主题活动“模拟政协”“模拟联合国”等作为融合的载体，为学生的蓬勃生长提供更多机会。

百年树人，青春扬中。“五育并举、融合育人”在扬州中学具有植物性特征，深情藏沃土，挺拔向未来。一代代扬中人的不懈努力，一定会为这所声名卓著的名校创造葱郁繁盛的更美好的景象。

参考文献

[1] 马克思. 1844年经济学—哲学手稿[M]. 刘丕坤，译. 北京：人民出版社，1979.

[2] 马克思，恩格斯. 马克思恩格斯全集：第23卷[M]. 中共中央马克思恩格斯列宁斯大林著作编译局，译. 北京：人民出版社，1972.

[3] 杜卫. 美育论[M]. 北京：教育科学出版社，2000.

本文发表于《江苏教育研究》2022年第Z5期

中国灵魂　世界胸怀

——南京外国语学校的高品质建设

南京外国语学校(以下简称“南外”)是一所名校,有时还是热议中的学校。个中原因,一言难尽。但南外自己一直在探索,在创新,在追求高品质,在努力建设成一所国际化的现代学校,这在业内外是受到广泛认可的。检视其往来之旅,剖析这样生动的特殊性,对于高品质示范高中建设,是具有普遍意义的。

一、南外的使命

何来南外?南外以及全国同类的外国语学校是国家发展战略催生的。1963年7月,在周恩来总理直接关心下,教育部发布《关于开办外国语学校的通知》,要求各地“有计划、有重点地开办一些从小学三年级开始学习外国语的外国语学校”,南外应运而生,成为全国首批7所外国语学校之一。周恩来总理为外国语学校确定的办学方针是“多语种、高质量、一条龙”。《关于开办外国语学校的通知》则明确指出,外国语学校的创办是为培养“高级外国语人才”作准备。1979年9月,教育部发布的《关于办好外国语学校的几点意见》再次指出,“外国语学校的重要任务是为高等院校培养外语水平较高、一般文化知识较好的学生”。可见,外国语学校是为培养特殊人才服务的,是带有专业指向的精英教育。

进入新时代,面对建设人类命运共同体的历史使命,国家对这类特殊人才的需求有增无减,习近平总书记就曾指出:“参与全球治理需要一大批熟悉党和国家方针政策、了解我国国情、具有全球视野、熟练运用外语、通晓国际规则、精通国际谈判的专业人才。要加强全球治理人才队伍建设，突破人才瓶颈，做好人才储备，为我国参与全球治理提供有力人才支撑。”[1]南外是有天降大任的使命意识的，学校以高质量的办学业绩呼应了国家的发展战略。

二、南外的探索

南外的主政者们发乎内心地认为：国家给了你任务，你就要完成好；孩子交到你手上，你就要培养好。至于社会怎么关注，政策怎么变化，都不应该影响学校的高质量发展。

（一）研制培养目标

南外与国家发展要求同频共振。创办之初，着力为培养高级外国语人才打基础；改革开放以后，提出培养外语特长、文理兼通的国际化复合型人才的目标；进入新时代，回应“为谁培养人，培养什么人，怎样培养人”的时代关切，确立以“具有中国灵魂、世界胸怀的现代人”为培养目标。新时代培养目标的研制，他们是下了很大功夫的，努力把国家要求、时代精神、学校传统结合起来，对目标体系进行了完整建构，把培养目标具体落实为四种核心素养，并对目标体系进行了系统表达：

1. 文化基础与批判思维力。能习得人文、科学各领域的知识和技能，对中华传统文化能有鉴别地加以识别、有扬弃地予以继承；面对全球和跨文化议题时，能从多个角度批判地分析。

2. 信息素养与自主学习力。具有自主学习的意愿和能力，能够有效获取、评价和利用信息；对中国的基本状况以及国际关系等有足够的了解；具有国际化的理念和持续的创新能力。

3. 现代人格与社会行动力。具有与现代社会的生产方式及生活方式相适应的心理品质和行为特征。同时了解中国国情、历史，能与不同背景的他人进行开放、适宜、有效的互动，并能自觉捍卫国家主权、尊严和利益。

4. 家国情怀与全球胜任力。有国际视野与世界胸怀，通晓国际规则，能够与世界对话，有参与全球合作与竞争的能力，同时具有爱国情感和民族自信，能经受多元文化的冲击。

显然，这样的目标描述是经过深思熟虑的，熔铸了国家意志、未来意识、学术品格和南外特色，“悠悠我心”，感人至深。

（二）创生组织行为

关于“怎样培养人”，南外有结构化的组织行为创新，我戏称为“建房子”“给场子”“搭梯子”。

“建房子”指学校的课程体系建构，学校课程体系呈金字塔状（见图 2）。

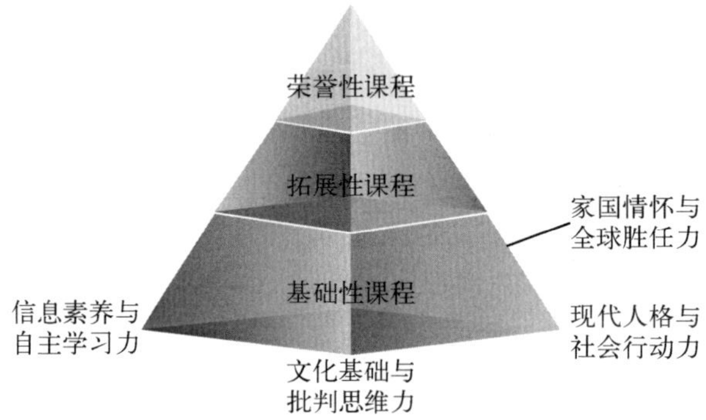

图 2　南外课程体系

所有课程指向“具有中国灵魂、世界胸怀的现代人”这一培养目标，四种核心素养贯注于三类课程：“基础性课程”，着意全面厚实的基础，关键词是“全面发展”；“拓展性课程”，着意宽阔开放的视野，关键词是“个性发展”；“荣誉性课程”，着意适性适才的志趣，关键词是“卓越发展”。每一类或者每一门课程内部，都有精彩的世界。以外语课程来说，由丰富的外语语种、充足的学习资源、独创的教学形式、多元的文化体验、可靠的技术保障组成自洽的结构。基础性课程以听力、精读、泛读、口语、写作等实践活动贯通国家课程和校本课程，同步加强国内教学资源和国外教学资源建设，推动课内学习与课外研究、线下学习与线上学习、单科学习与跨学科学习结合。拓展性课程包括校园节日课程、学术讲座课程等必修课程，以及选修学科课程、社团活动课程、社会行动课程等选修课程，每一个课程群都有一系列的课程。荣誉性课程则由模拟联合国、面对历史和我们自己（Facing History And Ourselves，FHAO）、英文辩论、戏剧 1（初中）、戏剧 2（高中）构成。“房子”是给人住的，“安得广厦千万间”，南外的学子居者有其屋。

“给场子”就是给学生充分的机会，课程的共同基础、多样选择，就是给学生兴趣、爱好、特长的发展以课程机会；课程的实施倡导更自然的课堂教学、更自主的学习方式，以及更多元多维的评价，都是为学生自主学习创造了更宽阔的空间；活动的设计、组织参与，“我的地盘我做主”，给学生提供了历练成长的舞台。尤其要说的是，活动在有些学校可有可无，在南外育人体系中则有无可替代的地位。许多南外的毕业生回忆母校，念兹在兹的是丰富的校园活动对自己成长起到的作用。2014 届校友徐玮说：“我在南外担任了六年班长，创办了一个关注产品质量的社团，曾是国旗班的一员，也曾担任学生辅导员、地铁站服务志愿者、外来务工人员子女的义务辅导员等等。其实这些活动需要许多课外时间与精力的投入，一路走来我也并不轻松，可我却乐在其中，因为我真真切切地感到参与活动对我成长的价值。”在一定程度上，徐玮所言是南外学生的共同心声。

“搭梯子”指的是对拔尖创新后备人才的培养。按照马克思“人”的发展理论，“全面发展”中包含了自由的充分的发展；从国家维度看，面对“百年未有之大变局”，尤其要加强对拔尖创新人才的培养。南外对此高度重视，采取各种措施，支持学生的个性化成长。除了众所周知的外国语高级人才英才辈出，还培养了一大批奋斗在自然科学、社会科学、语言学、文学、艺术等领域的领军人才，南外学子在奥林匹克学科竞赛中也屡获佳绩。南外的基础学科拔尖创新后备人才培育中心，建有与奥林匹克学科竞赛五大学科的学习相匹配的课程基地，在拓展性课程与荣誉性课程中为学生开设科学营、世界眼、外语角、艺海堂、竞技台、生命树、文史苑、育德园、创客间、奥赛场等十大校本选修的课程板块，围绕学科竞赛的学习和训练，高立意设计课程结构，高标准建设课程资源，高质量实施课程方案，高品质培养教师队伍，有力地促进了学生的卓越发展。

（三）加强保障支持

育人方式真正落地，保障支持不可少，南外对此高度重视，进行了系统建设。一是制度保障。从管理走向治理，以民主、公正为制度之魂，用制度激活教职工主体创造力；推进项目制，在项目实施中培养专业领袖，提高工作效益；加强校社合作，建设融合育人协同工作机制。二是专业保障。建有专家智库，对学校发展进行高端引领；制订“教师专业发展路线图”，推进教师在经验型、专业型、道德型、审美型、领袖型的进阶进程中，更好地实现人生价值。三是物质保障。南部新城校区，以全球领先的“第三代学校”理念设计，建设多维共享学习空间，实现空间与文化立意、教育创意、课程寓意之间的深度融合，从物理层面表达育人理念和学校特色，理解、激活并满足学生的多元需要，为未来创新英才的培养奠定物质基础；不断优化课程基地建设，有机整合学习内容和学校环境，加强与高校、高新企业联动，不断开发校外学习资源，为沉浸式、参与性学习创造更好条件；加速智慧校园建设，围绕“无边界课堂”项目实施，构建一批具有学习领域特征的网上学习平台，开发一批适合学生年龄特征的在线课程资源，为随时随地、适才适性的无边界学习提供技术支撑。正是因为拥有强大的保障支持，南外培养具有中国灵魂、世界胸怀的现代人的创新实践才步步扎实。

三、南外的风格

歌德说“风格是艺术所能企及的最高境界”。办学风格的形成标志着一所学校进入卓然一家的高境界，南外就是一所有风格的学校。

（一）视野开阔

在一定程度上，南外姓“外”，应当有世界胸怀，但南外用以与“世界胸怀”对举、用以统率培养目标的是“中国灵魂”，表现出更具整体性的开阔视野。难能可贵的是，南外将“中国灵魂、世界胸怀”落实到每个块面的工作，并且以文化人，使其弥漫到学校每个角落。学校创办高品质示范高中提出八个优化项目：扎根中国、融通中外——理念体系优化项目；传统美德、现代品格——德育体系优化项目，学生中心、多元选择——课程体系优化项目；师生为本、孵化梦想——治理体系优化项目；与世界对话——国际交流优化项目；无边界课堂——智慧校园优化项目；良师与专家——队伍建设优化项目；情怀与担当——引领辐射优化项目。这些项目无论是统是分，都可见视野的开阔。学校将项目分解，落实到责任人和具体时段，这样的育人方式就不仅是写的、说的，也是做的，是在生长的。

（二）充满活力

众所周知，南外是活力四射的。在高品质示范高中南外轮值会的评点中，我给南外的一个评价是“充分打开学生的成长空间”。第一，打开的是心灵。南外有学生说，在这个校园里，每个人的灵性都被完整地保护。信然！在南外，学生有尊严感地、快乐地学习和生活，每个生命都是活力四射的。第二，打开的是个性。通过多样性的课程、丰富性的活动以及自主性的选择、参与和创生，个性特长有了滋养的土壤，得到了长足的发展。第三，打开的是社会化。杜威说，教育即生活，学校即社会。南外为学生创造了很多与他人、与社会交往的机会，学生在适应社会的同时积极作用于社会。第四，打开的是学习的物理空间。校内与校外，现实与虚拟，浸润式的场景学习，社会实践型的体验式学习，突破时空限制的无边界学习，让课堂真正向四面八方打开了。第五，打开的是本土与国际。学习资源有机整合，学习体制中外融通，师资队伍国际化程度高，中外对话交流是家常便饭。第六，打开的是非正式学习。由于素养引领式的学习让学生学到带得走的东西，也由于学生自主学习、自我管理能力强，正式学习与非正式学习融通，生活和生长自然融为一体。于是，活力成了整体的氛围、文化的表征。

（三）精益求精

赵汀阳说，不在于做与众不同的事，而在于把事情做得与众不同。当然，高品质示范高中建设，应当突出优势探索，有可能做一些与众不同的事，这也是值得鼓励的。但不管事情是否与众不同，把事情做得与众不同都是应当追求的。南外做事的与众不同就是如琢如磨、精益求精。以课程评价来说，学校研制了校本课程评价、学生成绩评价、综合素质评价、期中总结评价等制度，关注过程性和表现性，强调基于数据和证据，确保公正和公平。其中在一般学校重视程度不高的期中总结评价制度，他们也是以水磨功夫来做的。他们的期中总结，面向100%的师生：各任课教师进行试卷质量分析；组织学生座谈会征求意见；对全体学生进行问卷调查；学生通过网络平台给每一位任课教师的教学情况打分，并写出书面意见；召开家长会听取意见；教学处召开教研组长、备课组长参加的教学情况诊断会；分管校领导召开各年级组、班主任参加的学生工作情况诊断会；学校办公会进行情况梳理，重点分析问题症结，落实整改措施；主管德育和教学的校领导在全校教职工大会上通报期中质量分析情况，总结经验，分析问题，提出改进对策；背靠背向教师反馈学生评议情况。有人说，“好东西是聪明人认真做出来的”，这样的过程性诊断自然能够较好地实现预期目的。

南外宣传册的最后两句是：“一人两语，三餐四季，冉冉流年里是身着橙白的少年和校园如诗如画的角落，梦想在这里发芽。”“青春正好，未来可期，南外这个舞台，等你来赴约。”毋庸置疑，南外对翩翩少年是富有召唤力的。我们相信，南外在高品质示范高中建设的征程中，围绕“培养具有中国灵魂、世界胸怀的现代人”进行创新实践，一定会以办学的高质量，以及体现教育规律并且可以推及一般的宝贵经验，对业界同行产生召唤力。

参考文献

[1] 新华社. 中共中央政治局进行第三十五次集体学习[EB/OL]. (2016-09-28)[2022-07-18]. http://www.gov.cn/xinwen/2016-09/28/content_5113091.htm.

本文发表于《江苏教育研究》2022 年第 29 期

让历史照亮未来

江苏省泰州中学(以下简称“泰州中学”)的老校区内有一棵千年银杏,相传为安定先生胡瑗亲手所植,如今枝繁叶茂,正如胡瑗教育思想——早已成为泰州中学的文化基因,特别是在学校创建高品质示范高中的过程中,被激发出巨大能量,滋养着这所百年名校,让其焕发新的生机。

一、主题的选择:使命担当

泰州中学创建高品质示范高中,以“新时代胡瑗教育思想的创新实践”为主题,是基于一个客观事实——泰州中学是在胡瑗讲学旧址“安定书院”基础上兴建的;更是遵循一个客观规律——胡瑗教育思想具有“真理的味道”,在当今的时代语境中仍然充满活力。作为“千年书院”的“传承人”,泰州中学赓续中华优秀文化传统,肩负使命担当,让历史之光照亮未来。

(一)“明体达用”的育人目标

“明体达用”是对胡瑗教育思想精髓的概括。在当时,儒家的纲常名教是“体”,儒家的诗书典籍是“文”,将“体”和“文”应用于实践即为“用”。“明体达用”包含了德才兼备的全人思想,也体现了实学教育的主张。2006 年,习近平总书记在湖州视察高校时,对胡瑗的“明体达用”思想给予了高度肯定:“我理解的‘明体’就是培养什么人的问题,我们教育出来的学生应该是有理想、有道德、有知识、有志向的高素质人才；'达用'，就是做有用的人，做有为之士。'明体达用'很符合我们教书育人的要求。"泰州中学正是基于这样的认识，以"明体达用"作为学校的核心价值追求。

（二）"分斋教学"的课程制度

胡瑗"苏湖教法"的核心就是"分斋教学"。徐建平主编的《胡瑗》一书指出，"经义、治事二斋。经义斋，择疏通有器局者居之；治事斋，择学者欲明治道者讲之于其中，如治民、治兵、水利、算数之类，人各治一事，又兼一事"。胡瑗根据人才类型进行课程配置，经义斋以培养高级统治人才为目标，治事斋重在造就某一方面有专长的技术人员和管理人员。在"治事"教育中重视科技教育。同时，他还注重歌诗奏乐、游历考察的教育功能，并将其有机整合进课程和教学活动中。胡瑗的课程创新体现了全面育人理念、因材施教思想和实学精神，开主修、选修之先河，具有划时代意义。"分斋教学"思想对后世教育影响深远，也一直生长在泰州中学的课程沃土中。改革开放以来，泰州中学以"成就每一位学生"为教育理念，尽可能为每一个学生的充分发展提供课程学习机会，在这样的育人过程中可以看到历史文脉的流淌。

（三）启发引导的教学方法

胡瑗教学，十分重视启发引导的作用。他认为，"蒙昧之人既来求决于贤明之人，贤明者但开发一隅，以至于三隅，然后可通也"。也因为这样，他讲《易经》时，总是师者云集。他的启发式教学有一个很重要的方法，就是用事实来引导，有时还结合当代生活，更易为学生所接受。"论其所学"，是胡瑗教学的另一个重要特色。在他看来，"或自出一义，使人人以对，为可否之"。由此观之，分组讨论则是"论其所学"的重要方法。改革开放以来，泰州中学的教师一直在践行"质疑、商讨、体验"的教学方法，并在实践中创新发展。对于语文教育家洪宗礼而言，且不说其在语文教材建设方面的巨大贡献，单就语文教学而言，"双引"（引读、引写）就有广泛影响，而其激活学生主体性的内蕴，与前贤的启发引导是完全相通的。人们来到泰州中学，既要看胡瑗先生的安定书院，也要看洪宗礼先生的弘文馆，因为在这里人们能听到真理的回响。

此外，封留才校长的核心团队还梳理、提炼了胡瑗先生"倡明正学，以身先之"的教师观和"科条具备，以严先之"的管理观。他们让胡瑗教育思想与新时代高中教育的使命对话，让胡瑗教育思想成为"为党育人、为国育才"的重要思想资源；让胡瑗教育思想和百年以来泰州中学人的探索与创新对话，使人们感受到千年文脉在泰州中学校园的贯通；让胡瑗教育思想与当今泰州中学人的教育实践对话，在传承前辈们的基础上推进育人方式的变革，坚定文化自信。

二、蓝图的描绘：精心筹措

规划一般是指个人或组织比较全面长远的发展计划，是对未来整体性、长期性、基本性问题的思考和考量。江苏省教育厅遴选高品质示范高中首批建设立项学校时，组织省内外专家认真进行材料评审和现场答辩。泰州中学能够入选，一方面是因为有较好的建设基础，另一方面是创建规划思路（见图 3）清楚、切实可行。

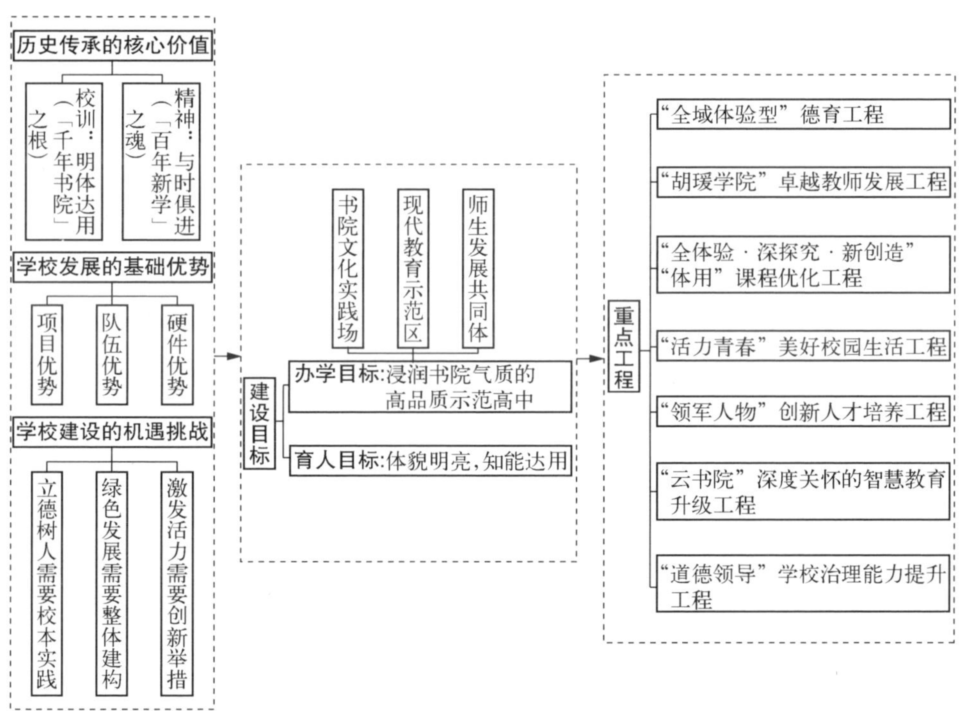

图 3　建设浸润书院气质的高品质示范高中规划

（一）结构化

学校文化建设应对学校文化建设规划整体考量，切忌叠加式、碎片化。泰州中学的规划在“从哪里来，在哪里，往哪里去，为什么去，怎样去”上一目了然。当然，苛求一下，还应当有保障体系建设部分，要让人能真切地感受到目标确实能够达成。

（二）对标性

江苏省教育厅先后发布了《关于高品质示范高中建设的意见》《江苏省高品质示范高中评估实施办法（试行）》，在评估细则中明确了 10 个一级指标，分别是立德树人、办学思想、师资队伍、课程体系、学校治理、校园生活、人才培养、智慧教育、国际交流、发展生态，每个一级指标都有相应的评估细则。创建规划就是一份答卷，回答怎么落实江苏省教育厅高品质示范高中的建设要求，特别要对标评估细则的 10 个一级指标与 28 个考查点。这种对标，并不一定要简单地一一对应，可以有学校自己的理解、自己的表达。比如，泰州中学的“全域体验型德育工程”对应“立德树人”“办学思想”这样 2 个一级指标。而有的学校则在落实“课程体系”这个一级指标时，把教学单独列出来，与课程并列，加以突出，都是可以的。如果学校把 10 个一级指标转化成五六个重点工程，那么在规划中就应该明确全面落实建设和评估的要求。

（三）创新性

高品质示范高中建设，倡导创新发展。一方面，整体风格突出优势探索，要“寻找属于自己的句子”。泰州中学传承胡瑗教育思想，让历史之光照亮未来，就是在突出优势，显示“自己的句子”。在创建过程中，他们在这方面做出了进一步的优化，如新时代“安定先生”好教师团队建设，就是在倡导大家像胡瑗那样做老师。对“苏湖教法”进行创造性转化，明确“质疑、商讨、体验”三大课堂教学基本方法，以“明体”为统领、“质疑”为起点、“商讨”为路径、“体验”为手段、“达用”为目的，让课堂教学呈现生动样态。另一方面，关注重点子项目的设计与实施。按照江苏省教育厅的部署，每所学校在结构化落实评估要求时，都要创建两至三个重点子项目，这也是为了形成学校发展的突破点。泰州中学的德育实施、教师发展、课程建设都是重点子项目，从创建成效看，重点突破和对整体工作的牵引作用都是明显的。

三、实践的推进：越而胜己

高品质示范高中是“长”出来的，根植于学校丰沃的文化土壤；也是“想”出来的，蓝图的描绘基于对应然的想象；更是“做”出来的，需要躬身实践，如琢如磨。

泰州中学在创建过程中，从以下三个方面努力实现了自我超越。

（一）以“将来”为龙头

按照海德格尔关于时间维度的表述，在“曾在、当前、将来”这三个维度中，“将来”就是让“自身来到自身”中的那个“来”，“曾在”能对事物客观规律进行探索和发现，因而可以启迪“当前”，照亮“将来”。封留才校长对此有着清醒的认识，他在轮值交流时，谈到“高”“准”“新”“实”四个字，前三字强调了未来意识，体现了其思考和实践，换句话说，是以“将来”为龙头的。他说的“高”，就是高点站位、胸怀全局，树立国家意识，开拓全球视野；“准”就是深化胡瑗教育思想的研究，同时加强对新高考、新课标、新教学背景下教育教学规律的研究，融通理解，并进行创造性转化；“新”就是学习胡瑗大胆改革、开风气之先的精神，梳理高中教育教学基本原理，特别是在学校高质量发展的过程中，按照长三角一体化发展战略提出的“质量”“绿色”“创新”等关键词，创新解决重点、难点问题，推进素质教育（绿色发展），全面提高教育质量。

（二）以“整体优化”为战略

高品质示范高中建设，是学校的全局性工作。泰州中学坚持整体优化、全面提升，特别是在课程教学改革方面，他们既重视“五育并举”，又关注重点环节，开齐开足“五育”课程，坚持德育统率，补齐劳动教育短板。他们既重视全体、全面，又注重个性发展，将学校课程统整为基础课程、拓展课程和创新课程三类，兼顾基础性和选择性。泰州中学根据“分斋教学”理念，在以丰富的课程满足学生兴趣爱好的同时，实施“走班制”教学改革，使学生的个性与特长得到发展。他们在课程建设方面既重视校本开发，又重视合作引进，以学校为主体，开发高质量的校本课程，又通过购买服务方式聘请校外专业教师；与知名高校合作，开设科技前沿课程、深度研学课程；与高新企业合作，开发体验式研习课程。他们在知识教学中，既重视知识建构，又注重实践应用，汲取实学教育思想，坚持从具体到抽象的认识，以及由观念到应用的领悟这一完整经验的建构。同时，加强体验式、浸润式学习场景构建，引导学生在“做中学”“用中学”“创中学”，全面提高学生的核心素养。此外，围绕课程教学改革，泰州中学还加强精神文化、物质文化、制度文化建设，从而使学校办学得到系统优化。

（三）以“扎扎实实”为表征

泰州中学坚持“五化”推进机制。一是项目化推进。将建设规划中的七大工程分解成 26 个一级项目、90 个二级项目，实行工程负责人、项目长负责制，按时间节点有序推进。二是课题化推进。围绕立项建设主题，申报多个内涵发展项目和课题，以教改研究的方式向纵深推进。三是特色化推进。将胡瑗教育思想与党和国家的教育方针对标、对表，形成校本化的教育哲学体系和实施举措，做强擦亮“胡瑗品牌”。四是团队化推进。以项目实施为基础组建团队，努力将团队建设成“奋斗共同体、成长共同体”，实现“做事”与“成人”的内在统一。五是成果化推进。将创建工作与学生的成长成才、与教师的成名成家、与学校形成有推广价值的基本经验相结合，全面提升学校的办学实力和办学境界。

本文发表于《江苏教育》2023 年第 36 期

理想之光照亮校园

我对江澎校长和江苏省锡山高级中学(以下简称"锡山高中")非常熟悉,可以说是见证了他们提出并办出"好的教育"的整个过程。

可能大家也知道我熟悉江澎校长,所以 2021 年他在全国两会"委员通道"上提出的"好的教育"应该培养"四个者"的主张引发全网关注时,许多媒体联系到我,他们要我说说江澎校长,说说锡山高中"好的教育"。我告诉他们,唐江澎不仅是说得好,重要的是他这样想、这样做,然后才这样说——他把思考与实践、与言说高度统一起来,所以说出来才有底气、才有力量。

现在,江澎校长出版新著,约我写篇序,借此机会,我讲一讲江澎校长和他的团队是怎样把"好的教育"做出来的。

第一,以理想引导现实。

江澎说自己不是一个理想主义者,但我一直认为他是扎根实践的稳扎稳打的理想主义者。他对"四个者"的表达,本身就是一个对教育、对学校培养新人的想象——想象把孩子带到一个什么地方去,让他们成为社会的新人。

我跟江澎校长接触比较多,至少有五六年我们经常在一起讨论一个话题:怎么把锡山高中放在全球视野里,建成一所新的学校,一所与世界上任何学校相比,都是堪称一流的、真正把学生培养好的现代高中。这就是一个具有世界眼光和浪漫情怀的高中校长的理想。

江澎曾跟我讲他们学校为什么要开合唱课程。他说:在我的想象当中,当我们的学生到满头银发的时候，这些年迈的校友相聚一堂，想到他们当年在高中校园里练唱过的那一首几声部的合唱曲，还能把旋律哼出来，你就想象这种场景特别感人。在升学竞争如此激烈的现实环境中，一位高中校长能把学生的终生幸福放在心上，他还不是一个理想主义者吗？在许多人“免谈”理想、放弃理想的时候，江澎校长始终以理想来引导现实，这是非常了不起的。

第二，让历史照亮未来。

听过江澎演讲的人，都对他“言必称匡园、言必称匡村学校”印象深刻。我每次带人去锡山高中参观、学习，江澎都要带来宾到校史博物馆，他自己更是一次次地重温校史，去向前辈致敬。江澎认为，教育其实并没有多少需要创新的，从某种意义上讲，坚守比创新更重要。他说自己的教育智慧主要来自锡山高中一百多年的办学历史：他发现了他的前任、他的前辈有很多教育的探索，体现了教育的本质规律；这些东西无论放在当年那个时代，还是放在今天、放在未来的不同语境当中，都是充满活力和生命力的。今天，锡山高中的“诚敏”校训及“校训释义”“十大训育标准”等都“照搬”史料；“成全人”学校教育价值观的确立，锡山高中课程制度的设计，则是江澎提升史实、锤炼思想的成果。

我经常讲，学校文化其实需要一些植物性的特征。什么是植物性呢？就是植物要生长得旺盛，它的根就得扎很深。这体现了一个客观规律：只要我们把校史激活了，它就能不断地为学校的发展提供丰富的滋养。事实上，江澎就是这样做的，他从锡山高中百年校史中汲取智慧力量，让历史之光照亮未来之路。

第三，凭智慧去创造成就。

2010年，教育部校长培训中心受教育部人事司的委托，组织召开“人民教育家论坛·唐江澎教育理念研讨会”，我以点评人的身份参加了研讨会活动。在这次研讨会上，我着重讲的就是江澎的智慧，我认为他是凭智慧去创造成就，并呈现了可喜的“盛唐气象”。办出“好的教育”的江澎，在很多方面都表现出足够高的智慧。

第一个智慧：通过有限目标的实现，让学校的发展通向无限。江澎是很稳的，不是什么时髦他就去做什么。他真的是想清楚了，想透了，想准了，然后去做，一步一步地做——只有一个有限目标实现了，做出成就了，有了“成功之母”了，他才走第二步，然后一步一步这样走下来。

第二个智慧:充分激活教师,以教师队伍专业品质的提升形成核心发展力。学校发展必须依靠队伍建设,依靠教师发展。教师的专业品质,首先在于“使命感”,江澎多次说过“寻找使命感”;其次在于“见识力”,就是境界与知识交融而成的判断力;再次是专业能力,锡山高中所有的教学改革都先讲专业规范,这很重要,有了专业规范才能创造,锡山高中培养了一批讲专长、重规范、勇创造的人才。常听专家们讲,锡山高中拿出手的东西,在学理上都能站得住,这在全国中小学也不多见,恐怕与他们一直注重专业能力建设密不可分。

第三个智慧:用制度创新作为学校变革的重要支撑。江澎的事情很多、很忙,但学校一点都不乱。为什么?他设计了一个“轮值校长制度”,让优秀的中层干部来轮流做校长,权与责、义务跟权利并重,在这个过程当中,把一帮潜在的人才都培养出来,把一个管理团队培养出来,把自己的“替代者”培养出来。再如,现在锡山高中建了很多的专业社群。什么叫专业社群?具体地讲,就是每年9月份,每个教师都可以向学校申报,说明你想要做什么,需要学校提供什么。只要学校同意了,你就可以组织一个专业团队,建一个团队的微信群,自己成为一个项目的组织人,成为一个专业领袖,去组织几个同仁一起做好学校的事,然后学校再来评估和考核。组织这样的专业社群,表现了江澎非常宽的视野,因为这是国际上在做的。还有,因为这个专业社群处于一个群体性知识观发展的前沿,它是生成的。在普通高中做这样的事,非常值得称道。

第四个智慧:借“外脑”武装自己。锡山高中在20世纪90年代后期曾跟华东师范大学签订了一个协议:华师大的专家每个月要入驻校园一次,讨论一天。现在江澎也建立了这样一个锡山高中智库。这个专家团队包括国内众多的课程专家、教学专家,我也很荣幸地参与其中,并在参与他们的活动中学到很多东西。江澎不断地借“外脑”来武装他自己,同时也武装了学校里的那些青年才俊,使教师的专业发展得到很大的进步。

这就是我要说的:江澎“说的”不只是“说的”,更是“想的”,更是“做的”。正因为这三者都统一了,所以他说出来就特别有力量,也特别温暖、特别生动。

我有很多校长朋友,在与他们讨论学校发展的时候,基本都会谈到一种境遇,就是现在的应试教育根深蒂固,功利主义横行天下,“分数”与“升学”成了高中教育的语法,办“好的教育”有心而无力。我能理解这些校长的难处,也正是因为有这种理解，才更觉得江澎的难得：他是一个很有智慧的人，又是具有英雄潜质的校长。我真心希望所有的校长都能从锡山高中办“好的教育”的实践经验中得到启发，都能成为江澎那样的教育英雄。

本文是为《好的教育：把理想做出来》所作的序

培育高中生创新素养的实践探索

——江苏省丹阳高级中学的高品质示范高中建设

创新是众所周知的时代命题，也是高品质示范高中建设绕不开的基本问题。江苏省丹阳高级中学（以下简称“丹阳中学”）多年来一直重视拔尖创新后备人才的培养。近年来，更是从关注“尖子”群体到关注全体学生，把理性思考与存在论思考结合起来，聚焦普通高中生创新素养的培育，取得不凡的成绩，带给我们很多有益的启迪。

一、价值引领为创新素养“赋魂”

创新关乎智力，但其灵魂则是德性。所谓聪明人做蠢事、做坏事，甚至制造灾难，已是屡见不鲜。“教育使人成为人”，后面这个“人”，首先要有德性。而高智商人群，则更需要有一个德性高贵的灵魂。基于此，丹阳中学对学生创新素养的培养，是浸润在育德立人的大氛围中，通过多种方法让价值引领入耳、入脑、入心，让德性之光照亮每个学子的精神世界。

（一）让学校发展成为价值引领的教科书

朱禾勤校长将丹阳中学的发展划分为三个阶段：第一阶段，“责在吾人”的文化基因积淀。从千年学宫到高品质示范高中建设，从四川青木关迁到丹阳文昌阁，从前辈投身抗日救亡运动到英烈血洒南联盟……一代代丹阳中学人始终坚守对国家、民族和社会的庄严承诺，与时俱进、笃行不怠，创新引领、以行践诺，积淀了丹阳中学爱国的文化基因。第二阶段，“继往开来，弦歌四起”的主动求索。经过初步探索、自觉实践、整体推进、全面提升，在培养学生创新素养方面拾级而上，渐入佳境。其解决的主要问题是：育成怎样的苗？使用怎样的方法？建成怎样的园圃？探索培养什么样的人和怎样培养人的内在统一，人的发展和环境建设的内在统一。第三阶段，“复兴民族”的自我期许。立足县域，抱负天下，超越自我，以高标准引领高品质发展；以新校区为新载体，让物质文明与精神文化比翼齐飞，建设心仪的未来学校。朱校长介绍“责在吾人”“继往开来”“弦歌四起”“复兴民族”等关键词，都源于师生常常唱响的校歌。从这样的一部学校发展史可以看出，丹阳中学跋涉的脚步，与时代的音程合辙押韵。这样的办学实践，与国家存亡、民族复兴联系在一起，是最生动的德育课程。这种弥漫性的氛围笼罩着整个校园，其德性熏陶无疑体现了德育以文化人的深刻影响。

（二）建构“明镜体悟”的校本德育体系

丹阳中学的文化主题是“大成”。“大成”的概念取自《学记》和《大学》，这两部书相辅相成，互为表里。丹阳中学“大成青年”的培养目标是“信仰坚定大情怀，品格高尚勇担当，思维创新有能力，身心健康会生活”。按照儒家的传统阐释，“大成”必须始于“修身”。《学记》有言：“物格而后知至，知至而后意诚，意诚而后心正，心正而后身修，身修而后家齐，家齐而后国治，国治而后天下平。”在这里，“修身”为本，“本立而道生”，由内而外，“修己以安人”，再转向“以己达人”的建功立业。丹阳中学的文化厚植于优秀传统文化的沃土，学校化用王阳明《传习录》“明德镜心，体用察悟”的说法，以“明镜体悟”作为“明明德”的校本路径。朱禾勤校长阐述“明镜体悟”的内涵时说：“明镜”，向内，不断擦拭，不断观照，不断修为；向外，用自己明亮的光芒感染他人，照亮社会，担当责任。“体悟”则是明德镜心后的自我省察、身体力行。“明镜体悟”是不断反思内省、自我修为，是知行合一的循环提升。

基于这样的文化体认，丹阳中学的德育唱响主旋律，以赓续红色文化传统统领；覆盖全课程，以思政课程、课程思政、校本思政活动架构了德育体系；以参与、浸润、体验为主要学习方式；以“观照—实践—内省—蓄养”为主要环节。其工作范式于2021年被列入教育部落实《中小学德育工作指南》“一校一案”典型案例。明镜则体悟自出，修身为本已经内化为学生自觉成长的动力。在丹阳中学校园，生气勃发的学生青春在“明镜体悟”中绽放，年华在“励志润德”中璀璨。

二、完整性建构为创新素养“健体”

何为创新素养？高中学生的创新素养怎样培育？丹阳中学的核心团队经过认真学习和反复探讨，形成了自己的教育理解。他们借鉴了学界比较成熟的理论，如卡夫曼和贝赫托按照由低到高的层次将创造力分为四个层次：第一层次指个体在学习过程中对经历、活动等进行的有意义的理解；第二层次是指在日常生活中表现出来的解决问题的能力及相关的创造力；第三层次指具有某种专业的或职业素养的人所展现出来的创造力；第四层次则是指卓越的创造力。[1]丹阳中学赞成将高中生创新素养的培养目标定位在第一、第二层次，并从创新人格、创新思维、创新实践三个方面形成结构框架，从而自觉开展以培养创新素养为重心的育人方式变革。

（一）塑造创新人格，解决“愿”的问题

创新人格基于创新素养的情感维度，创造、创新都是激情的产物。“愿不愿”，比“能不能”“做不做”更重要。丹阳中学对创新人格的理解是，个性特征在创造性活动中的表现，主要包括兴趣、志向、自信心、自主性、敢于探索、勇于表达、坚持不懈等方面的内容。他们从“理想兴趣、自我认知、交往合作”三个方面开展创新人格教育。

“理想兴趣”中的“理想”，指塑造积极人生观。“我来到这个世界，为了看太阳。”积极人生观作为人生的底色，决定了人总是追求“善”意义上的自我实现，展现一种向上升腾而不是向下坠落的姿态（牟宗三语意）。有了兴趣、好奇心、求知欲，以及对知识、对生活的热爱，就有可能并且乐于去探究、去发现。“理想兴趣”，构成了创造创新的原动力。

“自我认知”对创新来说也很重要。创新必然是主体力量迸发的产物，自主性、独立性，使自我在知识领域享有自由；内省性、专业性，通过自我监控、自我管理让自我实现跃升。“自我认知”与“理想兴趣”糅合在一起，不折不挠，坚忍不拔，化挑战为机遇，才能使自我不断强大。

“交往合作”与前两者一样，属于非智力因素；但在创新活动中，它一定是智力因素充分发挥作用的条件之一。

丹阳中学看重的这三个方面，分别指向人与国家、人与自我、人与他人三个向度，这就使创新人格之“人”站立起来了。

（二）培养创新思维，解决“能”的问题

创新思维基于创新人格的认知与维度，是以探索性、求新性、综合性为特征的心智活动，一般指发散思维、辐合思维、重组思维等。丹阳中学培养学生创新思维是以探究性教学为主要载体，其工作重点主要包括：

一是倡导自主发展的文化，以丰富的课程为所有学生提供课程机会，引导学生形成自然而然的方向，为潜能的激发创造可能；创造自由民主的教学氛围，为思维“天高任鸟飞，海阔凭鱼跃”创造条件。

二是建构基本流程：“任务驱动—尝试解决—释疑点拨—抽象建构—应用领悟。”体现以学习者为主体、以思维推进为主轴、以内化领悟为指归的特点。

三是倡导体现探究性教学要义的教学方式。问题式教学，重点研究大概念引领下，以学科核心问题为驱动的课堂教学，重在解决传统教学中提问随意化、缺乏内在逻辑和深度的问题；项目式教学，研究学科内项目和跨学科项目的教学，重在解决知识体系割裂、创新动力不足、教学方式单一的问题；混合式教学，重在解决时间失衡、个性关照不到位、学习资源不足等问题。

四是针对不同的课程类型，采用“随物赋形”的方法，推荐相匹配的学习方式。如以选修课、社团活动为主要形式的学习，以“表现与发现”为要义，强调探究成果的可视化；社会调查和研究性学习，则多用主题探究的方式，鼓励学生在大主题统领下自主进行选题设计、组织实施，因其更开放、更灵活、更自由，故此在完成探究任务的同时，教学活动体现出综合学习的效果。

（三）引导创新实践，解决“做”的问题

创新实践是创新素养的行动维度，是创新人格、创新思维表现的基本载体。丹阳中学对高中生创新实践的行为能力培养，一方面是渗透式的，即推行“做中学”，通过亲历的、体验的、富有创意的学习活动培育创新素养。如前所述，他们在创新人格、创新思维培养过程中，都体现了知行统一、学用结合的意蕴。另一方面是专题式的，即系统地设计相关课程和活动，为学生提供创新实践的机会。比较成型的有：

一是“主题＋融合”推进跨学科。由某一学科提出阶段性主题，相关学科开展协同研究，通过“多学科、主题链、融合式”来培养学生多角度、深层次思考问题、解决问题的能力。

二是“合作＋特长”推进优技能。在体艺学科和一些技能训练课程中，组织“2＋2”的认证工作，前一个“2”是合格必备，后一个“2”是擅长技能，促进学生更多地参与具身性学习活动。

三是“日常＋项目”推进会劳动。抓实常规劳动，组织劳动教育周，将农场劳动、校园种植、工业设计、3D打印、科技小发明等项目融入劳动教育全过程。

四是“服务＋研究”推进阅社会。每学期组织学生走向社会，开展社会实践，参与社区文明建设，进行社会服务活动；且将其定位在“研究”、定位在学习，将创新素养培养有机融入了这些实践活动。

三、环境建设为创新素养“营圃”

按照杜威的理论，学习即经验，而经验则是学习者与环境相互作用的事情；学习者与环境的相互作用，既有“做”的主动性一面，又有“受”的被动性一面，正是在“受”和“做”的动态平衡中，学习者与环境实现了相互改造。[2]由此可见环境对于学习的重要性。朱禾勤校长的团队对此有深刻的认识，他们在谈到“播下创新的种子”时，特意用了“圃”这个词，形象化地点明“圃”对“种子”的关系和意义。

（一）构筑创意性学习的物理环境

环境当然包括自然的物理性的构成。丹阳中学从创意学习环境的视角建设学习空间，在校内场境建设方面，建有“责任担当”主题广场区、“诚朴澄澈”主题景观区、“谦逊坚韧”主题教学区、“自主自律”主题生活区、学生发展中心场馆，此外还建有多个课程基地，改建20多个专用教室。在校外场境建设方面，建有以德育为主线的基地链、以区域文化资源为主导的基地链、以磨砺意志为主题的基地链等等，为场境式学习、创意性实践创造了条件。

（二）建设胜任育人重任的道德共同体

按照杜威的说法，学校自然形态的教研组和教工队伍，以及家长等学校利益相关者，是一个联合体。而我们则希望看到育人队伍是一个共同体。联合体是物理的，共同体则是道德的。丹阳中学以“人皆能大成”为教育理念，凝聚各方力量，建成胜任育人重任的道德共同体。他们的教师队伍建设，以价值认同为先，鼓励教师争做“明镜式”教师，同时重视教师研究性能力的培养，鼓励教师以创造性的教引导学生创新性的学；实行分布式领导，让教师在参与学校变革中发展自我。

学校十分重视家校合作，开办“明镜式”家长学校，组织双向互动、相互激荡的教育活动，形成培养学生创新素养的合力。学校还采用“外联高挂”的办法，壮大育人共同体。学校充分发挥外聘教师在创新素养培育中的引领作用，建有一支稳定的外聘教师队伍，为学生开设选修课、指导项目研究、组织特长类活动。近期学校与南京大学共建，成为南京大学附属丹阳中学，“双高”合作为学生创新素养的培养注入新的活力，使“人皆能大成”的愿景平添实现的积极可能。

（三）创新支持个性发展的制度文化

物理空间是自然环境，育人队伍是社会环境的“硬件”，而制度文化则是社会环境的“软件”。丹阳中学“明镜体悟”的大成文化弥散在校园，激发青年学子蓬勃向上。在支持学生个性发展方面，他们进行了系统的制度设计，为“人皆能大成”提供了有力的支撑。学校整体上以认知层面的“诚朴澄澈”、行为层面的“谦逊坚韧”、实践层面的“自律担当”构建评价的内容要求，以评价促发展。在学校治理上建立以创新素养培育为核心的运行机制和管理制度，支持“人皆能大成”的发展。选科走班尊重学生意愿，把选择权交给学生；建立免修和选修制度，学业水平领先的学生可以申请课程免修，学校提供对拓展学习的支持；为学生配备成长导师和创新项目导师，因材施教，满足学生发展的需求。

如是，在丹阳中学，深情藏沃土，种子生根，新芽破土，蓬勃生长，都是可以想见的一番胜景了。

参考文献

[1] 甘秋玲，白新文，刘坚，等.创新素养：21世纪核心素养5C模型之三[J].华东师范大学学报(教育科学版)，2020，38(2)：57－70.

[2] 高建平.译者前言[M]//杜威.艺术即经验.北京：商务印书馆，2017.

本文发表于《江苏教育研究》2022年第32期

聚焦教学　多维发力

——江苏省前黄高级中学高品质示范高中创建

江苏省前黄高级中学(以下简称“省前中”)在高品质示范高中创建工作中,聚焦教学,多维发力,在组织变革、方式创新、环境建设等方面进行了卓有成效的探索,在推进普通高中育人方式变革方面具有鲜明的前瞻性。

一、组织变革,从教研组到学科发展中心

组织,是“由群体和个体组成,一起达到某些一致目标的有结构化的社会系统”。组织变革则是社会变革的必然产物,有人认为工作场所的组织变化,其重要性、深刻性用“惊天动地”比喻也不过分。[1]学校教学的组织是教研组,相对于科技和社会,教育是保守主义的,有时还是过分的保守主义。比如教研组这个教学组织,面对新科技的发展,面对群体知识观的崛起,面对学科教学知识的理论成熟,已经有诸多不适应。省前中的教学改革,以第一个吃螃蟹的精神,推翻教研组建制,创建学科发展中心,从而变革学校组织方式和治理体系,提升学科地位和学科领导力,促进学科专业建设和跨学科融合,强化课程建设、教学改革、评价转变、教师发展、校本研修等,聚力学科育人,有力促进学生健康成长和学校高质量发展。

聚力建设学科发展中心,在省前中,是一件经过反复考量的事情。他们认为学科教学处于学校教育的核心地位,即使是跨学科学习,仍然基于学科的整合。超学科学习也还是以学科学习为基础的。普通高中育人方式变革,教育质量的提

高，关键还是要落到学科教学上。但他们也曾一度面临着理论困惑，因为学科建设、学科发展中心一般都是在高等教育的语境中说的，中小学教育能不能、要不要讨论这方面的问题？为此，黄惠涛校长的团队和我进行过多次研讨，并且征求了教育学界一些专家的意见。大家形成的共识是：可以谈，应该谈，而且必须谈到位，切切实实把学科建设落实下来，把学科发展中心建设好。这里的学理基础是知识的生产。按照教育学界对教学、对教师专业化的理解，学科知识是知识，学科教学知识也是知识，也有知识的生产。许多专家在这方面进行过探索研究，杜威等人倡导教育实践性探究，杜威曾提出“知性方法”，主张教师能够实现知性自立。佐藤学提出教师的实践性知识，并明确其特征。20 世纪 80 年代，美国教育家舒尔曼提出学科教学知识（Pedagogical Content Knowledge，PCK），他认为学科教学知识是教师融合了学科和教学两方面的知识后生成的，本质上是为了让学生更容易理解和转化学科知识，使其更具可教性。舒尔曼之后，学科教学知识渐成共识。2012 年，教育部颁发了幼儿园、小学和中学教师专业标准，在《中学教师专业标准（试行）》中，明确指出学科教学知识是教师的必备知识之一。学科教学知识具有整合性、实践性、情景化等特点，教师的教学是在应用，也是在生成，甚至是在创造学科教学知识。当然，学科发展中心的任务不只是这一项，但应用并生产学科教学知识，无疑是其核心任务。

在充分论证的基础上，省前中于 2020 年 12 月正式启动学科发展中心建设，成立了语文、数学、英语等 12 个学科发展中心，确立了学科发展的三大目标：高品质的学生成长、高质量的学科课程和高声誉的领军教师。在初步实践的基础上，黄惠涛校长于 2021 年 12 月在《人民教育》发表了题为《高品质高中学科建设的价值追求与实践路径》文章，对学校的思考与探索作了全面介绍。从教研组到学科发展中心，教师的教学组织发生了什么样的变化呢？这是许多同行所关注的。在高品质示范高中建设省前中轮值会的点评中，我曾回应大家的关切，从四个方面做过比较。第一，更加开放。教研组是学校按学科设置的内部组织，而学科发展中心是突破学科边界，由多个学科整合而成的，即使对应具体学科，组织成员也由单一的教师变成学生可加入，并向校外专家开放。第二，更有体系。教研组主要围绕怎样教而工作，而学科发展中心从发展方向的定位，到课程设置与开发、教学实施、教学环境建设等，是对整个教学体系的观照和研究。第三，更为专业。教研组履行的是日复一日、年复一年的经验性劳作，而学科发展中心对学科核心素养的引领更自觉，对学科知识的创生更关注。第四，更趋未来。教研组总体上属于过去时，已经很难适应科技与社会的飞速发展。而学科发展中心高举发展大旗，以学生完整发展、持续发展为根本方向，以遵循教育教学规律，实现教学要素整体优化为基本原则，以学科教学知识的应用和创造为关键所在，以教师队伍专业提升为组织保障，未来可期，前程光明。

二、“三学”一体，融创学科实践新样态

古人云：“自古开物成务，必以教学为先。”（《南史·崔祖思传》）培养时代新人，当然是要做好教学改革这篇大文章。省前中的教学改革在“三学”一体上花功夫，即把“学生、学习、学科”三个要素有机整合，推进教学的整体改革。

省前中对培养什么样的人做了深刻思考，他们结合学校文化传统，根据习近平总书记在全国高校思想政治工作会议上对新时代青年的期许，以“可爱、可信、可为”为培养目标，从全面发展、扬其所长、充满活力三个方面着力。“全面发展”，建构五育并举育人体系。省前中的文化内核是“景德闳识”，是德才兼备、全面发展的一种表达。新时代以来，国家提出培养核心素养，强调德智体美劳全面发展，这些与“三可”的培养目标基本精神都是相通的。于是，省前中提出“诚德、闳智、健体、雅美、创劳”五育并举，并加强领域统整、课程综合，推进五育融合，促进全面发展。“扬其所长”，五育并举并不是平均发展，更不是一把尺子量所有学生。按照马克思“人”的发展理论，全面发展包含了某个领域的充分发展。省前中在开齐开足上好国家课程的基础上，开发了丰富的校本课程，建构了共同基础、多样选择相统一的课程体系。在指导选课选科时做到：因能分层，主要将语数外学科分为ABC三个层次课程，对应不同层次学生的要求；因志分类，引导学生按照发展志向，进行分类选科；因趣分群，技、艺、体等学科根据学生兴趣开设必修选学课程，在所有学科提供按照个性爱好选择的社团活动课程。既强调了“共同基础”的保底，又为不同层次、不同志趣的学生提供多样选择的课程机会。“充满活力”，赓续乡村办学的传统，以田园气质为学校文化的标志，让校园处处弥漫“顺天至性、开放和谐、万物竞发”的田园气质；组织丰富多彩的校园活动，为学生发展提供“天高任鸟飞，海阔凭鱼跃”的基础平台和创意空间，校园生活呈现出蓬勃生长的样态。

省前中根据培育学科核心素养的要求，借鉴杜威“一个经验”的思想，引导学生

在“做中学”中建构完整、完美的“一个经验”。强调经验的连接与贯通，打通课前、课中、课后教学时空，落实“教—学—评”一致性，确保学习单位的完整性和学习效率的有效度；强调经验的立体丰富，整合真实性情境、召唤性任务、多元化意义协商和发展性评价四大要素，创新教学设计，在教学过程中关注学生认知与非认知的统一，独立学习与合作学习的统一，引导学生在思维爬坡的进程中，创造审美的高峰体验；强调包容和开放，让课堂向四面八方打开，推进课堂学习与生活世界的融合，跨领域的课程融合，线下与线上学习路径的融合，正式学习与非正式学习的融合，等等。促进学生建构具有丰富性、关联性、完整性、审美性特征的“一个经验”。

学生的学习大都是关乎具体学科的，怎样在遵循基本的教育教学规律的基础上，凸显学科特质是优化学科实践的关键所在。省前中各学科发展中心对此都非常重视。如物理学科，一直提倡“像物理学家那样学习”，在课程设置方面，建构激活创新潜能的“三层三维”课程体系（见表 7）。在学科教学的整体突破方面，以“实验育人、应用创新”为理念，创新设计实验课程（见表 8）。在教学模式建构方面，通过情境创设，主动建构知识，体验科学建模；通过实验探究，积极归纳总结，领略科学方法；通过解释迁移，理解分析论证，体现科学思维；通过评价反思，感悟科学本质……这样的“一个经验”就洋溢着浓郁的“学科味”。

表 7　三层三维课程体系（物理）

<table>
<tr><th rowspan="2">三层课程</th><th colspan="3">三维课程</th></tr>
<tr><th>学科内课程</th><th>领域内课程</th><th>跨领域课程</th></tr>
<tr><td>共同基础
（必修系列）</td><td>必修 1A、1C、2A、2C、3A、3C</td><td>体验性实验
趣味科学实验
万物互联</td><td>物理环保</td></tr>
<tr><td>志向提升
（选择性必修系列）</td><td>选择性必修 1A、1C、
2A、2C、3A、3C
复习课程
大学先修课程（系列）
物理奥赛（含实验）</td><td>科学史与思维
方法（物理）</td><td>小小发明家</td></tr>
<tr><td>素质拓展
（选修系列）</td><td>YPT 课程</td><td>无人机课程
石墨烯课程</td><td>植物工厂的
智能养护</td></tr>
</table>

表 8 实验课程表(物理)

课程理念	课程内容		
实验育人 应用创新	国家实验课程	益智类实验课程	科创类实验课程
	必修	趣味物理实验 生活中的物理 体验性实验	环境保护、结构设计
	选择性必修	小型物理实验探索研究	小小发明家、电池 DIY、 智能家电
	选修	物理奥赛实验 SACE①、AP 课程②实验	IYPT③ 实验指导、 无人机、机器人、 石墨烯、STEAM④

物理学科的"一个经验"是以实验为抓手,语文学科的"一个经验"则以引人入胜为境界追求。"引人入胜"是《江苏教育现代化 2035》对课堂教学的要求。语文学科的教师们认为,语文课由其特质所决定,最应当往审美化方向着力,生成引人入胜的课堂。他们倡导通过真实情境的创设,力求让知识鲜活起来;通过指向核心知识,具有以美启真特点的任务设计,激活学生参与的主动性;通过问题引领、发散探究、对接生活、多维对话等,形成高质量的自主探究;通过基于情境、关注过程、着眼表现、聚焦素养的评价,促进学生的学习改进和素养升阶。其他学科,也都如物理、语文一样,找到"一个经验"的学科表达。

通过"三学"一体,学习成为内在需要,遵循教育教学基本规律,又像专家一样思维,这样的学科实践自然会生成核心素养了。

三、环境建设,开拓创意学习空间

教学总是在一定的空间中进行的,物理性的环境也是教学的要素之一。在杜威来看,"经验"是学习者与环境相互作用的结果。杜威所说的"环境"既有社会

---

① SACE(South Australian Certificate of Education):澳大利亚南澳州高中证书课程。

② AP 课程(Advanced Placement):美国大学理事会提供的高中阶段的大学先修课程。

③ IYPT(International Young Physicist' Tournament):全球青年物理学家锦标赛。

④ STEAM(Science, Technology, Engineering, Art, Mathematics):倡导"科学、技术、工程、艺术、数学"的跨学科教育理念。

的，也有自然的，即物理性的。传统教学对物理性的教学环境视而不见，学习者与环境的互动也不可能成为自觉的行为。近些年来，体验性、浸润式学习渐渐兴起，学习的物理空间越来越受到重视。省前中在这方面也是领风气之先的。

省前中最有影响力的学科环境建设是动物博物馆。该馆始建于1954年，经过几代人的努力已蔚为大观。博物馆以动物进化历程为主线，以文字介绍及图片、化石标本、动物标本为展示手段，汇聚1800多种动物物种，3300多件标本。基本陈列包括无脊椎动物、鱼类、两栖类、爬行类、鸟类和哺乳类六大项，其中有国家重点保护动物133种。省前中在此基础上建成的"环境·生命"课程基地，也早已成为江苏省科普和环境教育基地。难能可贵的是，生物学科将生物实验室、动物博物馆、校园自然生态系统、校外生物实践基地构建成一个环境系统，组织学生进行具身性体验学习、科学实验探究学习、微课题研究性学习，以学习场域建设有力地促进了学习方式变革。几乎所有学科，都建有类似的环境系统，实现专用教室、课程基地、社会实践基地的联通，为全过程的学科教学提供了创意学习空间。

近些年来的环境建设，省前中重视"文章合为时而作"，突出时代感和未来性。如物理学科，建设"启·创"物理实践课程基地，系统构建研学中心、奥赛实验中心、IYPT中心、科创中心和数字资源平台，并优化升级常规物理实验室，建成智慧云评价实验室；发挥"互联网＋"的功能，突破时空约束，丰富"混合式"学习平台建设内涵，建设SPOC(Small Private Online Course，小规模限制性在线课程)资源库，引进并整合各类学习资源；与高校、高新企业合作，通过科创项目实践，丰富平台。省前中学习环境的建设，让环境与资源相互转化，学习场域与学习方式和谐共生，促进了学习的真正发生。这样的物理空间创生了主体飞扬、物我两忘、天人合一的教学新境界。

参考文献

[1] 格林伯格，巴伦. 组织行为学[M]. 范庭卫，译. 南京：江苏教育出版社，2005.

本文发表于《江苏教育研究》2023年第2期

让每个生命蓬勃绽放

——江苏省扬州市邗江区幸福教育区域实践探索

幸福教育是邗江教育人念兹在兹的事情。多年来，他们在探索课堂的轻负担、高质量方面，在道德课堂建设方面颇有建树。2012年起，他们依托全国教育“十二五”规划课题“新课改背景下区域推进幸福教育的实践探索”，从区域层面推进幸福教育。特别是近几年来，他们的省基础教育前瞻性教学改革实验重大项目“幸福教育育人模式的区域实践探索”，做得风生水起，显著提高了区域的教育质态。“让每个生命蓬勃绽放”的教育理念，正在成为美好的现实图景。

一、深化教育理解，提升学理性

教育理解是教育实践的前提。只有想得明白，才能做得有章法。在“做”的过程中，理论与实践双重探索，实践者知其然又知其所以然，才会是一个“明白人”，而不至于“瞎忙”。邗江在“幸福教育”推进过程中，一直重视虚实并举，不断深化教育理解，从而筑牢项目实施的学理根基。

（一）在“为什么”上想清楚

“为什么”一是在事理上，要明晓幸福是教育的本质追求。教育是面向全面人性的，是追求人的全面发展的。这个“全面”有我们已经重视的德智体美劳这样的空间维度，还应有激活激发创造性的时间维度。按照马克思的观点，“全面”中包含了“自由”。人全面而自由的发展，就是走向幸福人生。所以，幸福生活、幸福人生是教育应然的追求。“为什么”二是在事功上，要有可看见、可想象的目标愿景。项目组在谋划时，把目标凝聚在“新”上，落实教育新要求，聚焦生命发展，特别落实到了新时代对“美好生活”的描绘，把引导每个生命蓬勃绽放作为最本质的追求；回应教育新命题，聚焦品质提升，特别是把公平、质量这两个核心要求落到学校教育实处；促进教育新发展，聚焦体系构建，特别是以区域整体的视角，探索幸福教育育人模式的构建。时任教育局长何云峰同志，则以“五个不”描绘他们的幸福教育愿景：学生不苦，“减负”“提质”两手抓；教师不累，从“表哥”“表叔”中解放出来，实实在在做专业的事；家长不慌，学会尊重孩子的成长规律，学会与孩子共同成长；学校不躁，“让学校到处流淌着奶和蜜”；社会不怨，优化教育生态，形成校家社积极合力。这五个“不”的主观感受，正是衡量幸福教育的多重维度。

（二）在“是什么”上想清楚

幸福是什么？一直众说纷纭。项目组和我讨论时，赞成用我回答这个问题提出的道德力、参与性、快乐度、成就感作为一种基本理解。“道德力”倡导人们在道德律令下，追求生理、心理、伦理的统一，追求个体性和社会性的统一。塞利格曼幸福1.0和幸福2.0理论，都是包含乃至饱含道德意蕴的。如幸福1.0的三要素有积极情绪、投入、意义。意义主要是伦理性的、社会性的，积极情绪本身自带道德性。幸福2.0增加了人际关系和目的成就。这二者都具有伦理性、社会性。所以合乎德性，具有道德的力量，应当是幸福的首要和统率。“参与性”，因为有道德感统率，幸福作为目的性活动，人应当成为行为主体，而这种实践活动追求主体力量的充分发挥，这是在创造幸福。这本身就是幸福！“快乐度”在很大程度上是一种主观感受，快乐不快乐自是一个重要的标准。这里要从完整意义上理解快乐。幸福理论的快乐，是与“积极情绪”联结的，是一种深层次的心理状态。这种快乐，也包括在意义引领下、在实践活动中面对痛苦、超越痛苦，还包括面对挫折以后的积极复原。苦涩的、痛苦的经历，常常是幸福人生的有机组成，从逆境中昂然走出，也是积极成长，痛苦、挫折对于幸福人生都是有价值的。“成就感”，是幸福的重要标志，也是走向新的成就的动力。[1]把道德力、参与性、快乐度、成就感作为幸福的四要素未必就是最好的概括，但它使一线的教育工作者关于幸福教育的思考有了相对说得过去的固着点。同样，关于幸福教育，关于幸福教育的一些要素，邗江的教育同仁都在“是什么”上作过认真的琢磨，如时任教育局副局长冯长宏同志曾从合乎人性、合乎社会性、合乎积极性等方面描摹幸福教育的模样。何云峰曾撰文阐述自己对幸福教育要素的理解：幸福校园着力提升舒适指数、活力指数、仁爱指数、书香指数、宁静指数；幸福管理体现规范与自由、科学与人文的有机统一；幸福课程是化知识为智慧，积人文为品行的历程；幸福课堂让爱教爱学、会教会学、乐教乐学成为师生共同的价值追求……[2]生活化的表达体现了臻至通透的理解。

（三）在“怎么做”上想清楚

“怎么做”主要是实践，但这种实践也是基于理解的，比如项目名称中的“区域实践”，项目组经过认真思考后对其定位是：整体性实践，是所有学校、幼儿园参与的，是所有相关家庭、整个社区，包括区级政府共同参与的；系统性实践，包括学校育人的系统、校家社联动的系统、政府主导的组织和管理系统；创新性实践，采用整体推进和个体申报相结合的项目实施方式，鼓励学校基于校情有重点地选择以至自创相关项目，“个”“共”结合，点面互动，让相关学校、相关项目以生动的特殊性共同奏响区域幸福教育的交响曲。

二、落实育人要素，营构基本盘

幸福教育主体在学校。从育人实践看，学校有课程、教学、活动、环境四个基本要素。从保障支撑看，学校有教师队伍建设和学校治理等要素。邗江区幸福教育的区域实践，引导办学单位落实各要素，精心营构幸福教育的基本盘。

（一）系统性

邗江区引导学校（幼儿园）提炼、打磨、创造幸福教育实践体系，使许多办学单位都形成结构化的表达。殊途同归的是，大体分为三个部分，一是学校核心价值观，这是学校文化的灵魂，体现学校师生对幸福教育的美好想象和基本立场。二是育人实践四要素，核心价值观照亮、照遍、照透校园课程、教学、活动、环境，鲜活灵动，相互作用，从而让学校到处流淌着奶和蜜。三是保障支持系统，主要是教师的专业建设和学校管理层面的改革。这三者的关系，一是为什么，二是做什么，三是怎么保证做到位、做到好，从而形成一个学校文化良性循环的自洽系统。以邗江区实验学校为例，现任教育局局长杜成智同志当时作为副局长兼任这所学校的校长。他们的团队以“遇见美好”作为学校文化建设的主题。遇见是遭遇，是发现，是对话，是创造，“遇见美好”是他们幸福教育的愿景，也是他们幸福教育的价值坚守，他们以此串起学校文化的一致性。课程、教学、活动表述为“三色花开”——遇见“最好自己”，学习的经历就是发现、创造自己的过程。课程同时具有基础性和选择性，每个学生都在坚持共同基础的同时，拥有激荡个性、放飞梦想的课程机会；教学，让“遇见”通过对话实现，在与老师、同伴、场景、知识、自我的多重对话中，培育核心素养；活动，以成长类活动、节庆类活动、社会参与类活动、综合社会实践活动为经，以学校、年级、班级三个层级为纬，编织“活泼泼”的图景。环境表述为“诗意校园”——遇见“幸福徜徉”，让校园成为诗意洋溢的花园、学园、精神家园。作为保障支持要素，教师队伍建设表述为“智慧树下”——遇见“领航导师”，以智慧树成长学院作为教师专业进阶的基础平台。学校管理表述为“行治修制”——遇见丰满未来，以激励性制度、发展性评价对质量进行全面、全员、全程的管理，引导师生遇见成长的美好，遇见丰满的未来。

（二）时代感

“文章合为时而著。”邗江幸福教育区域实践洋溢着时代气息，对幸福的追求是自觉呼应党和国家建设“美好生活”的要求；落实立德树人根本任务，邗江人以幸福教育为基本路径；贯彻新方案、新课标的精神，他们以“幸福课堂”建设行动予以落地。以“幸福课堂”建设行动为例，他们在阐说内涵时认为：“幸福课堂”以培育“幸福的人”为根本目的，以道德引领为前提，着眼于个体的生命需求、生命状态和生命发展，通过积极美好的学科学习实践活动，让个体在树立正确价值观念、掌握核心知识、提升关键能力、发展必备品格的过程中获得美好而充分的课堂体验，并形成蓬勃向上、持续成长的生命品质。这样的“宣示”，既展现了他们的独特思考，又体现了鲜明的时代品性。其建设行动具体分为四个方面，一是“幸福课堂”理念提升行动，通过促成育人理念共识、深化专业发展研训加以落实。二是“幸福课堂”课程优化行动，通过研制课程实施规划、开发校本课程序列加以落实。三是“幸福课堂”教学改革行动，通过推进学科教学改革、推进跨学科主题学习实践、推进全质量评价体制建设加以落实。四是“幸福课堂”专题建设行动。通过科学素养专题建设行动、美育浸润专题建设行动、“大阅读”专题建设行动、数字赋能专题建设行动加以落实。教育部要求落实新方案、新课标“一地一策”，邗江“幸福课堂”建设行动就是一个很好的示例。

（三）校本化

邗江引导学校在文化建设中“寻找属于自己的句子”，办学单位的文化呈现出

"各美其美"的喜人局面。以梅岭小学西区校来说,梅花是学校的文化意象,课程体系就命名为"五福梅"。因为梅花精神被人们概括为雅、洁、韧、先、和,学校便构建"五瓣三层"课程体系。"五瓣"分别对应梅花的精神特质,建构"健康艺术、人文精神、情绪智慧、科学素养、社会交往"主题模块。"三层"分别为:核心层,即国家课程的落实;拓展层,主要是满足学生兴趣、个性的学科拓展课程;延伸层则是校内外融合的社会实践课程。这样的架构,五育并举,五育融合,又尽显校本的特色。邗江区实验小学的文化主题是"故事精彩童年",校园建设将故事融入环境,课程建设开发故事立德、故事启智、故事健体、故事臻美、故事育劳课程,教学方式以故事为载体,活动设计以有故事为主线。他们在总结材料的结尾非常骄傲地写道:"如今的故事校园,故事在分享,能量在传递,生命在蓬勃,幸福在流淌!"

三、优化关系构成,发展生长点

有学者在回答"幸福在哪里"时,以"他人"两个字应之。确实,幸福是一种怡人关系的构成。邗江的幸福教育实践,努力从师生关系、校家社关系处突破,使幸福教育有了新的生长点。

(一)以"积极"照亮师生关系

"积极"是幸福理论的第一要素,"我来到这个世界,为了看太阳",当一名师者在幸福能力的自我修炼中成为积极心理学所期盼的习得性乐观者,他们的人生自然地开启了幸福的旅程。而这种积极人格照亮师生关系时,意味着他实现了三重转变,这也是我们在邗江校园里看到的风景。一是从"要我爱"向"我要爱"改变。教育是爱的事业,邗江各办学单位都非常重视对"师者之心"的培育,以此驱动"师者之脑""师者之手",从而实现情怀、知识、技能的相互激荡。当教师把爱学生当作一种使命,当作生命的内在需求,原来相对被动的"要我爱"就变成了"我要爱"。恰如有的教师所说,以前教书是为了捧个饭碗,现在捧个饭碗是为了教书。教学生、爱学生是人生的意义所在,我们在邗江的校园里听到许多老师关爱学生的感人故事,本质上奏响的都是"我要爱"的幸福之歌。二是从成人视角向儿童视角转换。师生关系的核心是平等性,教师要学会蹲下来,要以"长大了的儿童"(李吉林语)这样的身份和儿童交往,才能真正成为孩子的知心人。当老师们讲述自己和孩子们"打成一片"的有趣故事时,嘴角溢出的其实都是带有孩子气的微笑。三是从技术向艺术提升。教育教学当然需要技术，但仅仅有技术还不够，必须讲究艺术。有些老师教育孩子经常“干着急”，这就是还不够得法，还带有技术的僵硬。泰戈尔有诗：“让我的爱，像阳光一样，包围着你，又给你光辉灿烂的自由。”这样的教育爱就到达了艺术的境界。邗江无论是区级层面还是学校（幼儿园）层面，都把师生关系的优化作为教师专业进阶的必修课，因而创造了许多“大鱼带小鱼”（梅贻琦语）的美好。

（二）以“协同”联接校、家、社

教育问题首先是社会问题，需要校家社共同合力。多年来，邗江用“协同”联接校家社的力量，使邗江区成为全国闻名的家庭教育实验区，也使整个邗江区域成为幸福教育的热土。其基本做法，一是正面价值引导，倡导“让每个生命蓬勃绽放”的教育观，通过学习、培训、践行、反思，引导家长、老师和学校教育相关者树立正确育人观。二是用组织架构支撑，建构条块联动、上下贯通的组织体系。“区级—校级—年级—班级”联成四级联动的家校共育指导中心。在区级层面，教育局设立家庭教育指导科，成立新家庭教育实验指导中心；在校级层面，推进新家庭教育指导站建设；在年级层面，建立“好父母同盟”；在班级层面，推进“好父母来吧”建设。三是在资源整合上着力，建设基础平台。各学校推进“共成长体验馆”建设，成立接待中心、组织中心、培训中心、活动中心、研究中心、展示中心，充分发挥家校共育工作坊的作用。在育才小学西区校建设的全国首家家庭教育博物馆，成立了全区乃至全市家校共育的重要实践基地、示范平台和最大的家长学校。四是将育己为先落地，花大力气提高家长和教师的教育能力。开发“1＋X”新父母课程体系，建构“新手教师的必修课”“成熟教师的小妙招”“卓越教师的加油站”等主题课程，在社区招募种子教师，组建校家社共育指导专家队伍，校家社相关人员都在努力，争取“人人成为家庭教育指导师，个个成为家庭教育践行者”，形成良好的幸福教育生态。五是让品牌活动唱亮，使共育有序开展，渐入佳境。区有区级活动，校（园）有校级活动。既有规定动作，又鼓励各自创新。规定动作大都形成区的品牌，带有学校文化烙印的创新活动又使校园有了自己的品牌。

四、区域整体推进，形成策略链

邗江的幸福教育，是“区域实践探索”，在项目设计时，就提出专家带动、项目驱动、行动推动、区域联动、典型牵动、活动促动等策略，而在项目推进过程中，随着实践探索的展开，推进策略也不断得到创新，学校、幼儿园形成了区域推动的策略链。

（一）项目启动与管理策略：组织机构与制度建设

在组织机构方面，设立项目管理组，申报成立江苏省教育学会幸福教育研究院，建立项目指导组，组建幸福教育专家团队；区、校（园）分级成立项目实施组，省内外建设实施项目共同体。在制度建设方面，建构了规划管理、专题调研、展示研讨、督导评价等制度。

（二）项目引领和指导策略：价值体认与过程陪伴

价值体认包括：研发幸福教育宣言，开展“幸福教育大家谈”，让幸福教育理念深入人心。过程陪伴则包括：引领式陪伴，专家浸润式参与，相互成就；同行式陪伴，志趣相投的学校、幼儿园携手同行，相互激励；共鸣式陪伴，不同教育主体围绕相同主题深度对话，相互感染。

（三）项目实施与推进策略：整体实施与分步推进

整体实施是指做好顶层设计，心中有谱，手中有法，脚下有路。分步推进则是指重点项目展开时分时段、分层次推进；难点问题以点带面，逐个击破。

（四）项目总结和推广策略：成果提炼与项目推介

成果提炼包括：多个专题研究中形成的独创性经验，在《江苏教育研究》《江苏教育报》开辟专栏发表；公开出版一批专著；在相关报刊或会议发表或发布经验性成果上百篇。项目推介则包括：建立基础平台，不断发布阶段性研究成果；推进组团发展，采用“1＋X”形式，以一个带动一群；鼓励经验分享，在项目展示等开放性活动中交流展示，扩大影响。而将成果提炼形成公共产品并发表，亦是有广泛影响力的推介方式。这些活动在有力促进项目启动时，核心团队“成长一批”“影响一片”“引领一方”的美好期望也慢慢成为现实。

参考文献

［1］杨九俊．何谓幸福［J］．江苏教育研究，2020(14)：12－15．

［2］何云峰．幸福教育邗江宣言［N］．江苏教育报，2021－06－25(4)．

本文发表于《江苏教育研究》2024年第12期

“为学而教”的区域实践

为了加快推进教育现代化，提高义务教育质量、办好人民满意的教育、形成区域教育高质量发展新格局，南京市江宁区从2020年至2022年，开展了为期三年的“为学而教”区域教学改革实践，生成了一个区域教育聚力发展、重点突破的成功样本，带给人们很多有益的思考。

一、“为学而教”教学改革的深层背景

（一）因应科技迅猛发展带来的急剧变化

惠特曼有诗曰：“时代啊，从你深不可测的海洋升起。”[1]科技的发展带来社会的急剧变化。在农业经济时代，土地、劳动力是核心资源；在工业经济时代，技术、市场是核心资源；进入知识经济时代，人的素质则成为核心资源。经济合作与发展组织1997年就提出培养学生核心素养的应对方策，世界教育改革从此进入核心素养引领的时代。江宁区“为学而教”的区域教学改革，显然是“文章合为时而著”。

（二）落实国家高质量发展的战略转型

党的十八大明确指出中国经济正由高速增长阶段转向高质量发展阶段，正处在转变发展方式、优化经济结构、转换增长动力的关键期，并且明确提出创新、协调、绿色、开放、共享的新发展理念。自此，高质量发展战略统领中国经济、社会的

发展，而教育改革也是为了呼应、落实高质量发展的国家战略。具体到义务教育阶段，2019 年，中共中央、国务院印发《关于深化教育教学改革全面提高义务教育质量的意见》，标志着我国基础教育迈入全面提高育人质量的新阶段。2021 年，中共中央办公厅、国务院办公厅印发《关于进一步减轻义务教育阶段学生作业负担和校外培训负担的意见》，“双减”的推行，倒逼义务教育质量提升进入“绿色”阶段。江宁教育人自觉呼应国家发展战略转型要求，“为学而教”，培养时代新人，体现出难能可贵的历史担当。

（三）扎根基础教育课程改革的关键地带

江宁区的“为学而教”，是在课程、教学改革的场域展开的，深刻反映了基础教育课程改革在江宁区这个区域得到了进一步深化。21 世纪初启动的第八次基础教育课程改革，其要旨之一是“为了每位学生的发展”，这是经济社会发展的内在需求。当教育脱离了“应急”的要求，就应当凸显其本体性价值，着眼提高国民的整体素质，使“为了每位学生的发展”与“为了中华民族的复兴”达到内在的统一。这也是世界教育发展的共同使命，“近一个世纪来，人类正酝酿着一场新的生存型态的变革……这场革命必将成为我们所面临的 21 世纪的主题，它将关联、牵动着整个社会的变革与发展”[2]。总体上说，课程改革是按照设计蓝图落实的，但课程改革是一场全面的、深刻的、持续的改革，启动伊始，要拾掇、要建设的实在太多，有些时候，可能形似较多一些，神似确实很有难度。走到今天这个阶段，则有必要，也有可能，在完善课程的同时，花更多的气力在课堂。明确提出“为学而教”，既如基础教育课程改革所倡导的——坚持以学生发展为本位，又体现出深入推进课程改革的鲜明特点：聚焦课堂教学，以课堂的积极变化去深刻表现改革的进步。正如大家常常期待的：人在课堂中央，人在学习生活中央。

（四）推进区域经济社会发展和教育发展的积极互动

教育是经济社会发展的重要组成部分，在“美好生活”的显示度方面，教育更有其突出的作用。江宁区是国家重要的科教中心和创新基地，也是国家东部地区先进制造业基地，还是交通物流枢纽和空港枢纽。江宁区的经济一直处于较高较好的水平，而教育，尤其是义务教育的高质量发展，是江宁宜居、乐居的内在要素，是江宁人民高品质生活的重要构成。“社会即学校”，家校社一体化的学生成长支持体系，是学校发展的重要保障。“为学而教”的江宁教育改革，正是着眼于教育发展与经济社会发展的积极互动而设计和实施的。

二、“为学而教”教学改革的内容体系

（一）为什么学（教）

从出台的文件，更从学校义务教育的教学现场，我们看到：江宁区关注的是学生这个“人”。这个“人”不是概念化的，而是完整的，是全面发展的人；也是主体的，“为学而教”的一个重要着力点就是让学生成为学习的主体，就是努力以学生积极的实践构建学习活动的主线；还是具体的，“面向学生”是要将努力落实到每一个鲜活的具体的学生身上，是要让因材施教的思想落实到每个课堂；又是充满潜力的，一方面丰富的课程为每个学生的发展提供课程机会，另一方面教师、家长充分注意对学生潜能的发现，从而为学生发展创造更多积极可能。

（二）学（教）什么

一是以德性教育为引领。这是坚持教育的第一价值观，“学以成人”，通过立德、德性统领，成就“树人”。二是五育并举，全面发展。江宁的教学改革是以开齐开足开好国家课程为底线的，在改革推进过程中，教育行政部门、业务指导部门又督促、鼓励学校做强做优非考试学科，比较好地解决了体育、美育、劳育被有意无意弱化的问题。三是推进学科融合，倡导综合实践。“让课堂向四面八方打开”，在学科教学中开启瞭望其他学科的窗口，贯通认知与生活经验的内在联系，组织主题综合实践活动，切切实实地培养学生的综合素养。四是适应学生的兴趣爱好，开发可选择的校本课程。全面发展不是整齐划一，马克思在论述人的发展时，“全面”和“自由”是一体性的，而这个“自由”很重要的就是学生在某个学科上的充分发展。江宁区积极探索校本课程的开发、实施、评价和共享机制，突出校本课程的兴趣性、活动性、层次性和选择性，满足学生个性化的学习需求。难能可贵的是，江宁区从学科课堂教学改革、学科课程建设、学科团队建设、学科学习等方面全面推进特色学科建设。这不仅仅是在创建学校特色，更重要的是为学生在学科学习上的充分发展打开了通道，可以看作创新型人才基础性培养的重要举措。

（三）怎么学（教）

江宁区在创新教学实践上做得很到位，亮点多多。比如，对学习空间的重视，在传统的教学改革中是很难看到的。人们讨论教学时习惯于聚焦教师、学生、教材、环境四要素，但环境常常是忽略不计的；即便有讨论，谈论的也大都是人与人

的关系构成。江宁区在2019年布局“为学而教”时，就把学习空间建设作为一个重点项目予以强调。按照杜威的说法，教育即经验的生长，经验是学习者与环境相互作用的结果。这种相互作用既有主动的“做”，又有被动的“受”，“受”构成了环境对学习者的反作用。当情境任务已经升级为学习的基本载体，学习空间对学生经验的生长就不是可有可无的了。江宁区普遍重视这个问题，其意义是广泛而深远的。又如，把学习力的提升作为工作要点，这就聚焦到学习的核心素养。南京市在多年前就把学习力培养作为教学改革的基本抓手，江宁区总结提炼前期改革的经验，全面要求在教学改革中把主动学习、学会学习落实下来，如同皮亚杰所说：不是关注学生走得有多快，而是关注学生走得有多远，从而引发对教学结构的整体优化，这是很有眼光的。

（四）怎样保障“为学而教”的教学改革能够落地

江宁区是从教师发展和管理优化两方面着力的。教师发展是在德能全面完整性的基础上，突出教学研究能力和探索创新能力的培养；管理优化方面，重视思想理念的引路、学校文化的创新、信息技术的支持、家校教育的推进。江宁区教学改革给人的强烈感受是，强有力的保障使变革的旅途通向赏心悦目的彼岸。

三、“为学而教”教学改革的实施步骤

（一）改革起始阶段

从2020年1月至2020年7月，江宁区“为学而教”教学改革的主要工作是：学习调研，组织学习先进理论和经验，深入调研教学现状，形成思想共识；顶层设计，对战略目标和实现方式进行统筹规划，并要求学校和各相关单位制订教学改革具体方案；试点引领，采用试点先行、典型引路的方式，鼓励试点学校在一个方面或多个方面率先示范，比如在学习理解方面先行一步，在落实部署方面先行一步，在条件建设方面先行一步，在课堂改进方面先行一步，在问题解决方面先行一步，在特色创造方面先行一步；论证指导，组织区内外专家组成深化教学改革方案评审组，对各学校、各单位方案进行论证评估，指导方案的修订和完善。

（二）全面提升阶段

从2020年8月至2022年7月，江宁区“为学而教”教学改革的主要工作是：扎根实践，指导学校激活执行力，切实落实改革方案，把蓝图转化为现实；专题研

讨，组织教改论坛与现场展示活动，通过思想交流和经验分享，提升整体水平；实践反思，邀请专家进学校，发现典型，研讨问题，指导实践；完善评价，研制评价标准，优化评价策略，充分发挥以评促建的功能，以评价这个杠杆撬动课堂的积极变化、机制的不断创新和学校品质的提升。

（三）凝练特色阶段

从2022年8月至2022年12月，江宁区“为学而教”教学改革的主要工作是：评估表彰，通过对学校教改的设计、实施以及成果的评估，评选出先进；成果提炼，所有教改单位梳理和总结经验、成果，通过有关平台宣传推送，推动各校积极报送成果参加市、省和国家级教学成果奖评选，形成品牌；推动教改从做法层面上升到文化层面，提炼可以推及一般的经验，在全区和更大范围内发挥引领和辐射作用。

四、“为学而教”教学改革的学校样态

（一）理念立起来

教学改革的推进，是一种先进教育教学观点的大普及。江宁区学校管理者和教师在大学习的进程中，寻找先进观念与学校先期成功探索经验的结合点，并在“做中学”，不断领悟内化，形成自己内心高度认可的教育理念，从而成为自觉的实践者。从各校“为学而教”的理念系统看，这种理念有鲜明的价值引导性，都是指向学生，指向学生的“学”。如：百家湖小学提出围绕“核心关切”，推进支点式学习；高新区中学作为一所新校，建校伊始就坚持“让学校适应学生”，在教学改革方面，自然围绕学生自主学习做文章。这些理念是理解后的表达、实践中的表达，大都已有融通感，至少在学理上是立得住的。再如：月华路小学湖东路校区的“活动导学”明确提出，“活动”是学生主动作用于教学内容的方式及其过程，包括内在的思维活动、物质操作活动和社会实践活动；“导学”就是教师通过创设情境、点拨启迪、评价提升等手段引领学生自主学习，主要包括导趣、导思、导行、导用等。

（二）部署落下去

针对“为学而教”的教学改革，江宁在区层面和学校层面都有顶层设计，在这项改革推进过程中，这些战略部署得到了较好的落实，并且体现了两个鲜明特点：一是结构化。江宁区所有学校都能从教学体系的整体优化视角，实践“为学而

教”。百家湖小学指向儿童核心关切的支点式学习，抓住学习场域的开发、课程文化的建构、教学范式的创新、学习评价的优化、教师队伍的建设等多个要素，构建实践体系。二是细节性。往具体的教学过程落实，往学科教学落实，往每一节课落实。所有学校都提炼出校本的教学范式，这个范式是理念往可操作性走去的一种表达，又大都具有开放性，给教师自我创造的空间。这个范式往学科、学段落实，也体现学科、学段的特质。江宁区实验小学“生生互动”课堂，在不同学科有学科各自的生动和精彩，如科学学科提出“双螺旋结构”，以活动和思维两条螺旋为主线，活动以实践为特征，思维以心智表现为特征，两条螺旋主线通过“问题”和“证据”构成稳定的课程架构。而同一学科的不同学段，又有学段特点，如语文学科，低、中、高学段“生生互动”的指向分别侧重于字词、段落和篇章的掌握和理解。这个范式在不同教师那里，通过他们的独自领悟和表达，又呈现出各美其美的风采。观察教师的课堂，听他们讲自己的教学故事，给人甘之如饴的感觉，可见先进理念已经融化在教学细节之中。

（三）质量提上去

教学改革的目的是提高教育质量，这在江宁区已经有目共睹。一是深入推进教学改革的学校，教育质量都有新的提升和突破。二是江宁区学生的学业成绩有新突破，中小学生在各类竞赛中取得优异成绩。三是学校发展的质量有很大的提升，这种质量是立德树人的质量，全面发展的质量，而且这种质量是通过绿色发展所获取的，这就是学校发展和区域教育发展的高品质。

（四）品牌亮起来

江宁区教改三年行动，推进许多学校铸就或者进一步擦亮学校的文化品牌，这是因为顶层设计有引导。江宁区在启动这项改革时，就把“打造学校文化品牌”写进主文件，并且提出各美其美的行动策略。这也是因为学校主政者们对学校特色有本质性理解。他们大都充分意识到学校文化最主要的内容就是课程文化、教学文化，学校特色是组织行为创造的。在推进“为学而教”教学改革的行动中，在“合理”（符合教育教学规律）、“合时”（呼应时代精神）的同时，注重“合地”（激活地方教育资源和学校文化传统）、“合人”（贴合学校群体的风格特征），从而如海明威讨论创作时所讲的，“寻找属于自己的句子”，使品牌得以形成。且看江宁区学校课堂突破的关键词——“生生互动”（江宁区实验小学）、“支点式学习”（百家湖小学）、“友学课堂”（东山小学）、“整体领悟”（竹山小学）、“成长型思维课堂”（文靖东路小学)、“齐创课堂”(齐武路小学)、“覃思课堂”(将军山中学)……恰如“大珠小珠落玉盘”,弹奏出江宁区教学改革的美妙乐章。

参考文献

[1] 惠特曼. 自己之歌[M]. 武汉:长江文艺出版社,2008.

[2] 鲁洁. 走向世界历史的人——论人的转型与教育[J]. 教育研究,1999(11):3-10.

本文发表于《江苏教育研究》2023年第17期

高中国防教育的精彩样本

当前，各界对基础教育阶段学校国防教育课程体系研究比较少，对如何有效开展国防教育还缺乏系统的理论指引和实践框架，导致在实践中很多学校的国防教育存在形式单一、内容单薄、参与度低、效果不佳等问题。广州大学附属中学(以下简称“广大附中”)在全国首创高中国防班，全面建构学校国防教育体系，不仅开风气之先，更是领风气之先。正是在实施原则、课程建设和保障措施上扎扎实实地“落”下来，“大国防教育”才得以立起来，成为全国高中学校国防教育的精彩样本。

一、在实施原则上“落”下来

《中华人民共和国国防教育法》(以下简称《国防教育法》)指出，国防教育要实行经常教育与集中教育相结合、普及教育与重点教育相结合、理论教育与行为教育相结合的原则。广大附中落实实施原则，主要在三方面关系的处理上下功夫：一是学校文化建设与国防教育特色内在统一。有效处理好素质教育与国防教育、全体学生与特色班级、学科教育与国防教育课程、职业化师资与相关育人共同体的关系，在各有侧重中生动融合。二是学习场景与学习活动的有效配置。广大附中在实施国防教育过程中一直重视物理环境建设，学校本身就是一个国防教育馆，校外还有多个国防教育社会实践基地，这为场景式学习创造了良好的条件。

三是点与面的相互作用。广大附中以本校为核心，然后推及集团校，进而影响更多学校、更大区域。引领与应用，从来都不是单向辐射的关系。广大附中非常重视将点与面（核心校与其他学校）的关系建构成相互激励、相互映照的共创共享关系，学校也在经验推广过程中不断提高国防教育的实施水平。

二、在课程建设上“落”下来

《国防教育法》要求，高级中学和相当于高级中学的学校应当在有关课程中安排专门的国防教育内容，并可以在学生中开展形式多样的国防教育活动。课程是学校育人的基本载体，广大附中全面建构了国防教育课程体系，其目标指向培养爱国主义精神统领的整全人。《国防教育法》指出，“学校国防教育是全民国防教育的基础，是实施素质教育的重要内容”。广大附中以高站位凝练课程目标，融通国防教育与素质教育，使国防教育有“魂”，进入学校育人的主流话语。其内容包括国防理论课、国防法规课、国防技能课、国防体育课、国防科技课、国防研学课六大课程模块。广大附中倡导与课程特点相匹配的学习方式，尽可能基于真实情境，强化具身体验，促进身心和谐，形成价值认同，使国防教育有“魂”有“体”，且在“行”中达至“信”。同时，学校在全面性、过程性等方面着力，有效促进学生国防教育素养的培育。

三、在保障措施上“落”下来

在顶层设计上给予保障，优化学校文化的整体设计，让国防教育成为文化品牌，成为文化立校的重要内涵，擦亮学校文化“属于自己的句子”。在组织建设上给予保障，成立专门机构，建立专兼职相结合的教师队伍。在制度上给予保障，规定学时，确保国防教育课程嵌入学生日常学习生活。在体系上给予保障，小学“红军班”、初中“少军班”与高中“国防班”相互呼应，构成完整的培养链条。

本文发表于《中国基础教育》2024 年第 8 期

幼儿园综合课程的园本建构

——南京市实验幼儿园的实践探索

南京市实验幼儿园自1983年起开展幼儿园综合课程实践探索，研究成果荣获基础教育国家级教学成果奖一等奖，综合课程已成为我国幼教界广有影响的育人模式之一。其系统创建观念体系、实践体系、支持体系的基本经验，相信会给业界同行带来许多有益的启示。

一、创生观念体系，体现理论自觉

南京市实验幼儿园综合课程的观念体系包括："以综合的教育造就完整儿童"的核心主张，"以整体发展为核心"的儿童观，"注重有机联系"的课程观，"以幼儿经验生长为主旨"的教育观，"具有课程整体建构意识和建设能力"的教师观。步入幼儿园的教育现场，回眸章丽园长团队的探索历程，分享她们的人生体验，我们不难发现，南京市实验幼儿园的观念体系具有鲜明的特点。

（一）观念体系是有机性的

有机，指事物的各部分互相关联协调而不可分，就像一个生物体那样。章丽团队提炼课程观使用的这个概念，可以迁移过来言说整个观念体系。这个观念体系是方向性的，方向即前进的目标，综合课程的方向就是完整儿童，所以核心主张对后面的具体观念有统领作用；这个观念体系是全要素的，在核心主张统领下，儿童、教师、课程、教学全要素都有具体的观念；这个观念体系是呼应性的，儿童观的“整体发展”，课程观的“有机联系”，教育观的“经验生长”，教师观的“整体建构与建设”，都承接“以综合的教育造就完整儿童”的核心主张，且相互呼应、相互映照。于是，这个观念体系就通过有机性生成了生命感。

（二）观念体系是生长型的

我在阅读章丽园长《造就完整儿童——综合课程的育人回应》书稿时，总有一种植物性的想象，似乎看到一颗种子怎样萌芽，一株树苗怎样长大。而其观念体系亦然——是南京市实验幼儿园通过一步步认知、一次次澄清、一天天领悟，逐渐形成的。有人说，理论总是灰色的，实践之树常青。而章丽园长是在实践中不断吸收，甚至不断创生，形成了自己的教育观念，可以说，南京市实验幼儿园的观念也是长出来的，是郁郁葱葱的。以对“完整儿童”的认识说，章丽团队曾从思想史的角度溯源，使得“完整儿童”的来龙去脉一清二楚，可见其“完整儿童”观念建基于全人教育理论的成熟。她们自觉地把综合课程实验，置放在伟大的改革开放进程中，特别是以波澜壮阔的基础教育课程改革为深层背景，深刻领会党和国家对时代新人的培养要求，在空间维度的“全面”、时间维度的“可持续”等方面，为“完整儿童”融入新质。她们又不断躬身自省，总结、提炼园本的实践经验，融入时代精神和自己对教育基本问题的新理解，不断调整、优化育人目标。20 世纪 80 年代以来，南京市实验幼儿园经历了从“好孩子”到“满足儿童需求”再到“身心健康、和谐发展”的育人目标迭代。

对完整儿童的新认识：表浅片面 → 立体多维

表浅片面的认识： 个体儿童各领域平均发展，即“样样好”；
全体儿童同步调发展，即“同样好”。

立体多维的认识： 全面而又富有个性的发展。

学习品质与创造：不一定有系统的学科知识储备，但好奇好问，充满尝试与探索的热情。

运动与健康：不一定要追求专业运动技巧，但有运动的习惯和态度。

语言与认知：不一定有很高的知识水平，但有认识周围世界必备的心智能力。

个性与社会性：不一定都是个性张扬的，但有健康的情绪和良好的社会适应。

审美与表现：不一定擅长表现表达的技能，但有审美的情趣和多元表达的能力。

个体发展差异
先天发展倾向
发展可能性

图 4　南京市实验幼儿园对完整儿童的新认识

"身心健康、和谐发展"的完整儿童观念又从体、智、德的"三原色"走向今天的学习品质与创造、运动与健康、语言与认知、个性与社会性、审美与表现"五维发展",通过"五维"立体交融,描摹出完整儿童的鲜活形象(见图 4)[1]。

(三)观念体系是信念化的

信念就是对某种观念的确信和信任,而这个观念在"信"和"行"中成为一种习惯、一种风格,那就是信念化了。南京市实验幼儿园综合课程观念体系成为老师们的基本信仰和价值立场,实现了育人观念的信念化。朱静晶副园长 1999 年到园工作,成为章丽的配班老师,她们一起组成班组开展综合课程实验,且听听朱静晶在接受访谈时的"夫子自道":"我们的目标达成是一个动态的、不断调整的过程。因为会结合我们对课程的理解,以及各个阶段对课程研究的突破点不断去调适,但最终目标总是指向培养身心健康、和谐发展的完整儿童。""当时我和章园长两人经常说'真的痛并快乐着'!""我觉得特别难能可贵的是,我们园整体上形成了一种氛围,就是确信和坚守。"我们在这里感受到了信念的力量!

二、构建实践体系,探索"最佳路径"

南京市实验幼儿园创造了以主题活动为主要形式的综合课程模式。在观摩、欣赏其实践样态时,我总是想起《最佳路径》这篇文章,文章讲的是:世界建筑大师格罗培斯为迪斯尼乐园的路径设计问题大伤脑筋时,恰从法国南部路过,看到一家农户用开放葡萄园的方式,让游客自己进园采摘,从而吸引了大量游客。格罗培斯深受启发,立即给迪斯尼总部发回电报:"撒下草种,提前开放。"在来年春天游客自由往来各景点踩出路径的基础上,他做了适当优化,形成了迪斯尼乐园的最佳路径。南京市实验幼儿园综合课程实践体系的构建,突出主体性、融通性、生成性,正体现了对幼儿园育人方式变革"最佳路径"的探索。

(一)科学与诗学的结合

现代课程论诞生以来,总体上走上科学化的轨道,最为经典的就是泰勒的课程"目标""内容""实施""评价"四要素,基本上构成了现代课程的肌体。综合课程实践体系当然不能例外,这个实践体系的完整表述是:以"整体、经验、生活"为理念,以培养"身心健康、和谐发展"的完整儿童为目标,促进幼儿体智德美劳全面发展;以儿童生活为基点整合课程内容,注重各领域内容的有机联系和相互渗透;课程组织遵循儿童心理逻辑，是多种活动、多种途径相互配合的过程；形成以发展为导向的课程评价。综合课程实践模式框架如图 5 所示[1]。

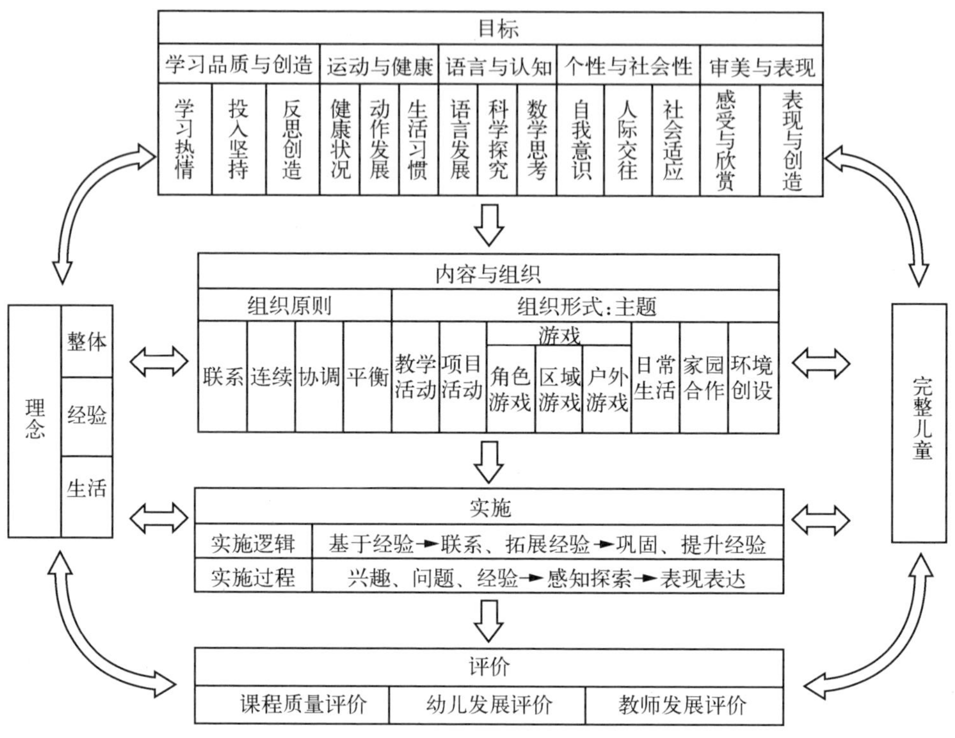

图 5　南京市实验幼儿园综合课程实践模式框架

显而易见，这是以现代课程论为学理基础的。难能可贵的是，这个实践体系是科学的，也是诗学的。科学强调标准、效率、技术；诗学狭义上是指诗歌之学，广义上则是指某个领域话语文本的表达与体认，突出主体性、开放性、生成性，体现对规律的探索和创造。片面强调课程的科学性，可能带来标准化，带来整齐划一，带来生机了无，这大概也是一些课程理论家对主流课程范式表示厌恶的原因。章丽团队创造的综合课程实践体系没有这方面的问题。比如，尊重学习主体，在实践探索过程中，实现从学科逻辑到心理逻辑的主题运行转向，可谓是捡回了最本质的诗学精神。又如，以儿童生活为基点整合课程内容，把儿童面对生活这个复杂文本的直观反应吸收进课程，并且从“笼统生活”走向“具体关切”，聚焦儿童真正感兴趣的生活和在生活中感到困惑的问题，引导儿童发现生活、理解生活，甚而创造生活，诗学的意蕴充盈其间。再如，强调开放与生成，是综合课程实践体系的重要特色。章丽园长曾以“垃圾分类跟我来”主题活动为例，谈活动线索的生成与梳理。在评说这个案例时，章丽介绍道：“每条线索都是开放的，线索中的活动也可根据班级幼儿经验发展的需要自由延伸，预设和生成活动交织在一起。线索呈现儿童经验发展的内在心理逻辑，满足幼儿经验发展的需要，并且每条线索都不固化时长，使主题更加富有弹性。”时间与空间充分打开，儿童充分投身其中，以儿童主体性生长为内核的课程诗学面貌得以展现和明晰。

（二）理念与操作的结合

课程理念是课程编制与实施的基本立场和指导思想。南京市实验幼儿园在长期的实践与反思中，逐步提炼出“整体、经验、生活”的综合课程理念，以此反映观念体系的主体精神，又进而将其化为具体的操作性指令，充分发挥其对教师课程参与的引领作用。引导教师在课程实施时，通过具体而丰富的诠释，让课程观念简洁、清晰而富有个性地呈现出来，在一丝不苟中创造有规则的自由。“整体”的操作理念是：(1) 关注每一个幼儿；(2) 重视所有的发展领域；(3) 珍视各种教育手段的价值；(4) 凝聚家、园、社区三方的教育合力。“经验”的操作理念是：(1) 铭记直接经验在幼儿发展中的基础地位；(2) 支持幼儿通过亲近自然、直接感知、实际操作和亲身体验获取丰富多样的有益经验；(3) 促进幼儿经验的交互和延续；(4) 引发深度学习，让幼儿在不断挑战自我中获得高阶的新经验。“生活”的操作理念是：(1) 关注幼儿的现实生活，以此为基础构建课程；(2) 与幼儿共同生活，在生活中感受幼儿的需要和愿望；(3) 在情境中支持和促进幼儿学习；(4) 遵循幼儿发展的规律和教育的规律，与幼儿共同开创美好的新生活。人们在讨论组织发展时，经常说“三分靠战略，七分靠执行”，而章丽团队的创造性在于把价值与技术融为一体，激活执行力，如此一来，先进理念、实践体系的落地生根，就是可想而知的事情了。

（三）园本与班本的结合

南京市实验幼儿园在综合课程实践探索中，积累了较为经典的系列主题活动，于 2013 年出版的园本课程方案《幼儿园综合教育课程 · 主题活动》，在幼教界广有影响。但幼儿园在实践过程中发现，成熟有时与生长是相悖的，有些老师过分依赖园本方案，从课程的开发者蜕化为课程的忠实执行者。为了真正贴近儿童，为了激活教师的主体性，为了使课程葆有生命与活力，幼儿园及时作出改变，鼓励老师根据本班幼儿的实际需求对课程方案进行调整和创新，进行“一班一本”的创新。其操作步骤为：筛选主题内容，聚焦兴趣需要，建立共同经验；调适主题目标，动态调整结构，明晰发展方向；创生主题线索，遵循心理逻辑，呼应认知特点；优化主题资源，编织多维关系，生发完整经验；评估主题质量，开展形式性评价，引领课程调适。在这个调整和创新过程中，老师们较好地解决了三个问题，使完整儿童在“班本”中站起来。第一，真正以儿童发展为本位，以儿童生活、儿童经验、儿童需要为源头，组织课程内容；将各种学习内容有机连接，组织儿童进行持续的深入的探究，获得完整经验。第二，有机设计主题推进和学科逻辑发展的目标。主题大都是生活化、综合性的，主题活动作为课程载体，应该有机融入学科核心经验。南京市实验幼儿园全面梳理课程目标，将与主题相关度不高的学科核心经验整合进主题活动的园本、班本的具体方案，从而保证学科性目标没有遗漏和重复。第三，处理好园本与班本的关系。园本是班本的基础，班本方案常常是以园本方案为蓝本的；园本与班本有经典性与随机性的关系，班本在改造经典的同时，更重视不失时机地满足儿童需要，而这种“随机”中也可能生成新的经典；班本创造是园本课程进一步优化的前提，“一班一本”有效促进了综合课程的整体提升。

从科学与诗学、理念与操作、园本与班本的三个有机结合中，可以看到南京市实验幼儿园对幼儿园育人方式“最佳路径”的心向往之和努力践行。

三、建设支持体系，提供有力保障

观念体系是回答为什么做，实践体系是回答做什么、怎样做，而真正落地，还需要支持体系提供保障。

（一）组建实践研究共同体

南京市实验幼儿园是在原南京师范学院院长陈鹤琴先生倡导下创办的，作为南京师范学院附属幼儿师范学校幼儿园，承担着幼儿保育教育、师范生实习、教育科研三重任务。这样的功能定位一直以来都得到很好的落实，因此才有了综合课程育人模式的成功。章丽园长每次讲起综合课程，总是对南京师范大学（原南京师范学院）的专家充满了感谢和敬意。从她的介绍中，我们了解到综合课程研究走过的三个阶段，都是大学的学者带着幼儿园老师共同完成的。第一阶段，1983 年起，在赵寄石教授、唐淑教授指导下，开展第一轮课程实验班研究；第二阶段，1999 年起，在唐淑教授、张慧和教授等老师指导下，开展第二轮课程实验班研究；第三阶段，2005 年起，在虞永平教授等老师指导下，幼儿园全体教师参与实验研究。大学教授沉在幼儿园，和幼儿园老师一起，从具体案例做起，一步一步推进，“深情藏沃土”，于是有了综合课程育人模式枝繁叶茂的“好大一棵树”。

（二）涵养完整教师

教师是学校（幼儿园）发展的第一资源。南京市实验幼儿园从培养完整儿童的育人目标出发，描摹出完整教师的应然形象。从幼儿园综合课程文化（见图6）[1]中，可以窥见教师形象之一斑。

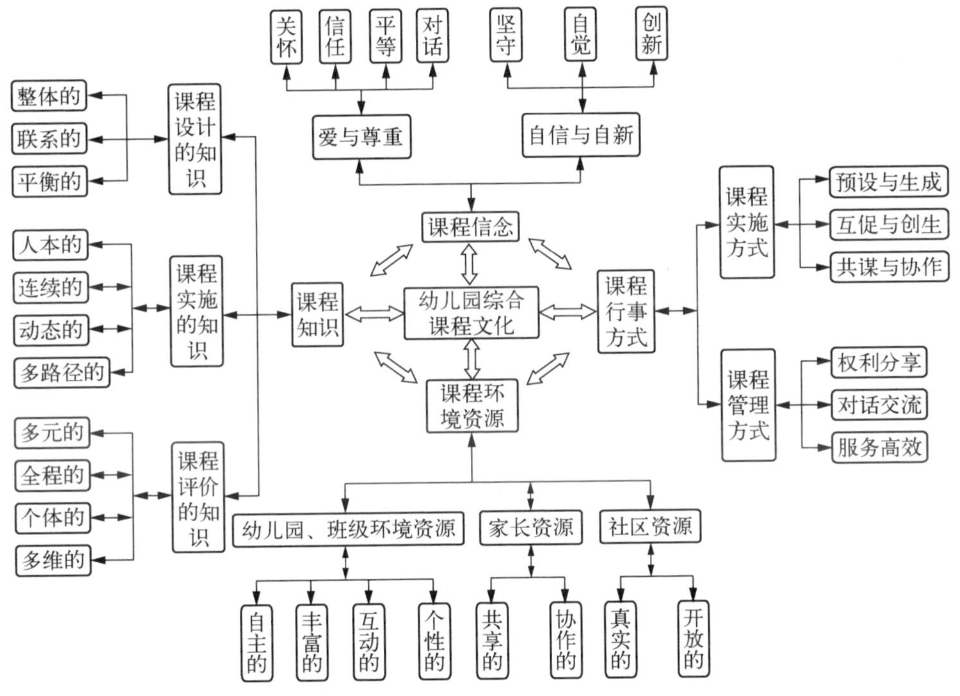

图6 南京市实验幼儿园综合课程文化

信念维度，包含向外的“爱与尊重”和向内的“自信与自新”；知识维度，要求理解和掌握课程设计、实施和评价的知识；行为维度，包含课程实施和课程管理的行为方式，也包含选择激活各种资源的能力。在引导教师涵养职业素养的同时，幼儿园还引导教师提升个人生活素养，过高质量的智力生活，有健康的生活情趣。“完整教师”自身发展的充实感、幸福感，不但会弥漫在其举手投足之间，而且会深刻影响“完整儿童”的成长。

（三）创新运行制度

“制度化是组织和程序获取价值观和稳定性的一种进程。”[2]南京市实验幼儿园创新运行机制，在高校与幼儿园合作、本园与兄弟园合作方面，建立了“互动式研讨”制度，及时分享经验，分析和研究问题。在园内，通过“课程研究组”“课程审议”等多种组织形式和运行制度，创新了教师专业成长的系统路径，为综合课程的高水平实施提供了及时有力的支持。

南京市实验幼儿园综合课程实验，迄今已开展近40个年头，一分耕耘一分收获，春华秋实，硕果累累。《颜氏家训》在肯定“春华秋实”之春种秋收意思的同时，又给其另一解：“讲论文章，春华也，修身利行，秋实也。”可见“春华秋实”又有德、才“完整”发展的意思。如是两解，更符合南京市实验幼儿园的实践探索，她们的综合课程，是真正的春华秋实！

参考文献

[1] 章丽. 以综合的教育造就完整的儿童——“幼儿园综合课程”的探索与建构[J]. 幼儿教育，2023(Z1)：8－11.

[2] 亨廷顿. 变化社会中的政治秩序[M]. 王冠华，刘为，译. 上海：上海人民出版社，2021.

本文发表于《江苏教育研究》2023年第23期

田野课程之旅的启迪

南京市太平巷幼儿园的田野课程之旅，经历了三个版本：1.0版本的走进课程领域，把先进的课程理念落实到课程实践中；2.0版本的架构课程体系，整体优化课程实施；3.0版本的实现课程自我超越，以项目化活动为抓手创造新的课程生活。汪丽和她的团队一路走来，拾级而上，渐入佳境，给人启迪良多。

一、理论与实践相互激荡

田野课程的创生，是以我国基础教育课程改革为深层底色的。20多年幼儿教育课程改革，其实也是先进幼儿教育理念普及与落地的过程。汪丽和她的团队具有高度的理论敏感，并通过学习、实践将其转化成理论自觉。

在1.0版本时代，可以看到瑞吉欧方案教学和《幼儿园教育指导纲要（试行）》（以下简称《纲要》）给她们带来的理论洗礼。20世纪90年代末，从几张英文复印件开始，到密密麻麻繁体著作的复印本，再到《探索孩子心灵世界——方案教学的理论与实务》《开启孩子的心灵世界——项目教学法》《儿童的一百种语言》，这些项目取向的幼儿教育课程书籍相继成为她们的枕边书。她们从书中看到了不一样的课程理念、师幼关系和活动展开方式，内心受到冲击，这让她们激动、兴奋和焦虑，但更多的还是增强了学习、实践、变革的勇气和愿望。2001年，《纲要》颁布，汪丽和团队成员采用多种方式开展了一轮又一轮的全员学习，她们对儿童发展为本、幼儿主动学习以及通过环境进行教育等理念有了新的认识，这使得她们坚定地以促进每个幼儿身心健康且富有个性的发展为使命，进一步明确以建设适宜本园本班幼儿的课程为职责。理论学习为她们的研究与实践打开了一扇视窗，注入了生机活力，当然也带来了巨大挑战。在对方案教学和《纲要》等进行较为深入的学习辨思后，她们融合太平巷幼儿园10多年“生活教育”“创造教育”研究与实践基础，从转变观念入手，从儿童兴趣出发，关注儿童的学习方式，尝试了一种新的课程内容组织方式——主题活动。该阶段的课程实践改革对于她们可以说是方向性和开创性的，令人兴奋，使人着迷，这是理论洗礼的结果。

在2.0版本时代，幼儿教育课程理论在她们那里得到结构化的落实，园本化成为她们鲜活的经验。前一阶段，幼儿教育课程理论激励她们走进幼儿园课程领域，开展了改变时空、改变课程内容组织方式和活动方式等一系列课程实践改革，努力将先进理念和文件精神落实在课程实践中。但仅仅这样是不够的，汪丽和团队成员还想探索这些问题的答案，如：行动的依据是什么？田野课程有基本特质吗？它的内涵、理念有哪些？课程框架有哪些要素？各要素间的关系是怎样的？课程框架如何呈现？……事实上，她们想要建立田野课程的体系。很显然，这并不是一件容易的事情。于是她们继续从古今中外先进幼儿教育理论中汲取力量，以此指导并开展了丰富而有活力的课程实践。与此同时，汪丽还进一步思考和探索管理问题，如：如何优化完善课程管理机制？如何建立开放且高效的组织？她期待以科学有力的领导和管理不断提升课程质量。于是，她认真研读教育领导学和管理学相关论著，了解国际教育管理实践的新进展和新成果，更新管理理念并推进课程管理改革和组织建设。课程理论和管理理论指导下的实践改革，使得教师的热情被进一步激发，与家长良好关系的建立促进了家园协作，人人参与课程建设汇聚了集体力量和智慧。《田野课程——架构与实施》的出版，标志着源于学理、法理和实践的田野课程体系已建构，园本化的课程理念凝练形成，课程实施正在成为幼儿行动的过程。此时，她们又坚定地步入课程改革的深水区，更加强调以理论武装头脑，探索环境、资源与经验的关系，深入开展区域活动实践研究，田野课程实践越来越回归幼儿园课程的本质，回到幼儿园课程应有的状态。“走进幼儿心灵的田野——田野区域活动”丛书随即出版。

在3.0版本时代，她们在可持续发展理论的指导下，通过项目活动的实施，开辟了田野课程的新天地。汪丽和团队成员认为幼儿园课程建设只有起点没有终点，虽然田野课程体系已建立并获得较为丰硕的成果，但仍有很多问题没有解决，也有诸多理想没有实现。于是，她们依然从理论学习入手，从理论著作中感受真知、开阔视野，探究深层次学习理论，吸收可持续发展理论。她们认为可持续发展理论对于推进课程改革、实现自我超越具有非同寻常的意义。在可持续发展理论的指导下，通过支持项目活动的深入开展，对以下五个方面进行了思考与行动变革：一是对思维方式的再思考与转变。采用系统、生态的思维方式来发现问题并解决问题，不仅关注幼儿的当下，更着眼于其未来，将过去、当下与未来联结起来。二是对儿童观及儿童与成人关系的再思考与改善。进一步强调以幼儿为中心，与幼儿共同生活，切实保障幼儿权利。三是对幼儿与自然关系的再思考与行动变革。她们深刻认识到人与自然间的“亲属关系”，让幼儿在自然中活动的同时，支持他们在自己的生活圈内“发挥影响力”。四是对幼儿园与家庭、与社区关系的再思考和变革。家、园、社区进行有深度、有广度的联系与合作，形成有利于儿童发展的微观系统，共同促进幼儿可持续发展。五是对社会资源和核心价值观的再思考与行动。概括来说，她们基于对可持续性理论的认识，致力于可持续性的教与学，以更好地促进幼儿的可持续发展。在太平巷幼儿园 70 周年华诞之际，又一本课程专著《田野课程——深耕与超越》出版，这是她们对田野课程深耕细作、不断超越的实践记录和理性思考。

二十多年来，汪丽和团队成员一直在“田野”上奔跑，创造出美丽的风景，也收获了甜蜜的果实，三项研究成果分别荣获首届基础教育国家级教学成果二等奖、江苏省基础教育教学成果特等奖和一等奖。在她们看来，一本本课程专著和一项项成果都是学习理论和扎根实践的结果。理论与实践双重探索，相互激荡，无疑是她们获得成功的重要原因。非常值得激赏的是，汪丽对理论学习始终抱有如饥似渴的态度。她是带着问题希望从理论中寻求答案；在实践中寻求理论与实践的互动，使她不时超离日常生活经验，从更高的视角反思自己的实践；理论与实践的成功对话，让她深刻体悟到对于一线教育工作者，理论的启迪和引领多么重要，而取得的成就又会激励她继续前行，创造更大的成就。

二、关键他人助力成长

关键他人指的是个人社会化和成长过程中具有重要影响力的具体人物。人总是生活在一个社会的具体情境中。按照杜威的说法，经验是活的生物与环境相互作用的结果。在一般情况下，社会环境比自然环境更为重要。汪丽讲述她成长的故事，提到多位对她产生积极影响的师长和同伴，比如她在徽州师范学校求学时遇到的曹恂副校长，初到太平巷幼儿园相遇的包玲老师、沈长华老师，特别是在课程改革中的引路人虞永平教授，等等。

汪丽在徽州师范学校求学时，在一次即兴演讲比赛现场，有同学邀请前来巡视的曹恂副校长参加演讲，曹校长满口答应并严格按程序参与，在场的同学欢欣鼓舞。汪丽被校长的演讲所震撼，在享受中深受鼓舞，暗下决心好好学习，要成为像校长那样有学识、有激情、有魅力的教师。工作后，翻看《陶行知文集》，她忽然明白，原来曹校长这种与学生共学、共事、共修养的方法就是陶先生所说的真正的教育。工作后，在第一位师傅包玲老师的带领下，汪丽每天的工作从抹灰开始，除了承担保教工作，还时常变身为搬运工、粉刷匠等。为了创设孩子感兴趣的情境，她到夫子庙写生并以多种方式吸引孩子参与。这些最为平常的体力劳动、环境创设等工作，在汪丽眼中是“从孩子出发”“动手做”以及“社会即学校”。虽然与江苏省首批幼儿教育特级教师沈长华老师共事才一年，但从那盏午间总是亮着的小黄灯和专注的背影中，汪丽看到了勤勉、热爱、坚守和追求。前辈高高树立的标杆，让她深刻理解“不积跬步，无以至千里；不积小流，无以成江海”的含义，并以此鞭策自己甘于寂寞、锲而不舍、不断攀登。10 多年后，在汪丽执着的邀请下，沈长华老师回到太平巷幼儿园带领大家创造性地开展 0～3 岁婴幼儿亲子教育实践研究。在南京师范大学求学期间，一批幼教大咖给汪丽留下了深刻印象，特别是虞永平教授。虞教授的幼儿园课程论这门课让同学们感到新奇且烧脑，好奇心促使她被这琢磨不透的课程所吸引。20 世纪 90 年代末，虞教授开始引领太平巷幼儿园开展园本课程——田野课程建设，大家从学习起步，关注经典著作和最新研究动态及成果，当然更多的还是理论指导下的实践研究。每两周一次的课程研讨，每学期一次的读书分享会、课程故事会，每一周期的国家级、省级课题研究，汪丽及团队成员都会与虞教授积极互动、共同研究。大家聚焦问题、立足现场、汇集智慧，以“发展至上”为共识，不断建构和完善以儿童为核心的整体性课程行动方案。20 多年来，大家扎根“田野”、深耕“田野”、快乐收获。在大家心目中，虞教授早已不仅仅是专家、导师，还是密不可分的伙伴和家人。

回望以往，汪丽的笔触是饱含深情的。如，“虞老师让我理解并遵从‘发展至上’，崇尚并追求‘正德厚生’。他犹如明灯，在我们探索彷徨时指引方向；犹如号角，将我们召唤进充满希望的田野；更如文化的象征，弥漫在我们周围，春风化雨般滋养并引领我们成长”。真情藏沃土，虞永平教授对田野课程用心、用力、用情令人钦佩！但在这里我要说的是，关系总是相互的，汪丽得到那么多师长的指导、同伴的支持，以及社会人士和家长的帮助，是因为她“素以为绚兮”，有着积极向上的人格底色；是因为她乐观悦群，有着令人惬意的交往品质和合作能力；是因为她具有使命意识，想有一个充满意义的人生并且懂得通过寻求关键他人，促成自己把理想化为现实。

三、越而胜己升腾人生

牟宗三先生说，有两种人生，一种是向上升腾，一种是向下坠落。从田野课程之旅，我们可以感受到汪丽的精神生命不断升腾。人们常说，人生最好走的路是下坡路，只要自我放纵就行了。要往上走，是会常常气喘吁吁、大汗淋漓的。而这种“吃力”，一方面需要成长性思维，把生活的不如意化成挑战和机遇，另一方面需要经常以自己为认识对象，不断反思，超越自我。

我们看到汪丽和大家一样，也有人生不如意处。比如，因为多种原因，她初中毕业后上了师范学校，从师范学校毕业后再一次痛苦地与大学擦肩而过，能够想象这对怀揣大学梦的她的打击可不小。在一次次无奈地接受现实之后，她总能认识到“塞翁失马，焉知非福”。在她看来，徽州师范学校的历史积淀、大胆创新、先进理念及多姿多彩的生活让自己受益终身，并促使自己开启了追寻幼儿教育意义的人生之路；来到太平巷幼儿园，浓厚的学陶氛围与师范教育无缝对接，使自己几十年来始终幸运地走在学陶、师陶、弘陶的道路上。再如，她年轻时曾因生病离开保教一线，到幼儿园的资料室工作。她没有抱怨人生，更没有自暴自弃，而是找准定位，创新工作，把资料室、档案室的工作做得有声有色。虽然作为后起之秀的她迫不得已离开教学岗位，再也没有之前那么多优秀的前辈给予专业指导和帮助，但这段时间却是她工作以来论文发表及获奖数量最多的时期。这让她意识到，人生没有完美可言，真实的生活处处都有遗憾，自己往往不能选择环境，但在任何时期，只要始终对生活保持爱与钻研，总能把每一天过得简单、充实且有意义。为了实现大学梦，也为了不断增强工作本领，在工作之余，汪丽始终坚持学习。在学历进修上，她成功实现了从大专到本科再到硕士。双休日或晚上，她喜欢到大学去蹭课，喜欢尝试着精读一些理论书籍，喜欢参加专题沙龙、线上教学等活动。学习的热情和习惯给她的工作和生活带来了令人欣喜的变化，她先后幸运地参加了为期两年的南京市基础教育专家培养工程和为期五年的“江苏人民教育家培养工程”。在“痛并快乐着”的五年学习中，她得到了多位博学、严谨、智慧的导师的悉心指导，成长也就成了必然的结果。因此，她始终觉得自己是个幸运儿，生命中那么多相遇，无论当时是快乐的、困惑的，还是痛苦的，最终都会是美好而有意义的。很显然，汪丽坚定地选择了向上升腾的人生，她总是能体会到人生不如意对自己成长的价值，并不断努力超越自我。

汪丽是个反思型的实践者、创造者，越而胜己是她的重要品质。她的田野课程甫一面世，就收获了鲜花与掌声。她的可贵就在于享受成功时总是躬身自省，系统地梳理问题，发现不足，并进而探求解决的方案。田野课程 2.0 版、3.0 版都是带着鲜明的问题意识，都使各自的前一版得到了整体性的提升。知不足而自省，望远山而力行。“而今迈步从头越”，于是，汪丽常常让我们对她前方的旅程，有着更美好的想象。

本文发表于《江苏教育研究》2023 年第 1 期

“学会生存”向未来

淮安市实验小学幼儿园“学会生存”课程建设，做得风生水起。其丰盈的教育意蕴，值得品味和领悟。

一、为什么：“学会生存”课程的源始

倪春玲园长的团队为什么会选择“学会生存”作为课程建设的主题呢？主要基于以下三方面的因素。

（一）未来意识

教育是属于未来的事业，教育总是想把教育对象培养得更好，把学校办得更好，进而把社会建设得更美好。近几十年世界教育变革的主题，就是“向未来”的。

20世纪70年代初，联合国教科文组织授权其总干事，组织文化背景和专业背景各不相同的著名人士，成立由富尔任主席的国际教育发展委员会，从多学科、多方位的视野研究世界教育发展问题，实地考察了第一世界、第二世界、第三世界的23个国家后，于1972年发布了《学会生存——教育世界的今天与明天》(以下简称《学会生存》)报告。1996年，由德洛尔任主席的21世纪教育委员会向联合国教科文组织提交了《教育——财富蕴藏其中》报告。这个报告是思考21世纪教育与学习的一个成果，提出教育变革就是要以“四个学会”为其支柱：让受教育者学会认知、学会做事、学会共同生活、学会生存。2021年，联合国教科文组织又发

布《一起重新构想我们的未来：为教育打造新的社会契约》报告，探讨和展望面向未来以至 2050 年的教育，将教育理念发展为“社会契约”，提出要革新教育教学模式，推动对未来教育的重新构想。

再从风行全球的核心素养潮看，1996 年，出现“知识经济”这个概念，标志着经济发展从农业经济经工业经济，进入了一个新的历史阶段。经济合作与发展组织十分敏锐地在 1997 年提出核心素养的命题，倡导为应对“未来已来”，要从培养什么人、怎样培养人这个根本问题上进行改革。随后，欧盟、美国以及东亚等都在关注和研究核心素养，我国的基础教育课程改革也进入核心素养引路的阶段。我们对核心素养的阐释是：具备能够适应终身发展和社会发展需要的价值观念、关键能力和必备品格。核心素养的培养作为各国教育改善的核心，与联合国教科文组织报告的精神是相通的，都是指向培养新人，使他们“学会生存”，创造未来，用《学会生存》的表述是“变成他自己”，借用海德格尔的说法是“发展为他自身”。如是，教育就能适应甚至引领科技和社会的变化，参与对美好未来的创造。淮安市实验小学幼儿园选择“学会生存”作为园本课程的建设主题，是呼应国际教育改革的发展，是以未来为导向的。

（二）国家意志

教育是国家的事业，不管什么学段，都担负着“为党育人、为国育才”的使命。教育机构贯彻国家意志，就要认真落实党和国家一系列文件、法规的精神。幼儿教育在内涵建设方面，尤其要领会、落实课程改革的精神。以我的理解和观照看，应该重点关注以下几个方面——事实上，淮安市实验小学幼儿园也是这样做的。

第一，坚持立德树人，培养核心素养。2014 年，教育部印发《关于全面深化课程改革 落实立德树人根本任务的意见》，提出深化课程改革总体要求，也第一次在国家文件中提出“核心素养”的概念。淮安市实验小学幼儿园落实这一文件的精神，聚焦“学会生存”，培养核心素养，用园本课程将国家文件精神落实下来。

第二，走课程综合化的路子。2001 年，教育部就提出，小学课程以综合为主，初中课程综合和分科相结合，高中课程以分科为主；2022 年的义务教育新课程方案更加强调了综合学习。幼儿园更当如此。《纲要》在阐说教育内容时指出：“幼儿园的教育内容是全面的、启蒙性的，可以相对划分为健康、语言、社会、科学、艺术等五个领域，也可作其他不同的划分。各领域的内容相互渗透，从不同的角度促进幼儿情感、态度、能力、知识、技能等方面的发展。”可见，超越学科中心是其基本精神。“学会生存”课程，自然不是基于学科视角，而是幼儿园在建设过程中通过把握《学会生存》的精神来建构的。“学会生存”是“学会认知”“学会做事”“学会共同生活”这三种学习成果的主要表现形式，它在“四根支柱”中不仅有与其他支柱并列的关系，还有总其成的意义。所以，“学会生存”课程要在综合、整合上做足文章。

第三，以游戏化为课程实施方法。《纲要》明确指出，幼儿园教育“以游戏为基本活动”，这是根据儿童身心发展规律和学习特点提出的方向性要求。江苏省在总结《纲要》精神时，将其凝练成课程游戏化的观念，以课程游戏化为切入点推行课程建设项目，把游戏的观念、游戏的精神渗透到各类课程活动中，促进幼儿健康快乐成长。倪春玲园长的团队在做“学会生存”课程时，正是落实这方面的要求，以游戏作为课程的载体，从而让《纲要》精神落实、落细到具体的教育活动之中。

（三）园（校）本文化

“学会生存”课程也是从园（校）本文化土壤里长出来的。淮安市实验小学幼儿园创建于1929年，一直秉承爱国主义教育家、创始人李更生先生“幼童本位”的理念，以幼儿发展为主体，追求高品质发展。“学会生存”课程基于“保卫儿童”的立场，面对社会急剧变化给儿童发展带来的各种挑战，试图通过增强儿童的生存意识和生存能力来提高儿童对环境的适应性。“学会生存”课程一直坚持“用儿童的眼睛做课程”，贴合儿童的成长需要，让儿童成为课程的参与者，做儿童喜欢的课程。可以说，“幼童本位”的理念在“学会生存”课程中得到发扬光大。

淮安市实验小学大门里的红花绿树中卧着一块巨石，镌刻着“做幸福的人”一行大字，这是学校的办学宣言。幸福教育的一个重要观念，是在当下的幸福生活中准备未来的幸福生活，而这种“准备”很重要的一方面是幸福能力的培养。倪春玲园长一如淮安市实验小学的戴铜校长、陈广东校长，特别赞同我的一个表述：“让幼儿园到处流淌着奶和蜜。”可以说，“学会生存”课程是“微糖”的，孩子们沉浸其中是愉悦的、快乐的。“学会生存”课程又聚焦在能力方面，倪园长及其团队认为，个体在幼儿期就根植学会生存的意识和能力，有利于未来更好地适应社会和自然环境的变化。所以，他们引导儿童具有幸福感地“学会生存”，又在准备未来幸福地“生存”。从这个意义上看，淮安市实验小学幼儿园与淮安市实验小学的文化是一体性的。

二、是什么:“学会生存”课程的样态

源始是课程的“所以然”,而“其然”则是同行们更加关注的事情。

(一) 课程理解

淮安市实验小学幼儿园的“学会生存”,基于日常生活情境,尤其明确“学会生存”教育不是将幼儿置于极端境地的生死体验,而是在帮助幼儿形成身体与心理良好状态的基础上,引导幼儿个体内在认知和外在行为的统一,支持幼儿适应、回应乃至变通处理生活中遇到的问题,从而让自己处于相对舒适、自然的生活状态。在课程创生过程中,幼儿园始终坚持“用儿童的眼睛做课程”:基于儿童,从儿童的生活经验出发;通过儿童,儿童作为课程的参与者,成为课程开发共同体的有机组成部分;为了儿童,引导儿童在安全的、惬意的、真实的生活情境中“学会生存”,走向美好未来。教育理解是教育实践的前提,幼儿园从主题选择源始上长出来的教育理解,通过生动实践,形塑成“学会生存”课程的精彩模样。

(二) 课程体系

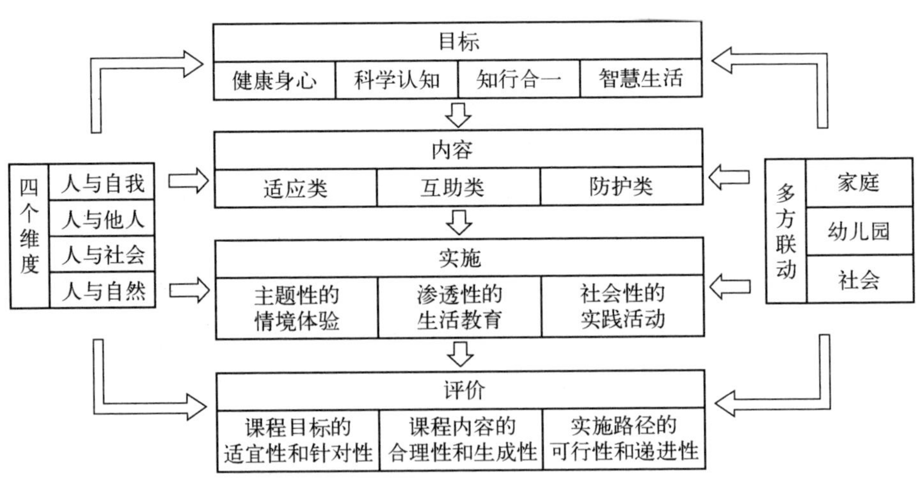

图 7 “学会生存”课程体系

从图 7 中,我们可以看到“学会生存”课程的目标、内容、实施、评价的一体化,而就某个要素深入下去,都可以体会到准确、深入、生动、丰富,从而形成精彩的整

体观感，可以用四张表（见表 9～12）概括。

表 9 “学会生存”课程目标

目标	解析
健康身心	身体与心理的良好状态是个体健康的标志，也是个体生存的基础
科学认知	在与环境的相互作用中形成和丰富对自我、对他人、对社会、对自然的认识
知行合一	生存经验从认识层面的内化到行为层面的外显，统一知识和行为
智慧生活	能适应、回应乃至变通处理遇到的问题，让自己处于相对舒适、自然的生活状态

表 10 “学会生存”课程内容预设主题

类别	板块	主题		
		小班	中班	大班
适应类活动	环境调适	爱上幼儿园	有趣的动植物	你好，小学
	自我认知	我的身体	我是中班小朋友	我就是我
互助类活动	乐群态度	相亲相爱一家人	朋友越多越快乐	我是中国人
	助人意识	你快乐我快乐	我们居住的地方	环保小卫士
防护类活动	逃生自救	幼儿园里迷路了怎么办	我会求助	我会逃生
	安全防范	不做危险事	遵守安全规则	遇见陌生人

表 11 “学会生存”课程实施路径

实施路径	具体内容
主题性的情境体验	故事屋、情境场、分享会、亲子坊
渗透性的生活教育	掌握必要的生活常识，学会必要的生活技能，形成一定的生存经验，提升自我保护的能力
社会性的实践活动	走出幼儿园、家庭，走进大自然、公共场所，开展社会实践与体验活动，拓展生存经验和能力

表 12 “学会生存”课程评价

评价内容	评价方向	评价角度
课程目标	适宜性	是否促进幼儿全面发展，尊重幼儿身心发展规律
	针对性	是否关注个体差异，助力幼儿当下及未来发展
课程内容	合理性	是否来源于生活，符合幼儿兴趣，具有教育价值
	生成性	是否基于幼儿实际表现生成新内容
实施路径	可行性	是否渗透于生活和游戏，发挥幼儿主体性和主动性
	递进性	是否呼应目标，基于观察灵活调整，实现递进成长

（三）课程保障

课程体系这张蓝图要变成现实，要在实施中不断优化，是需要强有力的保障支持的。淮安市实验小学幼儿园在“学会生存”课程的建设中，制订并落实了一系列保障和配套措施，保证课程扎实有效地落地生根。

第一，激活课程建设多元主体。以幼儿为本位，儿童在前，成人在后；以教师为主力，价值激活、组织激活、技术激活，堪担重任；“爸爸妈妈进课堂”，鼓励家长进课程，成为课程建设深度参与者；借社会力量，优化课程生态；专家全程介入，提供过程性支持。多元主体形成了同心协力、“众人拾柴”的喜人局面。

第二，创新课程建设基本制度。建立审核机制，每个主题活动开展的前、中、后都进行多轮审核评议。建立案例剖析制度，通过对不同板块动态生成的案例进行深度剖析，不断完善、丰润课程。建立系统的“学习—反馈”机制，每日学习，每周分享，每月研讨，定期交流总结，逐步明确实践的方向，及时解决实践中生成的问题。建立园本课程与班本课程相互补充、相互作用的制度，在园本课程的基础上，鼓励班本创新，使园本课程也不断得到优化。

第三，加强课程资源建设。统筹梳理与规划课程资源，横向按“适应类”“互助类”“防护类”，纵向按活动前期的准备性素材、中期的组织类和实践类素材、后期的评价类和反思类素材，进行系统的梳理和积累。注重信息网络资源，不断完善基础设施，开发技术应用平台，丰富在线载体，推动以互联网等信息化手段服务教育教学全过程。优化资源素材库，在广泛搜集、有计划开发的基础上，进行评估、筛选，不断提升资源品质，使资源建设从零散化逐步转向系统性。

“学会生存”课程从全球视野到园本探索，对话今天的孩子和孩子的明天，体现了倪春玲园长的团队追求教育理想的拳拳之心和不懈努力。而他们其实也是对话自己的今天和明天，对话幼儿园的今天和明天。今天的充实和幸福，是可感知的；明天的美好和灿烂，则是可期待的！

本文发表于《江苏教育研究》2024 年第 4 期

暖认知：让学习成为温暖的旅程

众所周知，课程是在跑道上跑，那么，学习自然是旅程。素以“乐学教育”闻名的江苏省无锡师范学校附属小学（以下简称“锡师附小”），因为对“暖认知”的实践探索，让儿童的学习成了温暖的旅程。

一、暖认知的内涵阐释

锡师附小拥有100多年的儿童教育发展史。1921年，杜威就曾在他们的园子里讲了5天课，传播进步主义的儿童教育观。先贤们一直以“儿童中心”作为学校文化的旗帜，形成鲜明的学校特色。20世纪80年代，学校成为国家教育委员会树立的快乐教育典型之一。新课改后，学校着力进行浸润儿童文化的课程开发，构建了完整的儿童文化课程体系。近10多年，又聚焦课堂教学改革，以“乐学”与“乐教”为双向主线，整体构建了“乐学课堂”。近几年，学校借鉴“暖认知”的理论，使“乐学课堂”在深度上有显见的推进。“暖认知”是在认知科学发展的过程中，由加拿大社会心理学家齐瓦·孔达提出的。在她看来，二元论的知识观里认知是“冷”的，更具有动机性、更具情感色彩的一元论认知是“暖”的。[1]这个观点与锡师附小的所为所思很“搭”，为学校的实践从经验到科学架上了桥梁。锡师附小的老师们对“暖认知”的理论进行了认真的学习，对其转化性应用进行了持续的讨论。他们大概是在“乐学教育”的语境中，从学习情境创设和深度学习实现两个维度展开。情感、情绪是人类精神生活的最重要的组成部分，是人类经验中最亲近的体验，也是人类行为中最复杂的感受。[2]在乐学教育的实践中，情感、情绪就是快乐，因为快乐，认知就温暖起来了。怎么才能快乐呢？首先是教学情境的创设。学习是学习者与学习环境的相互作用，这里与学习者相遇的，有物理的环境。“情境是利用一个熟悉的参考物，帮助学生将一个要探究的概念与熟悉的经验联系起来，引导他们利用这些经验来解释、说明，形成自己的科学知识。”[3]锡师附小近几年在儿童成长空间、学科性环境的建设方面颇有章法，可见他们有理性的自觉。当然，与学习者相遇的也有社会的环境，在锡师附小，师生就是在“爱心”与“童心”相互贴近、相互促进、相互浸润、相互映照中，情感共生，教学相长。恰如我用来形容幸福课堂的一句话：“知识不是在课本里，而是在你和我的眼神里。”而这种温暖的“人”与温暖的“物”，相互交融，自然是暖意融融了。

认知总是知识的学习，快乐之源离不开知识的维度，我和钱阳辉、张明霞等校领导讨论时，对此有充分的认识。暖认知的知识论基础是知识本来就是暖的，研究表明，所有知识的生产都来自火热的现场，来自情感激荡的作用，在知识形成过程中，从发现到积淀，经历着从火热的现场到冰冷的美丽的过程。学习知识的一个基本方法，就是回到知识生产的“真实情境”，从冰冷的美丽回到火热的现场，让学生经历自己的、个性化的知识生产过程。锡师附小的老师们正是循此前行，探索深度学习维度的暖认知。他们提炼了暖认知的心理模型，明确提出个体的经验介入是暖认知加工过程的产生前提，概念抽象的过程是暖认知心理要素的重要指征，图式生成是暖认知加工过程的核心要素，原理更新是暖认知加工过程的高阶表征，成就体验是暖认知加工的高效能影响。而这个学习过程是在前所述及的学习情境中发生的。显然，这两个维度的“暖”是相互作用、浑然一体的。由于深度学习的展开，快乐的情绪、情感包孕着丰富的诗性，学习过程的拾级而上，则有“登山则情满于山，观海则意溢于海”的审美享受了。

二、暖认知课堂的实践要素

传统教学有教师、学生、教材、环境四要素，在锡师附小，这些要素沐浴暖认知的光辉，形成了升级的情感浸润型教材、潜能唤醒型教师、效能自觉型学生、认知驱动型教室。情感浸润型教材，指教材与儿童生活经验相连接，将作为文化传承的累积性知识嵌入儿童直接的生活经验之中。这样,教材就是鲜活的、动态的,儿童才能被激活、被温暖,教材才能转化为生活的一部分。随着认知活动的开展,儿童经验得以被重视和改造,进而在这个过程中得以成长。潜能唤醒型教师,指教师首先能唤醒自己的主体意识,用创造型教学不断提升他的人生境界,在这个基础上,教师能爱护学生、尊重学生、发现学生、唤醒学生,其实这也是在创造学生。这种双重的"唤醒",也可以看作更高层级的教学相长。效能自觉型学生,一是指完全的自信,个体在实施个体行为之前,对自己能够在什么程度上完成该行为活动具有信念、信心,具有判断或把握的能力。[4]二是指自治力,有学习的自我觉醒力。效能自觉型学生是学习的主动者,他们调动积极情感参与认知活动,于是使认知具有"暖"的表征。认知驱动型教室,指对于学生的认知发展具有激励性、引导性和支撑性的教室环境,这种教室环境既指物理的,主要导向场景式学习、浸润式学习;也指心理的,指教室中人员的积极关系构成,师生之间、生生之间为愉悦的氛围所笼罩,如沐春风,自然有春日的暖意。

这些要素是空间维度的,而教与学更多是时间的艺术。锡师附小在实践探索中完成了学习过程的重建,其操作步骤是:(1)先前概念,点燃自我。将间接知识与直接知识融通,点燃学生的学习兴趣。(2)知识建构,高阶思维。作为制度性课程,知识传承就是告诉;作为体验型课程,学习者个体进行知识的自我建构,形成属于个体知识的发现和生产,这也是高阶思维的重要表征。(3)意义创建,自我调控。锡师附小在"知识"层面后再关注"意义",其实是在倡导完整知识观。按照格兰特·威金斯、杰伊·麦克泰格在《追求理解的教学设计》中的观点,理解包含解释、释义、应用、洞察、移情和自知六个维度,这里呈现出的完整的知识观、学习观,是从人与自然、人与他人、人与自我的多重向度全面展开的。因此也带来了"意义"的丰富性、完整性。(4)结构转向,冲突再现。这里的"结构转向"包含认知结构往"深处"走,与思维升阶同步;往"别处"走,与别的学科对话、连接;往"用处"走,以知识的具体化应用开展认知活动。而这几个方向的"走",都可能形成新的认知冲突,都会引发新的学习事件。这样的张力感显然使认知有了温度。通过学习过程的重建,锡师附小形成了暖认知课堂的基本模型。

三、暖认知的学科实践

所谓学科实践，就是在遵循教育教学基本规律的前提下，用学科典型的学习方式学习，就是使学习方式与知识呈现的特点更加匹配。锡师附小在暖认知课堂的实践探索中，凝练了各门学科的教学模式，这里以道德与法治、语文、数学、英语、科学为例，做些讨论。

（一）涵养德法教学模式

涵养德法教学模式，包含了具有过程性特征的四个要素、目标达成的三种要求，而“情感交往”“规则体认”“社会参与”“专项研究”则是四种基本课型（见图 8）。

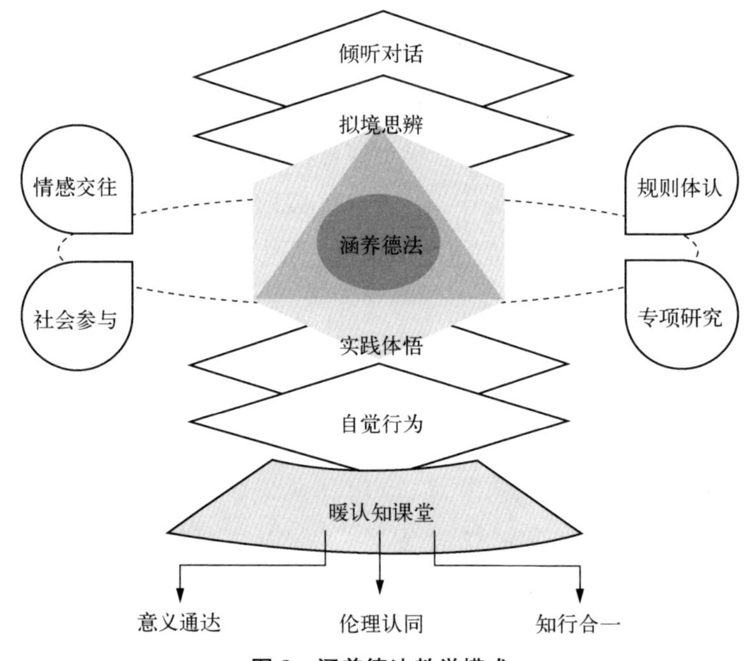

图 8 涵养德法教学模式

（二）沉浸语文教学模式

沉浸语文教学模式包括走向沉浸的三条通道：“诵读—涵养”“体悟—发现”“感受—理解”；展现沉浸的四大课型：“情境识字”“情趣阅读”“情意写作”“情态实践”，而“经历”“想象”“移情”“意会”“明示”则是相互融通的学习方式（见图 9）。

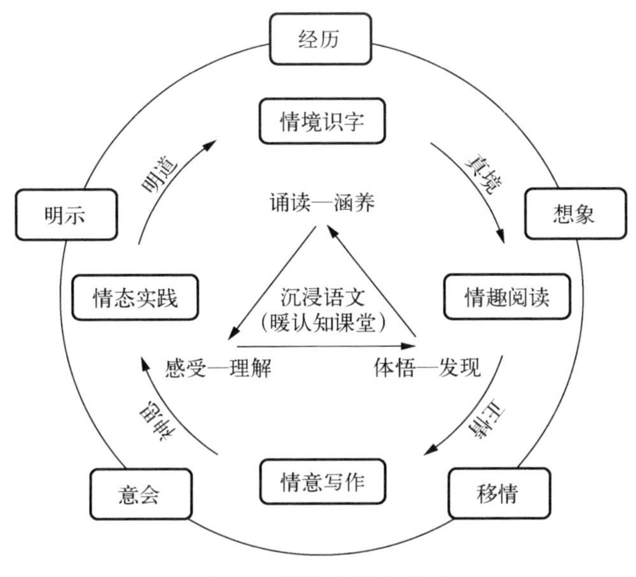

图 9　沉浸语文教学模式

（三）发现数学教学模式

发现数学教学模式有机整合了数学学习的基本方法（原型启发等）和数学学习的过程要素（直观启发等），以“发现”为主轴贯穿教学全过程（见图 10）。

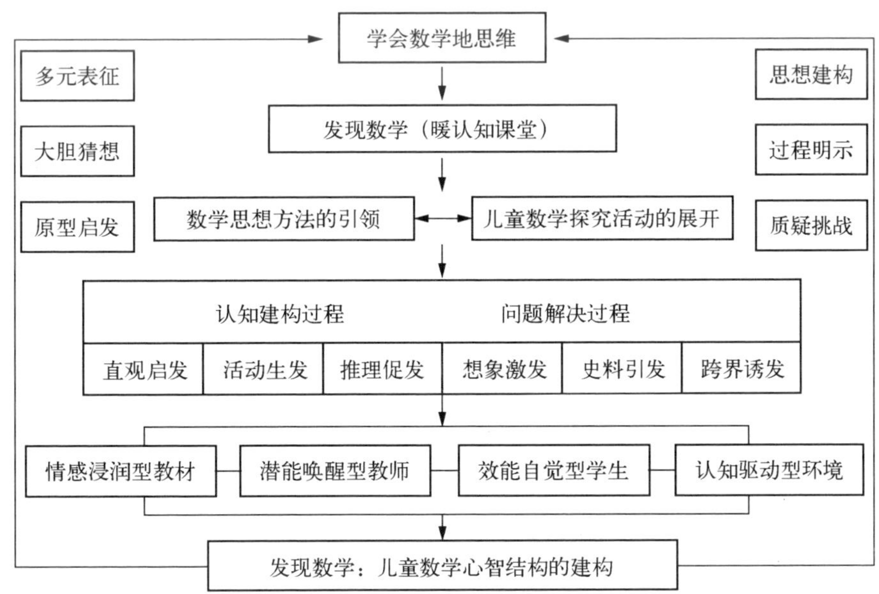

图 10　发现数学教学模式

（四）儿童生活圈英语教学模式

锡师附小的英语教研组，按照“人与自然”“人与社会”“人与自我”三个向度，构建儿童生活圈，围绕每一个发展中的“我”，提炼“启发”“探究”“整合”“浸润”“个性化”五根学习支柱；继而以教学过程（如“任务导向的教学设计”）若干要素贯穿，形成教学模式的结构框架（见图 11）。

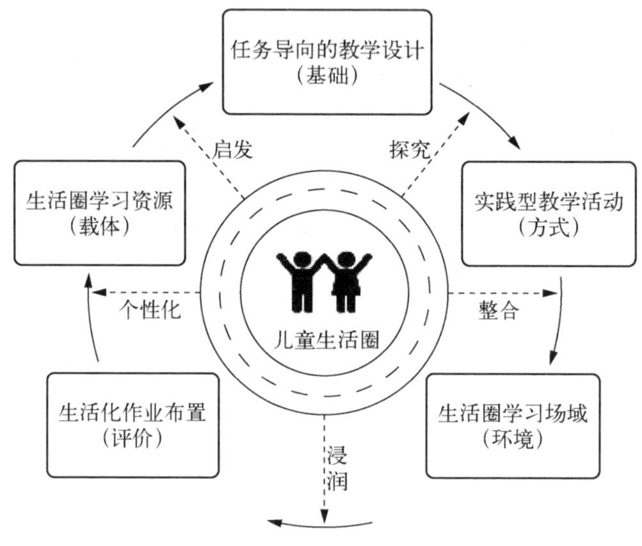

图 11　儿童生活圈英语教学模式

（五）唤醒科学教学模式

唤醒科学教学模式一目了然（见图 12），这样的模式落地生根，“唤醒”是完全可能的。统观这五个学科的教学模式，给笔者三点深刻的印象。

第一，暖认知学科教学模式遵循了基本的教学规律。根据一些学者的研究，教学规律首先是教和学相互依存的规律。在教学过程中，教师的人格和对学生的爱是这两者相互依存的心理基础，而教师的业务水平以及教学技艺则是促进这种相互关系得以实现的实践基础。教与学相互依存还表现在教育者和受教育者是相互激荡的关系。教师真正建立以学生发展为本位的观点，使教和学的依存关系在教师、学生等主体的相互作用中不断统一、不断优化。此外，教学规律还是教学知识再生产和个体发展相统一的规律。教学是一种知识的传承，知识是从普遍的转化为个体的，那么教学就一定包含着创新，而创新的重要表征是儿童在学习过程中实现知识的“再生产”，获得属于他自己的化为素养的知识。参照教学过程来

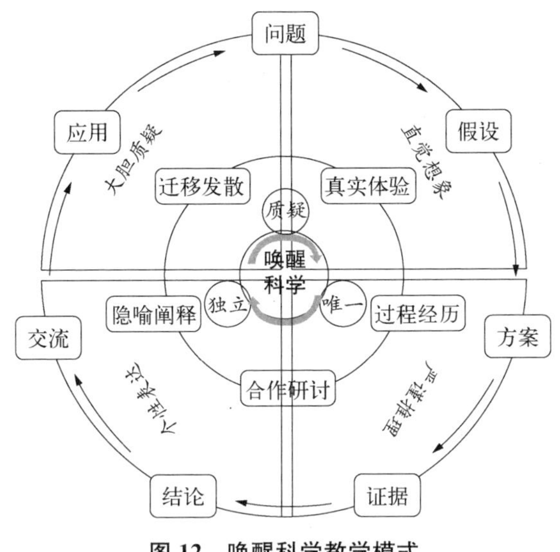

图 12　唤醒科学教学模式

看,教学规律还包括引导学生有效学习的规律。一般而言,学习都是从直观、直觉、感性进入,在情境中有所感悟,进而归纳、概括、抽象出概念化的知识,然后在真实情境中进行知识的具体化应用,以验证、内化、领悟所学习的知识。细细品味锡师附小的教学模式,教学规律的要义都在其中得到体现。这就为他们的实践筑牢了坚实的学理基础。

第二,暖认知教学模式具有"暖"意。这不仅在于"情感""浸润"等词语镶嵌其中,还在于所有教学模式都让人想象到一个情境场,都可以看到孩子们在锡师附小的课堂上进行着情境学习,而学校提炼的暖认知课堂模型的基本要素,也都得到了学科性的转化。

第三,这些教学模式都具有鲜明的学科特质。"涵养德法"让我想起《论语》的"子以四教",孔子主张做人的教育要关注"文、行、忠、信",锡师附小的老师们略作优化,形成"文、境、行、信"的基本范式,与学科特色高度融合。"沉浸语文"提出的经历、想象、移情、意会、明示五种学习方式,是把"为理解而教"这样的倡导进行了"语文版"的表达,很语文,很深刻。"发现数学"就是引导学生在数学活动中经过体验再抽象概括,实现知识的"发现"。"生活圈英语"让人们看到,老师们以主题情境为依托,以儿童的言语实践为主线,以语言、思维、文化的同步发展为指归。"唤醒科学"更加强调基于唤醒的"做",这个"做"就是手脑并用的探究性学习活动,老师们用产生问题、作出假设、设计方案、实施方案、形成解释、交流评价、迁移应用七个步骤，使科学的暖认知学科实践有了清晰的路径。从这五个学科的教学模式看，让学生的学习成为温暖的旅程，是可以成为现实图景的，而他们基于教学规律、学科性质、学校文化特点融铸的教学模式，不仅成为暖认知课堂的重要表征，而且对于同行也有丰富的启迪意义。

参考文献

[1] 孔达. 社会认知：洞悉人心的科学[M]. 周冶金，朱新秤，译. 北京：人民邮电出版社，2013.

[2] 朱小蔓. 情感教育论纲(第3版)[M]. 南京：南京师范大学出版社，2019.

[3] 乔纳森. 学习环境的理论基础[M]. 郑太年，任友群，译. 上海：华东师范大学出版社，2002.

[4] 朱娟. 小学数学课堂提升学生自我效能感的实践[J]. 山西教育(教学)，2021(6)：27-28.

本文发表于《江苏教育研究》2024年第1期

成长空间的美学意蕴

人总是被放置在大致相同的时间模式里，人的差别除了遗传基因外，还有空间影响，“一方水土养一方人”“孟母三迁”说的都是这个道理。刘慧校长深刻认同这个观点，她带领江苏省张家港市实验小学（以下简称“张家港实小”）的所有师生建设美丽校园，营构美学空间，让师生的学习和生活成为一种“美学散步”。

一、张家港实小的物态环境是美的

在张家港实小，首先让人感动的，是大自然给予人类的宝贵馈赠。春花秋叶、夏荫冬石美不胜收，令人赏心悦目。其次是实小的自然有心灵的投射，是“人为”的，而且是“为人”的“人为”——“会呼吸的路”“百草园”“荒野”，都在浸润心灵方面各有其美学功能。最后，“三味书屋”等学习场馆，有机点缀在大自然这幅画卷中间，所有学习空间都按照浸润感、学科性、怡情化的美学趣味进行了设计和优化。师生乐在其中，使人流连忘返。

张家港实小不仅关注实在的空间打造，还关注虚拟的空间设计；不仅关注学校大门之内的空间，还关注学生学习生活所涉及的所有空间。我特别赞赏他们对附近教育资源的开发，这是受人类学家项飙“重建附近”观点的启发，让校园向“附近”打开，向四面八方打开。“重建附近”的着眼点是建构美好的社会联系、建构美好的社会生态。这种“探索又返身”影响了校园围墙里的关系构成，使得张家港实小的美学意蕴增添了不少思想的分量。

二、张家港实小的行为方式是美的

（一）美在人与大自然的亲密交流、生动对话

我在张家港实小校园里曾看过这样的场景：一个小男孩在蓝天白云下惬意地躺着，老师问他在干什么，他很有气魄地应声答道“我在思考呢”。这使人想起哈里森关于春花秋月启迪人美好遐思的判断，使人想起诺丁斯沉浸在海滨落日美景中感受到大自然灵性升腾的惊叹。刘慧校长来电约我“点评”时，我正在阅读刘亮程的散文集——《一个人的村庄》，恰巧看到“我受的教育”这一段：“遍野荒草年复一年荣枯了谁的心境。一棵墙角土缝里的小草单独地教育了哪一个人。天上流云东来西去带走谁的心。东荡西荡的风孕育了谁的性情。起伏向远的沙梁造就了谁的胸襟。”我认为那个小男孩有着和刘亮程一样的审美敏感。学会认识自然、享受自然、欣赏自然，应该是人生的美学大课。哪怕“桃李不言”，也会“下自成蹊”。何况，张家港实小的教师还会不失时机地点拨和引导。这使得儿童在美丽校园里所有的行为方式，都有了淡妆浓抹的美学背景。

（二）美在学习内容与美好空间的内在契合

杜威认为“教育是经验的生长，经验是学习者与环境相互作用的事情”。拥抱大自然更多时候是一种非正式学习，而经验大都是在正式学习中形成的。新课改以来，大家都很关注社会环境对学习者的影响，特别是李吉林老师的情境教育，着力解决认知与情感内在统一这样一个基本问题。但我们应看到，环境还有物理的维度。张家港实小注意到了这点，引导学生回到知识产生的现场，像知识的创造者一样身临其境地感受知识生产的过程。因此，实小的校园就是一个大课堂，可能某一个角落就是学生学习特定内容的一间教室。

（三）美在“各美其美”的个性化学习

现代教育制度是以班级授课制为主要特征的，如何在相对统一、集中的制度安排下，关注每一个学生的学习情况，一直是现代教育的一大难题。张家港实小直面这个难题，进行了卓有成效的探索，在诸多方面取得了重要突破。一是在集体性教学中支持个性化学习，关注到不同层次的学生，在学业上要求“下必保底、上不封顶”；在学习风格中，鼓励特长，激活个性。二是以丰富的课程满足学生的不同需求，在学科拓展性课程建设方面，关注有着不同爱好的学生，以组、队为学习组织，为更多的学生创造课程机会。三是开发定制课程，在学校、班级定制课程

中彰显文化特色，在自我定制课程中为学生建台子、搭梯子。

三、张家港实小“心灵化运营”的向度是美的

诚如有学者所说，“学校组织的文化，一切都是‘心’的产物”。刘慧校长的努力就是一个生动的例证。

（一）涵养心灵是朝向美的，是向上的

巴尔蒙特说：“我来到这个世界，为了看太阳。”积极的人生态度是一个人心灵健康的底色。张家港实小以“正常而积极的童年生活”为文化主张和办学愿景，刘慧校长又以“优美而崇高”诠释“正常而积极”的内涵，这就使“美”成为学校文化宝塔上的一颗明珠。

（二）张家港实小的文化建设是以美为主导的

张家港实小文化的“向美”，其实是真善美一体的。有人曾经打过比方，真善美是一体三面，从三个维度、三个侧面看，是可以分开言说的，但到了山顶一看，三面就是一个整体。在这个整体中，学校“寻找自己的句子”，可以有不一样的登山之道。刘慧校长基于自己对知识观和人生观的理解，提出“以美治校”的观点，不仅合己，也是合理、合时的。

（三）张家港实小美学浸润是以美丽校园为基本载体的

这个美丽校园是自然的，更是心灵的。当我漫步其间时，总想到萧红在“祖父的园子”中的那份欢欣：“凡是在太阳下的，都是健康的、漂亮的。拍一拍手，仿佛大树都会发出声响；叫一两声，好像对面的土墙都会回答。”萧红所在的园子是由祖父的慈爱和劳作创造的，而在张家港实小，园子是“课程植被”，是学习空间，是校长、教师、学生的心灵创作，其教育性更在其上。

（四）张家港实小的美丽校园生成了多重的相互映照

相互映照最主要的是教学相长。张家港实小特别重视教师队伍建设，不断引导教师在美学实践中培育心灵诗情，“做精神明亮的人”。教师要成为学校变革的核心力量，在育人基本要素的落实中有参与感、充实感和成长感。刘慧团队的教师们显然是在创造，并享受这份职业带来的幸福。

本文发表于《江苏教育》2024 年第 14 期

学科实践的成功示例

张晨晖老师的团队持之以恒地推进儿童整本书阅读，培养自主阅读者；孙莹老师的团队如琢如磨地建构支架，支持儿童自我挑战性学习。令人欣慰的是，他们理解并主张的先进教育理念，都已经在课堂生根。老师们提供的一组拓展型学习任务群的观摩课，可以看作学科实践的成功示例。因为这些课遵循了教学的基本规律，体现了语文学科特点，也契合了具体学习任务群的教学要求。

一、遵循教学基本规律

学科实践是共性与个性的统一，共性即教育教学的基本规律，个性即特定学科、特定知识呈现的教学特点。我们在小学语文“新课标背景下拓展型学习任务群”观摩研讨会上看到的课，都生动地言说着教学的基本规律。结合活动的主题和鲜活的现场，我非常乐意拎出三个关键词加以讨论。

（一）情境

2022 年版课标颁布以后，“情境”成为一个高频词，本次活动展示的课也都在努力创设真实的生活情境。何以如此？这是因为核心素养就是通过在真实情境中解决问题表现出来的。教学也应该倡导“做中学”，在知识情境中，用学科典型的实践方式开展活动。于是“情境”就成了认知学习的基本载体。要明确的是，这里所说的情境，主要不是指人与人之间的精神联系，因为这个话题历来所论甚多，已经基本说清楚了。而物态的情境在传统教学中常常可有可无，但它却是任务的土壤，是学习活动展开的依托。所以核心素养引领的教学对之加以重视是顺理成章的。就这组课来看，拓展型任务群的课堂教学情境不仅真实，而且让人心里踏实。因为我们看到许多课在核心知识学习的外围绕圈子，情境任务很“花哨”。笔者认为学习情境应当是知识情境，常常是依据教材来衍生和拓展的。语文学科学习情境的创设目的，在于激发学生的思维和对语言的敏感性。所谓真实，关键在于与学生生活的联系、与学生成长的联系。

（二）挑战性

有些老师的语文课，学生多上一节少上一节是无所谓的，因为这些课没有挑战性，没有挑战性就没有获得感。教学的一个基本规律就是要让挑战性贯穿始终。这种挑战性主要指思维的“爬坡”。而要让思维“爬坡”，需要让认知和情感统一，并积极互动，相互激荡，使深度学习得以实现。这组课，无论是整本书阅读，还是“学科＋”的拓展，都具有适度的挑战性。学生在接受挑战时，得到了老师和同学的有效支持。以孙莹老师团队的研究成果来说，都在合适的时机提供了学习支架，为学生与外部世界联系架设了桥梁。这样的课受到学生欢迎是情理之中的事。

（三）出场

“出场”一词是借用了戏剧表演的一个说法。素养是基于表现的，甚至一个概念，一种理论，其意义只有和人的行为习惯、行为效果联系起来才能得到真正的澄清。[1]从这个意义上可以更好地理解“做中学”“用中学”“创中学”的意义。课堂教学中，不仅要让学生在场，还要关注学生出场。要以学生积极的学科实践活动来构建学习的主线。这组课，学生出场常常给人眼前一亮的感觉，这不仅说明教学设计的价值取向是以学习者为中心的，而且能让人看到学生在表现中成长。

二、体现语文学科特质

学科实践自当具有学科性、学科味。语文学习有一些基本规律是应当始终坚持的，而这些规律和特质在这组课中都得到了较好体现。

（一）多读多写，多看多想

多读多写，侧重于“读万卷书”；多看多想，侧重于“行万里路”。“多读多写”是我国语文教育的一个传统。叶圣陶先生在谈打好语文基本功时就说过：“许多基本功都要从多读多写来练。”[2]拓展型任务群中的“整本书阅读”学习任务群是从体制上把多读加以落实，而“跨学科学习”学习任务群则有倡导“多看”的意思。语文课程内容的设计，走的是读写融通的路子。“读”“看”“写”是贯通一体的。老师们对学生的“写”都很重视，因为“写”是语文素养的一个出口，是语文学习“出场”的一种重要方式。大家倡导“我手写我口”，写熟悉的；“我手写我心”，写感动的。这些都是对的，但还要强调“我手写我思”。否则，整本书阅读写的可能是片段摘抄，向生活打开的写作可能是记流水账。因此我们可以把“多读多写”“多看多想”当互文看，也可以表达为“多读多看，多想多写”。

（二）思维的丰富性

教学就是引导思维。语文学科比之其他学科思维训练有其独特的要求。在逻辑思维训练中，归纳可能比演绎更重要。现在把“梳理与探究”列为语文重要的实践方式，而梳理正是归纳的基础。语文学科在思维能力培养方面还有独特的课程担当，这主要指形象思维的培养，特别要引导学生把语言文字符号转化成生动的形象。从这组课来看，老师们引导学生画整本书的情节线、画人物关系图；在向生活拓展时，激活学生的联想与想象，这些都可以看出以思维发展为主轴的教学考量。按照2022年版课标要求，思维方式还包括直觉思维、创造性思维等。有老师在讨论这些可不可以教，答案应当是肯定的。以直觉思维的培养来说，我们可以帮助学生建立合理的知识结构，教学时设置引发知识的适当情境，并进行必要的方法训练。如可用速思法快速思考，甚至要求“跟着感觉走”；可以用预见法，通过猜读、假想预见“未来”；可以用间歇法，在紧张的思维训练中劳逸结合，以间歇制造直觉迸发的“窗口”；可用勤录法把突如其来、稍纵即逝的直觉记录下来。功夫不负有心人，只要我们“有心栽花”、精心养护，在学生那里，形象思维（直觉思维、创造性思维等）的美妙花朵一定会绽放。

（三）语感和语理的贯通

按照杜威的说法，学习是从源初经验出发，通过“做中学”的经验过程，形成了实验的或称作反省的经验。而实验的、反省的经验又应当到源初经验中去应用、检验、完善。语文学习中语感与语理的关系即大致如此，感性的语文生活是语文学习的大地，而教学情境的语文与日常生活中自然状态的语文，有很大的不同。教学情境的语文要从语感向语理走，还要从语理回到感性的语文生活中。这组课中，老师们对某些学习内容或学习方法的归纳，以及随后的迁移应用，都体现了他们对语感、语理贯通把握的努力。

（四）以文化人的德育功能

文以载道、文以喻道是语文成品的一个基本功能。发挥语文成品及相关学习材料的德育功能，是语文教学中应有之义。从这组课看，老师们都在学科育人方面留意了、用心了。令人高兴的是，老师们都是潜移默化地在教学中以文化人。“好雨知时节，当春乃发生。随风潜入夜，润物细无声。”通过词句，通过形象，通过意境，使思想教育在深刻体验的过程中自动形成。这才是语文的德育，是达到一种境界的语文德育。

三、落实任务群的具体要求

这组课都是关于拓展型任务群的。拓展型任务群的教学，一方面要考虑这一任务群的要求，另一方面又要考虑其语文成品的样式与基础型、发展型任务群的某些内容是属于“同一家族”的，自然要兼备那个“家族”的特点。

由于这次选登的只有“跨学科学习”课例，下面仅就这两个课例阐述。

这组课中“逐梦蓝天，拥抱未来”“奋斗的历程”，大体是学科内的综合性学习。这与“跨学科学习”任务群还不完全相同。任课老师是尽可能按照“跨学科学习”任务群的精神去做的，因而基本路径是一致的。结合老师们的语言实践，我想应当强调“打开”：要打开知识与生活、与时代的联系，要打开不同课文、不同单元、不同任务群的联系，要让课堂向四面八方打开。应当强调“综合”：多学科知识的综合，多学科学习方法的综合运用。应当强调“学科”：不同学科都要进行综合性学习、跨学科学习。学科基本立场是要有的，我们要体现“语文的”，而不是“种了人家的地，荒了自己的田”。切记，关于这个任务群，课标首先说的是“在语文实践活动中”，落脚则在“提高语言文字运用能力”，落实到位，才是语文的“跨学科学习”。同时，如前面提及，涉及的文章体式等，则又要落实基础型、发展型任务群“同一家族”的相关要求。

参考文献

[1] 陈亚军. 实用主义：从皮尔士到布兰顿[M]南京：江苏人民出版社，2020.

[2] 叶圣陶. 叶圣陶教育文集：第三卷[M]. 刘国正，主编. 北京：人民教育出版社，1994.

本文发表于《小学语文教学》2023 年第 Z2 期

助学系统：“学为中心”的落地保障

近些年来，袁锦明校长团队一直在探索“学为中心”的教学，他们在预学单、辅学单、拓学单“三单”导学的基础上，建构了支持学生学习的助学系统，让“学为中心”在课堂里扎下根来。相信他们的思考与实践，会给同行们带来有益的思考。

一、观念层面：直抵教学规律

（一）“为何”与“如何”统筹考虑

为何要统筹考虑？袁锦明校长团队念兹在兹：素养导向。培养学生的核心素养，是整个课程改革的目标。核心素养有三个要素：

一是正确的价值观，包括：生命观，尊重自己和别人的生命；生活观，学会对自己的生活负责；世界观，健康地与世界打交道。一个人的生命旅程徐徐展开，价值观是最好的风帆。

二是关键能力，参照经济合作与发展组织对素养的定义，核心素养是一种心智能力，这种能力能够调动各种资源，处理复杂问题；这种能力具有普遍性，可以迁移；这种能力包括但超越知识与技能，更内在，“带得走”。

三是必备品格，品格主要指稳定的态度、惯常的风格，由内而外表现于外在，又由外至里内在于身心，是在与世界打交道时可以被外界感受到甚至想象到的。[1]学生发展的核心素养是各门课程（学科）育人的合金，素养导向应当是所有教学行为的价值追求。素养在人与周遭世界相互作用中表现出来,也应该通过“做事情”来培育。

袁锦明校长团队正是通过目标导学把“为何”与“如何”统一起来。他们以学科核心素养为依据和出发点,统领、统整教学活动,扣住素养目标创设问题情境、设计教学流程、优化教学环节、落实评价任务,切实保证了教学的方向性。

(二)接受与发展有机融合

袁锦明校长团队的目标导学建立在对接受与发展关系的正确理解上。他们认识到:学习是一种接受,接受人类文明积累的某种成果;学习也是一种发展,知识作用于每个个体,个体生命得到发展,人类文明也会在一个个个体的发展中得到创新,关键在于将接受与发展有机融合,而不是当作两回事。目标导学的接受是有发展意义的,它是素养目标,具有完整知识的意义,既包括显性的知识符号,也包括或隐或显的思维,还包括蕴含其中的学科思想和价值观念。他们的教学模式是以接受为基础的,但这里的接受是能动性的,是学习者主动体验、探究形成的。而每一块知识的学习都包含内化反思和迁移应用的环节,个体又因差异性,得到最适切的关照和鼓励,个体生命因而在认知学习中得到健康发展。

(三)教与学相互映照

教学是以师生关系为前提的,在教学中教师应当尊重、认识、发现学生,进而唤醒、引导、支持学生。在教与学的相互依存中,教师总是相对强势的一方,处理不好,就会出现垄断、一言堂的局面。袁锦明校长团队较好地处理了教与学的关系,他们倡导“学为中心”,又通过建构助学系统,对“学”给予必要的支持。什么时候需要引导,什么时候需要提供学习支架,什么时候充分放开手脚,什么时候加以点拨,都有精心、精要甚至精彩的设计与生成。师生随着认知活动的深入,相互作用,相互激励,相互映照,在学生达成素养目标的过程中实现教学相长。

二、工具层面:磨炼教学技术

(一)规范性

教学也是一种技术活儿,技术就要讲究规范。袁锦明校长团队在开发和实施助学系统时,在规范性上持之以恒。

一是在素养性方面,不仅把助学系统作为一种技能,而且把开发和实施作为一项重要的教学素养。袁锦明校长团队注意到让教学技术由外而内形成心理表征，又让心理表征由内而外表现为操作技能。“心理表征是一种与我们大脑正在思考的某个物体、某个观点、某些信息或者其他任何事物相对应的心理结构，或具体或抽象。”[2] 有学者认为，人们通过练习掌握某种技能，杰出的专业工作者经过年复一年的练习，已经改变了大脑中的神经回路，以创建高度专业化的心理表征。袁锦明校长团队在开发助学系统时，着重考虑实然与应然，将技术操作与学生核心素养目标建立内在关联。在实施助学系统时，不仅“做”，而且“悟”，让教师亲历心理化过程。这使教师具有全局的课堂视野，又有具体“招数”的落实，这样的心理表征就逐步成为优秀教师的专业素养。

二是在操作性方面，一丝不苟，精益求精。教学有规则，技术有规范。教学的自由是以有规则、讲规范为前提的。教学技术体现心理表征、关联心智水平，是需要如琢如磨才能练就的。江苏省锡山高级中学曾在叙写教学目标方面下足了功夫。时光晃过 10 年，我问唐江澎校长：“老师们都会叙写教学目标吗?”唐校长沉吟片刻告诉我，三分之一的老师掌握了，三分之一的老师有点会了，还有三分之一的老师尚未入门。因为叙写教学目标是需要较高的心智能力的，它关乎对课标的理解，对学生的了解，对教材“通体透明、形神兼备”的把握等等，所以要达到课程专家的要求是不容易的。袁锦明校长团队在操作性上规范要求，在制订单元学习目标时，指导教师用“三问法”进行叙写，即“通过……(过程)，获得……(结果)，形成……(表现)”，他们在落实助学系统某个要素、某个环节时，都是通过放样子、磨范例等方法，让教师快速“上手”，这就为助学系统的开发和实施提供了最基础的保证。

三是在优化性方面，基于反思，渐入佳境。反思是教学技术精进的磨刀石。“学为中心”助学系统的成熟就是不断反思的结果，而技术层面的反思更多在课后，他们把“教学反思”作为教学设计的必备内容，这种反思首先是对准技术规范的。当然，在这方面还要往前走，教师的教学反思还要突破，在单篇(节)方面突破，学会单元系统总结；在教学现象方面突破，力求从现象到本质，从知其然到知其所以然；在时间方面突破，不仅在刚刚教过时，也包括教了一段时间甚至很长时间以后，在某个适当的时候，于累积的基础上进行深刻的反思。

(二) 结构化

助学系统整体上是一个内在贯通、前呼后应的体系，其中的某个环节、某个要素也有结构化内涵。生态美学创始人利奥波德曾提出生态美学三原则：稳定、和谐、美丽。课堂应该是一个美的生态，助学系统的结构化就是稳定性的体现，教与学的相互作用则构成课堂的和谐性，学生的主动发展和师生的教学相长则体现了美丽性。一起来看他们的“学为中心”助学系统的整体结构图（见图 13）。

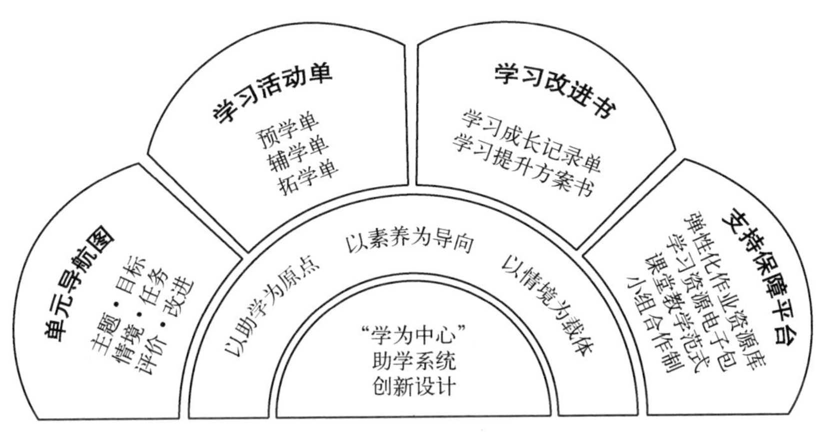

图 13 “学为中心”助学系统整体结构图

（三）精确度

一是力求准确把握学生学习的起点。“如果我们教得不够好，是因为我们与学生贴得不够近。”这应该成为教师铭刻在心的教育箴言。袁锦明校长团队对学生起点的关注，不仅在“差”，也在“异”。“异”指学生学习的个体风格、兴趣爱好，“异”在大多数课堂里是不被重视的，而个性化的学习重点应是对“异”的关照。袁锦明校长团队花大力气研究、了解、发现学生，从而使因材施教的意蕴落实到助学系统之中。

二是基于数据、证据的教与学的改进。袁锦明校长团队通过阶段性考试、平时测验与练习等，获得相关数据，进行分析处理，使教与学的改进精准化。

三是及时诊断。我关注到，袁锦明校长团队的“及时”并不都是“即时”，有时以课或某个阶段为单位的“即时”，未必准确，未必有效。他们建构的中程、长程追踪策略，通过绘制学生成长轨迹曲线图、生成学生成长手册，使诊断更全面、更准确。

三、实施层面:创新教学路径

(一)以单元为相对完整的课程内容

“学为中心”,“学”就是“做事情”,“做事情”是需要一定时间长度的。总体上看,教材单元作为相对完整的学习单位是比较适宜的。如果说单元整体教学体现了单元之“大”,那么这个“大”,能够体现五层意蕴。一是统领。就一个单元说,这个“统领”基于事实性知识,从具体中超离出来,能“罩”住单元所有的东西,可以是大概念、重要观念,也可以是任务、问题、议题。二是整体。整体在于异中有同,不同的学习资源放在同一个单元的理由,就是它们有相同、相似点。整体也在于同中有异,具体到不同的知识单位都是有个性的,放在单元不同的位置,功能也是不一样的。在一个单元内把握这些同与异,就体现了整体意识。三是开放。教材本身包含若干瞭望其他学科的窗口,打开这些窗口,体现跨学科意识,是天然的开放。对教材的顺序做必要调整,甚至基于教材做适当重组,都体现了开放性。四是“做事情”。“做事情”往往以真实情境为载体,这样间接知识的学习就和生活经验联结了起来,“做事情”就可能激活学科内别的知识板块,以及调动其他学科的知识与方法来解决问题,当然就显得“大”。五是完满。完满有时间的维度。要从直观到抽象,再从观念到应用,走完一个历程。完满也是质量维度的要求,包括结构化和审美性。[1]“学为中心”的助学系统以单元为一个基本的学习单位,是非常具有合理性的。

(二)以“学什么”和“怎样学”的有机整合为主要方法

当语文学习任务群出现时,有些教师感到“找不着北”,因为传统的语文课程内容就是“语修逻文”,更直接显现的是一篇篇文章,而现在的课程内容不仅是“群”,而且有“任务”,这正是新课标、新课程的一个新意。“知识和过程是双人舞”,“过程(过程技能)和知识(学科内容知识)是互补的,而且有一个共生的关系”。[3]“任务群”课程设计的思想,可以说是贯注在所有课程标准表述的课程内容之中。袁锦明校长团队在这一方面,有准确的理解,他们提供的教学案例都体现了“学什么”和“怎样学”的有机整合。可以说,新课标的课程内容,在他们的课堂上完整地得到了落实。

(三)以“活”与“实”的内在统一为重要表征

在基本立场上,袁锦明校长赞成素养导向、基础为本,这就需要把“活”与“实”

统筹考虑。应该认识到，基础不仅是素养的基础，更是素养的有机组成。素养目标导向正是按这个想法设计实践路径的。在学习过程中，每个要素和环节都应从发挥主体作用、激活思维、打开学习空间等方面，让其生动、灵动起来，又都要落得下去，让知识、能力、情感、价值观扎根生长。在教学方式上，他们强调动态化。所谓动态，就是不同的、具体的知识呈现方式和学习情境，选择甚至创造最合适的、最有效的方式，并且习惯成自然，于是就“化”了。这就使稳定推进的认知过程主体激扬，鲜活灵动，甚至摇曳多姿，“活”与“实”相映成趣，融为一体。吕叔湘先生曾说：“成功的教师之所以成功，是因为他把课教活了。如果说一种教学法是一把钥匙，那么，在多种教学法之上，还有一把总钥匙，它的名字叫作‘活’。”袁锦明校长团队显然在努力掌握这把总钥匙。而他们在“实”上下的功夫，只要看看素养目标导向课堂结构对“当堂”的强调，如“当堂训练”“当堂批阅”“当堂反馈”“当堂矫正”，就可以知道。叶圣陶先生说：“教亦多术矣，运用在乎人。”袁锦明校长团队运乎之妙还在于化“实”为“活”，如作业设计的趣味性、选择性；在于“活”中见“实”，如主体激扬的课堂以素养目标为导向，以思维发展为主轴，以知识运用为表征。于是，有“个性”的学生、有“特色”的教师，蓬蓬勃勃成长起来。

参考文献

[1] 杨九俊，王彦明，刘玮，等. 新课堂“怎么办”：关于课堂教学难点问题的回应[M]. 南京：江苏凤凰教育出版社，2024.

[2] 艾利克森，普尔. 刻意练习：如何从新手到大师[M]. 王正林，译. 北京：机械工业出版社，2022.

[3] 埃里克森，兰宁. 以概念为本的课程与教学：培养核心素养的绝佳实践[M]. 鲁效孔，译. 上海：华东师范大学出版社，2018.

本文发表于《教育研究与评论（中学教育教学）》2024 年第 8 期

“小小博物家”，创新学习新路径

场馆学习，一般认为是在自然情境中的非正式学习。南京市赤壁路小学充分利用学校处于民国建筑群的“地利”，将场馆学习融入正式学习，他们的“博物家”文化，创新了学习路径。

一、场景式是基本条件

学习总是有情境的，“博物家”的学习，自然要以“博物”为基础，赤壁路小学的“博物”天地体现在三个方面。

其一，学校就是博物馆。学校以“化万物以育人”的理念，致力于把学校建成一个儿童博物馆，学校建有“五园三馆十景”：五园是历史名园、生态绿园、童话乐园、梦蝶趣园、成语大观园；三馆是少儿地震馆、红帆船书画馆、万卷书斋图书馆；十景是润字石、墨砚池、赤子之心雕塑、版画长廊、英语角、亲晓墙饰、成语魔方、书法小径、鸟语亭、花香廊。学校处于民国使馆区之中，博物馆式的学校与社区物理环境融为一体，而开放性的校园，又将周边的“博物”吸纳进学校这座“博物馆”。

其二，学习就在博物馆之中。赤壁路小学的“博物”不是摆设，而是学习资源。学校创设“博物家课程”，包括“亲校园、悟文化”环境课程，“亲学科，长知识”学科课程，“亲实践，明事理”活动课程，“亲自我，显个性”课程以及“一生一物”课程。“物”有了呼吸感，有了课程的纹理，学习在“博物馆”中，学生在与“博物”环境的相互作用中实现“经验的重现与改造”（杜威语）。

其三，博物馆嵌入学习过程中。在赤壁路小学，“博物馆”是实指，也是代称，包括线上线下“博物”的资源。杨爱红老师谈道德与法治教学场馆资源的开发，让我们看到学习就在博物馆中。刘宙彤老师语文教学的案例则让我们看到“博物馆”镶嵌在学习过程中。他这里的“博物馆”就是一种代称，代指所有具有“博物馆”意义的学习资源。刘老师教《书戴嵩画牛》，适时引入博物资料，有效促进学生借助对“博物”的“亲晓”，实现思维进阶。

二、探究性是基本特征

我和陆燕书记曾探讨“博物家”的命名，我们都赞成这个“家”就是“像专家一样思考”的小专家。过去的学习主要是接受式，学习的是专家的结论；现在倡导“像专家一样思考”，倡导探究性学习，学习的是专家的思维。正因为如此，陆燕书记对“家”的阐释强调学习的探究性，赤壁路小学创设了“小小博物家”的探究范式，这就是“观物—格物—辩物—悟物—创物”。以我对赤壁路小学课堂教学的了解，我认为在这个范式展开的过程中，他们较好地处理了“物”与“理”、“学”与“思”、“知”与“行”的三重关系，进而尝试解决儿童认知学习的一些基本问题。

其一，由物及理。“物”是事物、现象，“理”是本质、规律。在“博物家”文化中，“物”就是学习的真实情境，也是学习的重要资源，还可以是学习的支持性支架，“观物”和“格物”就是要由物及理，领悟学科的基本思想。

其二，学思结合。“学而不思则罔，思而不学则殆”，“学贵有疑，小疑则小进，大疑则大进”。赤壁路小学的老师们都非常重视把物理的情境转化成问题的情境，陈锋老师的数学课与刘宙彤老师的语文课都具有这样的特点，他们都将“辩物”作为重要的环节，“灯不拨不亮，理不辩不明”，这里的“辩”是商讨，是对话，是追根究底。总观赤壁路小学的学习方式，是通过以问题为引导，以思维为主线，实现了学与思的一体化。

其三，知行统一。赤壁路小学的学习范式，在“悟物”的知识内化后，再有“创物”的应用拓展。参照他们的教学案例，可以看出以用为学是其重要的学习方式，这里既有理论与实践的结合，即“悟”的是理性的知识，“创”的是生动的实践；又有认知在循环往复中的螺旋式上升，从“博物”环境出发“观”“格”“辩”“悟”，在直观的具象的情境中体验，通过探究、分辨、内化，形成抽象的理性认识，又回到杜威所说的“源初经验”，在真实情境中进行知识的具体化应用，进而验证理性的认识；还有用实践的方式学，习以成性，形成人生带得走的方法论。

三、协作型是基本样态

从赤壁路小学的教学案例看，他们基于博物情境，展开探究过程，学习都是协作型的，而如果沉浸到赤壁路小学的教育现场，则可以看到，协作已经构成一种基本的生活方式。我想，这是赤壁路小学在落实新课程“一校一案”中一种重要的素养达成。协作型学习是集体性教学的题中应有之义，我们处在集体性教学的体制安排之中，“学会合作”是重要的基本功。这也是学习共同体建设的必然要求，按照人类学家的观点，学习是“合法的边缘性参与”，“边缘性”是学习者在共同体中的初始位置。“参与”是指学习者与其他成员共同构建知识。正是“合法的边缘性参与”，推动学习者从边缘向中心移动，促进知识与身体共同发展。协作型则是这样的学习共同体的基本情境，这还是博物馆学习的内在特征：博物馆的学习，有多次学习的价值，可以以不同的主题，抑或是不同的伙伴，再去展开学习过程；有综合学习的价值，博物馆往往是跨学科的，博物馆式的学习也大都超越具体学科的边界；有非正式学习的价值，在随性的时间内，采用多样化的学习方式，使得学生甚至在不知不觉的情况下，都会因为场景浸润而有所收获，因为非正式的学习交互者具有流动性特点，更需要高水平协作学习的能力。团队合作是一种共同愿景的能力，需要每个人具有作用于组织目标的个人修养，它可以使普通人获得非凡的结果。面临世界朝着更加复杂和多元化方向演进的形势，学会合作不仅是一种社交技能，更是一种对未来发展至关重要的素养。“博物家”的协作型学习，显然形成了这方面的育人优势。

本文发表于《教育研究与评论》2024 年第 9 期

小人书，大世界

——记常州市新北区泰山小学小人书阅读、创编活动

小人书，也称连环画，是用多幅画面讲述故事或事件的一种艺术形式。因为它的开本小，便于携带，其受众也大多是孩子，所以称为“小人书”。走进常州市新北区泰山小学（以下简称“泰山小学”），听到的、看到的都离不开小人书，仅孩子们自己创作的小人书就有一万多本，孩子们人人都是小人书的阅读者，也是小人书的创编者。泰山小学以小人书阅读、创编的教育实践，作为学校特色建设的重要表征，寻找到学校文化“自己的句子”。这所学校展示的是：小人书，大世界。

一、立意高

首先，泰山小学开展小人书的阅读与创编，是以立身悟道为宗旨的。这是教育最本质的追求，中国教育有“学以为己”的传统，学习就是为了自己人格的完善，往君子、仁者甚至圣人一路走。当代中国教育正是赓续这一传统，同时根据时代新的要求，把立德树人作为教育的根本任务。泰山小学围绕小人书开展教育实践，以“立人”为出发点和归宿处，这就把学校的一项活动，与优秀传统和时代精神呼应起来。

其次，这种崇德的意旨与具体的教育实践是不隔的。或者说，育人目标路向的确定，是基于邹益校长和她的团队，对小人书寓德特点的重视和发掘。大多数经典的小人书，都是表现一个主题，或者阐说一个道理，恰如鲁迅先生在《连环图画琐谈》中提道："倘要启蒙，实在也是一种利器。"[1]茅盾先生在题为《连环图画小说》的文章中也曾称连环画是"最厉害最普遍的'民众教育'的工具"[2]。谈说小人书对自己成长过程中的精神哺育路，名家之论更是俯拾即是。习近平同志在考察中国国家版本馆中央总馆时，看到连环画的馆藏，也说过，"这些小人书都是全套的，我小时候都翻烂了""这些小人书很有教育意义"。[3]泰山小学根据小人书具有承载道德教育的功能，将孩子们的阅读、创编与立身悟道联系起来，德育正是从小人书阅读、创编活动中生长出来的，因而能够发挥更好的作用。

再次，泰山小学自觉运用小人书这一形式，创新德育方面专题教育，如社会主义核心价值观，是必须进校园、进课堂的，但如果仅仅是布置背诵，孩子们也许能记住 24 个字，根本谈不上入脑入心。泰山小学尝试用孩子们喜欢的小人书，讲体现社会主义核心价值观的故事，效果非常明显。"以小人书为载体，培育和践行社会主义核心价值观的实践研究"成为省级课题和品格提升工程，其研究和实践都取得了丰硕成果。庆祝建党 100 周年，学校策划的"一颗红心永向党，百本红书献给党"系列活动，获"优秀少先队党史教育活动案例"（全国 100 例），受到了中央媒体的报道。更重要的是，如邹益校长所说，孩子们将心中所敬佩的人物、所激发的道德情感，所感动的故事表达出来，所写所绘皆由学生自己操作，所感所悟都来自内心，这种道德教育自然是"入心"的，也是能"化行"的。

二、五育融

小人书是"天然"地跨学科的，图画是美术，文字是语文，寓德是德育。梁晓声谈到从小爱读小人书时，就说过文字、绘画，"心灵"营养是双份的。[4]把握这样的特点，泰山小学的小人书阅读、创编在五育融合上花足了功夫。

其一，"学科＋"的融合。主要是从老师们各自执教的学科出发，有机融合相关学科。泰山小学的小人书教育实践，是从语文学科起步的。2005 年，语文教研组针对学生整体阅读兴趣不浓、阅读能力不高的问题，组建"小人书"社团，开展小人书阅读活动。在语文的"学科＋"小人书阅读活动中，语文老师们基于自己的学科立场，将落脚点放在提高语言文字运用能力上。仅仅一年，参加小人书社团的同学语文能力就大幅度提高。连环画在三年级美术课中是"造型・表现"领域的学习内容。美术的"学科＋"小人书阅读、创编活动，则在引领学生把握画与画之间、文字与文字之间、文字与图画联系的基础上，通过仔细观察、沉浸体验、尝试描绘等方法，去理解小人书造型表现的特点。泰山小学所有的学科教学都或多或少地融入了“小人书”，在融合的过程中坚守学科立场和多学科视角得到较好的协调。

其二，“主题＋”的融合。不是从某一个学科出发，而是从特定的主题出发，形成“主题＋”融合形态。泰山小学开发了八大小人书创编主题，包括红色文化与革命历史、时代楷模与先进事迹、科技创新与发展成就、传统文化与非物质文化遗产、生态文明与劳动教育、公民教育与法治宣传、心理健康与阳光心态、国际交流与“一带一路”。八大主题既独立又相互关联，构成一个新时代的全景画卷，指向整全人的培养目标。每个系列又形成若干二级主题，列出细目，并提示所“跨”的学科和课程，从而构建完整的课程群落。

其三，“现代媒介＋”的融合。媒介技术也称传播技术，指信息的载体和加工、传递信息的工具。它有两层含义，既指用于承载信息的符号系统，如语言、文字、符号等，也指存储、加工、传递信息的载体，如书籍、电视、网络等。[5]正如惠特曼诗句所说：“时代啊，从你深不可测的海洋升起。”社会迅猛变化的一个重要标志，就是媒介技术迭代速度大大加快。大家都认为，当代正是一个互联网、大数据的时代，人们的生活方式与生产方式正在发生巨大的变化。新的课程改革基于这样的变化，将“跨媒介阅读与交流”纳入语文课程的学习内容。这里的“跨”既包括传统媒介，更关注现代媒介，甚至可以认为，没有现代媒介的涌现，就没有这方面语文课程的内容。邹益校长和他的团队敏锐地把握住这样的变化，“文章合为时而著”，建构小人书的阅读与创编的“现代媒介＋”，形成现代媒介与小人书阅读、创编的有机融合。现代媒介是当代生活特别是科学技术发展、人们日常交往的一部分，创编小人书讲述故事、刻画人物等等，自然而然将真实生活情境带进来；高年级的学生可以尝试用现代媒介来表达、呈现，创作电子版的小人书，利用学校网站、公众号等，展示分享创编的小人书。在现代媒介应用的过程中，孩子们逐步熟悉、理解以及生产社会变迁过程中形成的新话语。话语是围绕特定语境中的特定文本所形成的传播实践和社会实践。作为意义的载体，能够描述现实，建立社会身份，制定社会关系，建立知识和信仰体系，具有社会性的建构属性。[6]可见，如此努力，是在培养学生的现代素养。

三、参与深

泰山小学小人书的教育实践，走过从社团式到课程化的道路。如果说社团是部分参与，课程化则是全体参与。他们构建了国家课程、特色课程、实践课程相辅相成的课程体系。

第一，国家课程主导。以小人书彰显学科特质。如语文课上学习写人物的心理活动，用小人书画出来，是在训练联想和想象，特别是主观心理活动借客观景物或场景表达，很“美术”，更是很“语文”。以小人书作为辅助性学具，在数学课上用图表展示数据变化，在科学课上用比喻、拟人手法解释科学原理，在体育课上将体育精神、运动规则融入图画，等等，都收到很好的效果。小人书成为孩子们喜闻乐见的学习工具，同时作为学习表现的一种形式，学习因此“可看见”，而且常常“教—学—评”融于一体。以小人书推动跨学科学习，在常态教学中，可以在包含跨学科内容的地方，以小人书嵌入“课程补丁”，既打开瞭望别的学科的窗口，又不影响整体教学的节奏；在落实课程标准指定的跨学科主题学习时，因为基于真实生活情境，小人书项目则会提供平台，使多学科学习、项目化学习、个别化学习有更多表达的机会。

第二，特色课程深化。学校课程大体有三个维度：国家维度，这是每个学校相同的基础性课程；学生维度，这是满足学生个性特长的选择性课程；学校维度，这是体现学校文化的特色性课程。泰山小学以“小人书”为特色课程，是非常恰当的。他们的“小人书”课程每周一课时，全年段覆盖，其基本特点是：全景式，以儿童成长为聚焦点，全景式展现儿童生活，在空间上从天下大事到生活家常，在时间上从文化传承到前瞻未来；主题化，按照涵育完整人格的要求，结构化凝练主题，在每个主题内部，又以二级主题构成课程板块，从而形成自洽的课程群落，且随着新的变化、新的要求，对主题不断进行优化；层级性，大致按照低、中、高三个学段，明确不同层级的课程目标，建构三级递进的表现性评价体系，低年级以故事卡来表现，中年级设立修炼册制度，高年级则通过弘扬证促进践行内化，有效促进了“小人书”课程的落实。

第三，实践课程延伸。其主要形式有：励志寻访，长期开展“致敬时代英雄，感受时代脉搏”寻访活动，建构“上网学习—班级交流—制订方案—实地寻访—创编小人书—践行活动”的寻访流程。通过百次寻访，绘就了100多本以英雄事迹为主题的小人书。沉浸体验，主要在“一巷”“两园”“三院”的真实场景中，进行体验性学习，寻找小人书创作的灵感。“一巷”是指青果巷，一条青果巷，半部民国史，常常令人流连回味。“两园”是指中华孝道园和烈士陵园，沉浸其中，优秀文化传统“随风潜入夜”，革命先烈的精神激荡少年心。“三院”是指敬老院，儿童福利院，法院、检察院，它们各有特定意旨，总是能让学生收获颇丰。践行公益，鼓励学生以义工和志愿者的身份，组织和参与学雷锋活动、植树活动、关爱特殊需要孩子活动、拥军活动、社区服务义工活动等等，让他们在社会实践中涵育心灵，启智增慧。宣讲传播，借助小人书典藏馆常态化开展小人书阅读活动；走出学校，走进社区，宣讲小人书里的红色故事，使学校成为社区文明建设的重要基地。

四、场景润

儿童的认知总是在一定场景中进行的。泰山小学的“小人书”十分重视学习场景的建设，特别是物理空间方面，他们一方面如前所述，突破围墙，走向社会，另一方面在学校场馆建设上用心用力，使之兼有物理环境和学习资源的双重功能。据学校介绍，“小人书”的学校物理性场景有：书架觅梯，步道小人书“楼梯阁”，登阶转角处都有原创的小人书可以阅读；先锋活页，开放小人书“共享廊”，在“共享廊”定期举办“新时代先锋”“百年红船记忆”“最美人世间”等专题展览，引领学生领略先贤和英模的先锋风采；典藏有体，众筹建设小人书“典藏馆”，典藏馆内收藏一万六千多册学生原创、各方捐赠、自主购买的小人书，其中创作区、阅览区和展示区，能满足孩子们的多种需求；童真创意，流连小人书“影像园”，学校建设“一米阳光”小人书影像园，展示着由孩子们原创的小人书转化而成的电子影像和童真动漫，使孩子们在分享中得到心灵的滋润。于是，“润”不仅有形容词功能，又有动词功能。在适切的场景中，物理的场景也有了生命力，人与场景晤谈对话，甚至相拥起舞，共同创作儿童精神成长的动人乐章。

小人书，大世界。这个“大世界”是由立意高、五育融、参与深、场景润共同作用构建的。孩子们在泰山小学既是在创编图画，也是在书写人生。相信小人书生成的大世界，会成为泰山小学孩子们人生精神溪流的源头，而且会永远清澈和涌动。

参考文献

[1] 鲁迅. 且介亭杂文[M]. 北京：中国纺织出版社，2021.

[2] 茅盾. 连环图画小说[J]. 文学月报，1932，1(5－6)：209－210.

[3] 周伟. 连环画：创新发展根植时代沃土[N]. 人民日报，2023－07－16(8).

[4] 新京报. 四大名著连环画：有你的过去，也将是你孩子的童年[EB/OL]. (2022－08－26)[2024－09－10]. http://news.qq.con/rain/a/20220826A02AB100.

[5] 徐振国，魏同玉，谢万里，等. 媒介技术影响教育形态变革：历程、规律及启示[J]. 数字教育，2023，9(3)：23－30.

[6] 费尔克拉夫. 话语与社会变迁[M]. 殷晓蓉，译. 北京：华夏出版社，2003.

本文发表于《江苏教育研究》2024年第11期

爱与智慧催生“美丽教育”

刘昕是我很喜欢的一个后辈，无论是在学科教学还是在学校管理方面。她的每一次进步、每一次获奖，我都为她高兴，并且从不觉得诧异。综合各项素养和表现来看，她似乎是一个与生俱来就具有教育者气质和特性的人。作为一所学校的法人，必然会面临很多琐事、难事，想要始终保持良好的心态是不容易的，但是，刘昕做到了——无论什么时候遇到她，她总是乐呵呵的，那高频率出现的爽朗的笑声，似乎是她的一个标识，总是向身边的人传递着一份美好的情绪。这，正是教育人心中永葆希望、眼睛总是明亮的典型特质，这也是许多教育同行特别关注她，并且愿意指导、帮助她的重要原因。

刘昕是个有教育爱的人。近年来，在很多个与一线教师交流的真实情境下，我都会很自然地和老师们分享刘昕与一个孩子的教育故事。我说：“南通有一位中青年名师叫刘昕，她是‘江苏人民教育家培养工程’第三期的培养对象。即使她永远成不了教育家，就凭她做的一件事情，我们可以判断她已是一个具有教育家情怀的中国好教师。她用三年的时间去辅导一个语言障碍自闭型儿童，最终让这个孩子开口与人交流。这是只有具有教育家情怀，具有对儿童无比深沉之爱的教师才能做到的。”

三年下来，针对这个孩子的诊疗研究记录已达 25 万字，刘昕将其整理后出版。华东师范大学高德胜教授这样评价这一教育事实：“这个孩子是不幸的，因为他有过一段困难的留守生活；他又是幸运的，因为他遇到了刘昕这样有教育爱心的老师。”

刘昕是个有教育智慧的人。她的教育智慧首先表现为对教育的高度敏感。从对一个儿童的审美化学科诊疗的成功个案中，她看到了母语审美的普适性价值。母语是特定民族认知世界的独特方式，更是特定民族的精神家园。作为一名优秀的小学语文教师，刘昕显然深谙此道。她准确把握了汉语的人文性特点，高扬审美课堂的旗帜，不断探索母语教育的规律。她沉浸其中，流连忘返，甚至生成“沸腾”的审美感受。可见，她的语文教学，不仅是职业本分，也是生活方式，更是生命样态。

这种教育敏感，还表现在她在日常教育生活中对自己保持高度警惕的自觉上。她警醒自己不要“忙枯”了，所以，她读书之勤奋在同辈校长中是很突出的。她警醒自己不要“忙乱”了，所以，她很好地传承了她的导师李吉林专业研究的层递性和稳节奏，一步一个脚印，不急不躁。中国楚辞研究专家周建忠先生评价刘昕时这样说：“刘昕是江苏省小学语文名师工作室的主持人，是江苏省重点培育‘四有’好教师团队的领衔人，她曾经在我所知道的江苏省内面积最小、最简朴的工作室里培养了一批优秀的青年教师，一日未曾停止过研究与引领。”她警醒自己不要“忙昏”了，在闲聊中，她有两次提起斯皮尔伯格导演的《大白鲨》，她对影片中潜藏的大白鲨有自己的看法，她说：“看不到的东西可能比看到的东西更可怕。人们往往聚焦于眼前的事实，却忽视了其他可能隐藏于盲点背后的事实。”她提醒自己在教育现场要时时小心那条潜伏的“鲨鱼”。这也就能解释为什么在她率真的笑声里，身边的同伴却能感受到她内心从未停止的关于教育的那些隐忧。因此，我认为她对教育的本质有着清醒的认识。

的确，她的教育智慧表现在对教育的本质认知上。她坚定地认为，教育是成就每一个人完整人生的事情，是关乎民族未来发展的事情。从她的诸多报告和文章中，我们可以清晰地感知到这点。这就使得她个人的教学主张和办学主张较早地从学科立场向教育立场转型。她的导师陈锁明先生说：“我和刘昕的其他导师一样，从来都不怀疑她可以把不同层次的学校都领上一个新的高度，因为她始终站在对国家和民族未来负责的角度思考如何办学，对儿童的无限真情可以自然地流淌在她的举手投足之间，这一点极其珍贵。”如今，她从语文学科审美主张走向“美丽教育”办学主张，以她优秀的道德品质团结行政团队，以她丰富的学识引领、指导教师团队，他们共同构建“美丽思政‘学科＋’内涵建设”项目，实现高质量落实国家课程的目标。其中的一些小课程很有意思：比如“美丽体育在日常”，为这个伟大的民族培养体魄健康的人；比如“午间漫时光”，为这个伟大的民族培养心灵富足的人；比如“我们的点赞时刻”，为这个伟大的民族培养道德优美的人。

看到她继续在成长，我是很欣慰的。“美丽教育”成全师生的幸福生活，是教育的应然气象，是刘昕和刘昕们追求的更高处。

本文发表于《江苏教育》2023 年第 32 期

第三辑

郁郁葱葱

好大一棵树

——记于漪老师

李清照写银杏树，用“风韵雍容”形容。第一次碰到这个词，不知怎么我的脑海里就浮现出于漪老师的形象。于漪，1929 年 2 月 7 日生于江苏镇江，1951 年 7 月毕业于复旦大学教育系，从此开始书写教育人生的华彩篇章，2019 年获得国家“人民教育家”称号。如果允许以树做意象，于漪老师就是“好大一棵树”，一棵挺拔俊秀、风韵雍容的大树。

一、根：大爱之情

“好大一棵树，深情藏沃土。”于漪这棵大树的力量之源就是她的大爱之情。

爱祖国。于漪爱生于斯、长于斯的祖国。她出生在旧社会，那时的中国，积贫积弱，内忧外患。她的父亲年仅 30 多岁就因肺结核病去世，母亲半文盲，姐弟五人，于漪最长。要生活，要求学，要躲避敌寇侵扰，艰难困苦可想而知。血浓于水，于漪爱自己苦难深重的祖国。老师教《苏武牧羊》《南乡子・登京口北固亭有怀》，使“祖国”“家乡”“气节”这些大字眼闯入她心间。母校镇江中学“一切为民族”的校训，照亮了她人生的未来。用于漪老师自己的话说：“这五个大字掷地铿锵，镌刻在我的心中，成为我铸造师魂的基因。”[1] 于漪爱“雄鸡一唱天下白”的新中国。全国解放了，中国人民从此站起来了，乌云散去，阳光明媚，可以想象于漪“翻身农奴把歌唱”的激动与感恩。她谈及这种心情时，习惯用“如果……那么……”的假设复句来表达。于漪爱“东方风来满眼春”的改革开放的祖国，是改革开放的春风给祖国带来新的教育家研究希望。于漪老师说她是改革开放“极大的受益者”，她从此舒畅身心，扬眉吐气，发挥自己的聪明才智，躬耕杏坛，化育桃李。于漪爱走向伟大复兴的祖国。进入新时代，年事已高的于漪老师仍然弦歌不绝，建言献策，“传经布道”。她的人生步履依然和着伟大祖国现代化大业前行的音程。

爱学生。于漪经常讲，爱祖国不只是一腔热情，而是要落下来，落到自己从事的教育工作上，落到自己站立的课堂上，更要落到自己教的学生身上，因为，于漪老师认识到教育“一肩担着学生的现在，一肩担着祖国的未来”。于漪老师爱学生，发乎内心。“教育者的职业活动无疑最近似母亲的工作……其工作动力源于对人的爱，而被爱的人是她的亲骨肉。”[2] 于漪爱生如子，有不少故事是讲述她帮助一些暂时落后的学生，或者是遇到某种困难的学生，这些故事都因为师情浓郁而具有感人的力量。于漪老师爱学生，朝向未来。她谈到过“新人”的意蕴，她爱学生，不仅引导学生向着真善美成长，而且朝向未来，成为时代新人。于漪老师爱学生，当严则严。她从来不姑息学生，有问题，有毛病，决不放过，而是用尽可能的和恰当的方式引导这些学生改正缺点，体现出教育方式的“成人之美”。于漪老师爱学生，叩响心弦。她有文章题目就是《和学生的心弦对准音调》，以情激情，同频共振，在课堂上奏响和美的乐章。

爱自己。王安石有言：“爱己者，仁之端也，可推以爱人也。”[3] 在一定意义上，爱国家，爱事业，爱学生，是通过爱自己实现的。于漪老师的名言——“一辈子做教师，一辈子学做教师”，其实也闪亮着自爱的光泽。“学做”以及“学不可以已”，是在追求人生意义的不断超越，成为品性高尚的人。“学做”，是在“学然后知不足”的心理观照下，通过锲而不舍地读书不断充实自己，以至如她自己所说，力求做到“一丝而累，以至于寸，累寸不已，遂成丈匹”，不断丰富自己的智力生活。“学做”，在于漪老师就是自觉地“照镜子”，她说自己有两把尺子，一把量别人的优点，一把量自己的不足。正是这样不断修炼、不断磨砺，才使自己进入“表里俱澄澈”的佳境，成为一个伟大的教师。

二、干：为师之道

于漪“一辈子做教师”，即便以其他身份“出场”，她依然代表教师。所以，这棵树的树干，就是为师之道。我在讨论名师成长之道时，曾从道路、道说、道理三个方面展开。在于漪，无论课堂实践，还是发表的文字，都是发出的一种声音，都是道说。这种道说对于我们，如同郑敏诗句：像我从树的姿态里，所感受的那么深。一者是其道路，二者则是道理。

道路。于漪作为一名伟大教师，经历了以下发展阶段：

第一阶段，入门阶段。于漪开始上语文课，因为并非科班出身，又没有老教师指导，只是一味把功夫花在自己对课文的理解上。谁知教研组长听课以后当头棒喝："语文教学的大门在哪儿，你还不知道。"于是，于漪老师开始了艰难的寻觅。她到记忆中搜索，回到自己做学生学习语文的现场，感悟当时老师教学的精妙之处；她从比较中学习，将母语教学与外语教学进行比较，将语文教学不同的意见进行比较，将流行教法与自己形成的见解进行比较；她到语文教育论述中学习，认真阅读名家高论，逐一品味推敲，终于拾级而上，登堂入室。

第二阶段，成熟阶段。一名教师进入成熟阶段，大抵有三个标志。一是能较好地处理教与学的关系。师生关系是教学最基本的关系，教师要目中有人，对学生有全面、具体的认识和了解，同时要唤醒、激发学生的学习热情。于漪老师在这方面达到较高的层次，其重要的表征是"和学生的心弦对准音调"，组成了学习共同体。二是能较好地把课程知识转化为教学知识。这就要在研究学生、把握学习起点的基础上，在个人意义上深刻地理解课程知识。在语文教学中，这种课程知识常常是以经典文本为载体的，而这些经典文本如艾略特所言，往往体现文明的、心智的、语言的成熟。教者从这三个维度吃透教材，才有可能借以把课程知识转化为教学知识。于漪老师在这方面尤见功力，她常常能较好把握文章基调，其实是从作者的心智表达方面触摸到文本的肌理。三是能较好地掌握学科教学知识，在"怎样教"上达到轻松驾驭的水平。于漪老师在课堂实践中已经逐步进入生产学科教学知识的阶段，比如，她每每能用语言"粘"住学生。以上所说这三个方面，就是师者对学生、对知识、对自身在学理上说得清楚、做得到位。这也是我们评判于漪老师在 20 世纪 60 年代初期进入成熟阶段的重要依据。

第三阶段，风格阶段。如果说，成熟阶段主要是"我们"，风格阶段则已经从"我们"走向"我"，有了鲜明的教学个性。于漪老师从 20 世纪 60 年代前中期到评上特级教师的一段时间，其重要标志在于，她对语文教学已经形成独特的见解。机缘凑巧的是，她有了在座谈会上发表自己看法的机会，这使她引起了市教研员杨质彬老师的关注。她的课已经有鲜明的个性特征。老舍先生说,风格是心灵的音乐。别林斯基说,作品是镌刻作者性格的徽章。于漪老师的课,“登山则情满于山,观海则意溢于海”,有了鲜明的风格。正如她的爱人夸赞她的公开课:“你是用生命在歌唱。”她已经有了较大的影响力,评上特级教师后,几乎每堂课都有人听,多则一二百人,想象那种胜景,仍然令人心潮澎湃。她有了自己的专著,不断有文章见诸报刊,已经是“天下谁人不识君”。

第四阶段,境界阶段。胡治华先生曾有文讨论于漪老师的教学境界,我深表赞赏。从时间上说,20 世纪 90 年代以后,宽泛言之,也包括风格阶段的一部分时间,于漪老师的课如行山阴道上,目不暇接,美不胜收,甚至渐臻化境。其重要的标志包括:“横看成岭侧成峰”,教学方法与知识呈现特点高度匹配;“夜色更无山隔断,天光直与水相通”,文本的内部世界,学习者与知识,了无遮隔,具有通透感;“文章不是无情物,师生俱是有情人”(于漪语),审美的高潮在课堂中合于必然的“发展规律”,则是欣赏者在作整体的深层次的理解,[4]余音袅袅,悠远绵长。

道理。于漪老师无论是课堂还是文章的“道说”,都反映了深刻的教育教学规律。在我看来,主要是四个“统一”。

第一是“教文”与“育人”的统一。于漪老师在 1978 年就提出“教文育人”的教育主张。在 1995 年,发表《弘扬人文 改革弊端——关于语文教育性质观的反思》,产生重大影响。于漪老师对语文学科的本质有着深刻认识。笔者见过于老师审查《义务教育语文课程标准》研制稿的意见,其中有一段:“语文是直接指向人的,语言文字是人独有的,语文是研究人对语言文字的理解与运用。正因为要研究人对语言文字的理解与运用,就不得不研究与语言文字密不可分的人的思维、情感、品质、能力等。语文就是人生,伴随人一辈子。语言文字这个工具与人是一体的。”①这些观点是相当有见地的。“人”在哪里呢? 人是生活在、成长在积极的语文实践中的,因此要在“教文”中“育人”,要通过“教文”化育生命、升华情感。

第二是立体化与贯通性的统一。很多论者注意到于漪老师课堂教学的立体化。所谓立体化主要指师生之间的纵向交流和学生之间的横向交流交织起来,组成网络结构,使信息交流呈现立体交叉传递方式,这是“目中有人”视角下的课堂空间结构。在于漪,与之交融的还有前后贯通的时间结构。于漪老师对课堂教育

① 参见于漪审读《义务教育语文课程标准》的意见,内部资料。

家研究的所有教学环节都下过水磨一样的功夫，这也是她的课具有“一清如水”之美感的重要原因。如看于漪老师讨论教学节奏的安排，分别讲“起始阶段的吸引力”“有起有伏，有疏有密”“高潮的掀起”，课已尽而意无穷。时空交织，融为一体，于漪老师的课堂形成境界。

第三是科学性与艺术性的统一。于漪老师的课堂实践总是努力尊重、遵循教育教学基本规律，她自己说自己从事教育教学改革，都是在教育理论指导下进行的。我们还注意到，于漪老师对教育教学中的“钟摆”现象持有高度的敏感。比如，在上面提及的信中，于漪老师强调：“基础不牢，地动山摇。转变教学方式，为了师生的积极性、主动性发挥，基础打得更扎实，更宽广。”①以“人文派”著称于学界的于漪老师，发表这样的意见，意味深长，人们从中可以看出对时弊的针砭和批判。于漪是大家公认的语文教学艺术大师。她的语文教学艺术以学生发展为第一价值追求，恰如乌申斯基所说，“教育学当然就成了最高级的一种艺术，因为它力求满足人类最伟大的要求——人的本性的完善”[5]。她的语文教学艺术体现在对教育规律的灵活运用上。教学中的创造，可能因文而生，可能因人而异，可能因教学情境的变化而起，都是努力如苏霍姆林斯基所说，使“科学与实践相结合”，“把科学的原理变成我们的创造性劳动的活的经验”。她的语文教学艺术具有鲜明的审美特征，特别是以情感作为审美的内核方面，开发情感信息的资源，引向情感体验的高潮，优化情感色彩的选择等，创造了许多生动的范例。[6]可以说，于漪老师的课堂实践生动地阐说了教育的一体两面，既是一门科学，也是一门艺术。

第四是“做”与“学做”的统一。于漪老师说自己“是一辈子做教师，一辈子学做教师”。她在这里深刻地揭示了教师专业成长的一个奥秘，就是以专业实践的改进作为教师发展的基本途径。在“做中学”，在“学中做”。且看看于漪老师的读书，都是围绕教学内容往外打开的，都是围绕教学中遇到的一些基本问题形成聚焦点的，而她的教学反思更是教案的有机组成，促使自己“苟日新，日日新”。正是这样，于漪老师的从教生涯不断拾级而上，以至几乎达到“海到无边天作岸，山登绝顶我为峰”（林则徐诗句）的境界。

① 参见于漪审读《义务教育语文课程标准》的意见，内部资料。

三、枝：多重作为之领域

“好大一棵树”，总是枝繁叶茂的。沿着“为师之道”这根主干，于漪这棵大树生长出三个向度的枝干，亦即在三个领域的具体工作中，她都有所作为，作出了突出的贡献。

第一个向度，是语文教学的各个领域。于漪老师的阅读教学思想理论对于中小学语文教学具有教科书意义，这里暂且不论。她对写作教学也多有探索，成绩斐然，在我看来有三个方面：一是读写的高度融合。于漪老师总是抓住课文提供的训练窗口，引导学生不失时机进行仿写，实现知识迁移。更重要的是，她在阅读教学中总是能抓住课文的独特之处，启发学生品味体悟。作为教材的文本，作者在写作时，如海明威所说，“寻找自己的句子”，总是为“怎样写”创造了生动的范例。于漪老师启发学生从陌生感角度把握文本，其实包含了对学生写作的指导，这种日复一日、不着痕迹的指导，对学生写作能力的提高，是意义深远的。二是于漪老师的写作教学是高质量的课程创生。她的写作教学不只是教材“制度性”的安排，而且是一种体验性、建构性课程，是在过程中逐步生成的。且看她的作文讲评，如写《夏日的夜空》，讲评的课题是《让思想长上翅膀飞翔——谈开展联想和想象》，这个讲评课题大致相当于我们今天讨论的大观念，而教学资源则是师生在过程中共同生成的。综观她的写作教学体系，是由写作观念、写作内容、写作方法、写作过程、写作评价完整构成的，师生共同深度参与了写作课程的建构。三是于漪老师引导学生在真实情境中写作。她创设活动，丰富学生生活经验；她指导学生学会观察、思考生活、学会选材；她组织学生从审题到修改，经历写作全过程，而在其过程中，师者不失时机地进行指导。这样的作文，体现了“写文”与“育人”的深度融合。

第二个向度，是学校工作的其他方面，主要是做班主任、做校长。于漪老师做班主任，不断“拷问感情与责任”。一是公平地爱学生，从有个人偏好的爱到热爱每一个；二是深情地爱学生，克服自己和家庭的困难，把学生真正放在心上；三是最大限度地为学生打开发展的积极可能性，引导学生努力上进，“深入了解他们的知识世界、生活世界、心灵世界，在关键处引导”。于是，才有了人生幸福的感慨：“长相忆，我那些个性迥异、充满活力的学生！”[1]于漪做过多年上海第二师范学校的校长。当校长，她的志向是“校长应努力成为教育家”。一是明确历史方位，提出办学的三个制高点，即“站在时代的制高点上、战略的制高点上，以及与基础教育先进国家竞争的制高点上”[1]。二是用先进的思想观念凝聚人心，聚焦培养什么样的人，提倡“两代师表”一起抓。三是以制度管人，树立良好的教风、学风、校风。四是把课堂教学质量当作学校质量的生命线。在百废待兴的境况下，旗帜鲜明、扎扎实实抓教学质量。五是让教师成为学校变革的核心力量，用于漪老师的话说，就是“以任务团结教师、培养教师”，使教师真正成为学校的主人，而且是能担当重任的主人。上海第二师范学校因此迅速崛起，受到当时国家教育委员会的表彰。

第三个向度，是成为参政议政者。一是以人大常委会委员的身份，“人民代表为人民”，积极推动上海基础教育有关法规条例的研制，大声疾呼全社会努力，解决基础教育面临的一些突出问题。二是以专家身份参与审查教材、审查课标，这也是另一种形式的“参政议政”。于漪老师由内而外的真诚和透过现象看本质的卓见，总是具有抵达人心的力量，受到相关方面的高度重视。她的不少建议都已经转化成政策文本的某种表达。

四、叶：华滋焕发之细节

《古诗十九首》有句“绿叶发华滋”；惠特曼有诗，写一棵橡树“一生发出欢乐的叶子”；林庚教授有名篇《说“木叶”》。于漪这棵大树之绿叶，也是很值得“说”的。

一是繁茂。名师的人生高度是由一节一节高质量的课垫就的。于漪成名是因为课，于漪成名后几乎所有的课都是公开课。她还有公开发表的 800 多篇文章，现在又有 21 卷本《于漪全集》，更有未曾发表的更多的课例，有未曾形成文字的许多生活故事，即便是孤陋寡闻的笔者，亲历的或听说的，也都有温暖人心的力量。种种这些造就了这棵大树的郁郁葱葱，蔚为大观。

二是光泽。于漪的许多生活细节、教学细节，都闪烁着思想的光泽、情感的光泽。如果细细品味于漪老师的教学实录，细细品味于漪老师文章中讲到的那些故事，都会知道我此言不虚。这里还是讲一件我亲历的事情：有一次在南京东郊宾馆的一间小会议室里，十多位学者正在讨论语文教学的问题。说到学科育人，于漪老师说：“语文老师有一个使命，就是在教学中，要创造机会，把学生的心灵引向辉煌。”

有不少同志听我讲过这个故事，也听我描述“听君一席话”的感受——“我真的感到小会议室一下子明亮了！”于老师所说的，应该可以看作最高境界的学科育人吧！

五、荫：福泽后学之影响力

荀子《劝学》有句：“树木成荫而众鸟息焉。”名谚有云：“大树底下好乘凉。”《好大一棵树》歌曲词有“撒给大地多少绿荫”。于漪这棵大树浓荫遮蔽，具有福泽后学的绵绵之力。

于漪带过很多学生，带过很多青年教师，但我认为这不是她福泽后学的全部，甚至不是福泽后学的主要部分。于漪作为中国基础教育界标杆性人物，她的思想、她的风采已经深深影响了一代又一代的无数的老师们。以我自己为例，最多是一名私淑弟子，但却深受于漪老师的影响。故事是有力量的，还是讲几个自己经历的故事：

其一，1991 年于漪从教 40 周年庆典，我有幸接到邀请。此前于漪老师也曾到我工作的江苏省泰州师范学校指导，我当时就戏称“光辉照耀”。到上海后，我和一位同事专门到于漪老师家里小坐，当时她的先生、孙女都在，就是聊家常，具体说什么我都忘了，但那种如坐春风的感觉仍然历久难忘。后来我读诺丁斯《幸福的教育》，诺丁斯说幸福的教师“具有令人惬意的品质”。我当然地想起于漪老师：对啊！她就具有这样的品质。我也曾和一些老师讨论过这个话题：我们怎么如诺丁斯所说、如于漪老师所做，令人惬意呢？

其二，我在 20 世纪 80 年代末、90 年代初，主要根据自己的从教经验，写了一本《语文教学艺术论》，修订后由华东师范大学出版社于 2020 年 10 月重新出版。在书中我引用最多的是于漪老师的观点和案例。这本书出版后已数次重印，可见还是有读者的，其中一个原因，是我引用的如于漪老师“用心灵唱出”的思想和实例，对老师们是具有启迪意义的。

其三，统编版高中语文教材出版后，作为分册主编之一，我组织原苏教版高中语文教材编写组的核心成员和参加统编版教材编写的部分同志，共同编写一套高质量的学习设计，为师生使用新教材提供支持。我们是用研磨教材的功夫做这件事的。这套《名师教语文——深度解读与学习设计》书稿交由华东师范大学出版社出版。出版社先后传来两次话，第一次是刚刚收到书稿，捎话来说：“这样的书稿久违了,谢谢!”第二次是正式出版后,又捎话来,说于漪老师托人要这套书。我也未曾考证真假。但听说于漪老师很关注,这确实使我们受到很大鼓舞,也坚定了我们在这套书中表达的基本立场和基本思路。试想,如我这样,在于漪老师完全不知情的情况下,都深受她的影响,那在教师队伍中,如我这般的人又何止成千上万!

“风是你的歌,云是你脚步,无论白天和黑夜,都为人类造福,好大一棵树。”(《好大一棵树》歌词)于漪是“好大一棵树”,是语文教学之幸、教育之幸、祖国之幸。深深感谢于漪老师!深深祝福于漪老师!

参考文献

[1] 于漪.于漪全集:教育人生卷[M].上海:上海教育出版社,2018.

[2] 凯兴斯泰纳.凯兴斯泰纳教育论著选[M].郑惠卿,选译.北京:人民教育出版社,2004.

[3] 王安石.临川先生文集[M].北京:中华书局,1959.

[4] 高楠.艺术心理学[M].沈阳:辽宁人民出版社,1988.

[5] 德米特里耶娃.审美教育问题[M].冯湘一,译.北京:知识出版社,1983.

[6] 杨九俊.语文教学艺术论[M].上海:华东师范大学出版社,2020.

本文发表于《江苏教育研究》2024 年第 2 期

薛法根的语文世界

“天下谁人不识君?”薛法根老师是全国小学语文界鼎鼎大名的人物。但由于横岭侧峰,也由于见仁见智,要真正为法根深描,至少对我来说还是颇感吃力的。本文试从观念、范式、技术、艺术等方面,为法根画像,算是为研究法根,以至于研究“薛法根们”,做一次探索。

一、观念

观念是从感觉经验中抽象出来的,是对某一方面的认识和觉悟。正确观念的形成,观念系统的成熟,是名师迈向名家的重要标识。在这方面,法根不仅“有”,而且“亮”。

“为言语智能而教”,是薛法根最重要、最核心的观念,可以说是属于他自己的“大观念”。这个观念姓“语”,是语文这个学科独有的,“言语”是语文最重要的特征,“智能”的“能”点出语文能力学科的功能定位,而“智”(智慧)则将语文的意蕴性囊括进来。这个观念彰“用”,“言语智能”彰显语言文字的应用性,照应核心素养培育的用以致学。大家都知道,综合性、实践性是语文学科的基本特点,在课程实施中落实这两个基本特点,就是在培育学生的语文素养。而素养是在知识的情境化运用中表现的,本轮课改倡导用实践的方式学,就是朝向核心素养的培育。将语文课程定位在“为言语智能而教”,正是体现了实践性的素养观。这个观念涵

"全",它是从能力的维度着眼,涵盖了语文知识、语文素养的全部。根据胜任力冰山模型,胜任力可见的是冰山上面的一部分,这主要是说在行为和表现中可以看到的知识与技能,而冰山在水下隐藏的部分,如社会角色、自我认知、特质、动机等是看不到的,但正是后者决定了前者。看不到不等于感觉不到、推测不到。人们对一个人素养的判断是基于他的表现对他作出的整体把握。"言语智能"也是一座冰山,语文是向内涵育与向外表现的内在统一,人们可以从言语者的表现推测出、感受到他的整体素养,所以这个观念具有"全"的特征。正是"语""用""全"的支持,让薛法根的大观念"立"起来了。

"为言语智能而教",薛法根提出这样的大观念,需要足够的理论勇气和实践智慧。好在法根通过观念系统和实践体系的构建,逐步把它说透了、说圆了。特别是《语文课标(2022 年版)》颁布后,法根惊喜地发现,自己的不少想法非常契合新课标的精神,这使他平添了足够的底气。他又逐步完善自己的观念体系,在大观念下形成一系列具有结构化意义的子观念(见图 14)。

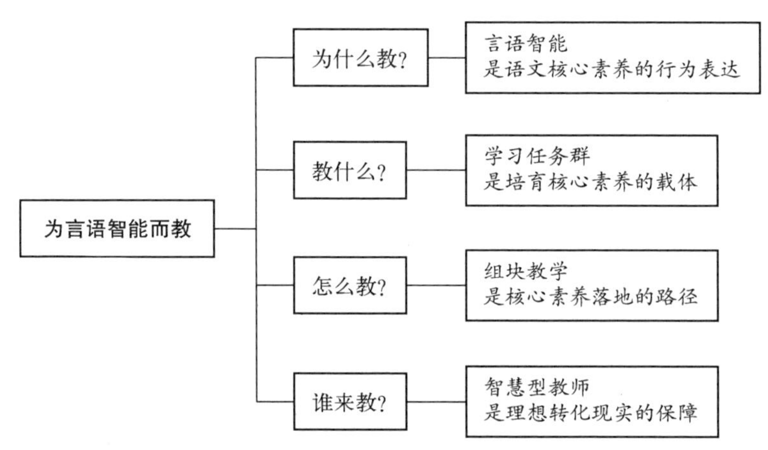

图 14 "为言语智能而教"观念图

(一) 为什么教

言语智能是语文核心素养的行为表达,这是目标问题。把这一点说透了,"为言语智能而教"才能立得住。法根对言语智能做过充分的阐释,在他的观念视野中,言语智能是语言的,包括词素、词语和固定短语等语汇,这是言语智能形成的"语言养料";言语智能也包括词法、句法、段法及章法等普遍语法,这是言语智能生成的"基因密码"。言语智能是思维的,"我思故我在",以形象性为主的思维将言语材料、言语法则围绕语义联结成一个融会贯通的智能操作系统，思维构成言语智能发展的“动力装置”。言语智能是审美的，说话得体就是一种美，语境蕴含的婉曲常常具有让人流连的美，语言成品作为经典流传正是因为它们是美的典范。言语智能是文化的，洪堡特说：“每一种语言都包含着独特的世界观。”伽达默尔认为：“现实完全是在语言中发生的。”情怀、人格、精神在言语实践中形成，是语文课程的不二使命。正是一代代前贤创造的语言成品传递着人类的文明，激发后人在积累性传承中创新。可以说，言语智能是从应用、表现的角度切入，把语文核心素养涵盖进去。

（二）教什么

学习任务群是培育语文核心素养的载体，这是内容问题。新课标颁布后，薛法根着实下了功夫，他对于学习任务群的认识，集中在以下方面：第一，学习任务群是形成核心素养的内容载体。新课标指出，要以中华优秀传统文化、革命文化、社会主义先进文化为核心内容，以学生生活为基础，以语文实践为主线来设计学习任务群，引导学生在运用语言的实践中提升语文素养。这样的群共有六个，分为基础型、发展型、拓展型三个层级，从而搭建了语文课程内容的大厦。“为言语智能而教”，当然以任务群为基本载体。第二，学习任务群是用实践的方式学。学习任务群本质上也是一种学习方式，要求在任务驱动下，以积极主动的语文实践构建学习生活，薛法根多次借崔允漷教授的说法，强调“做事情”。笔者也曾经在文章中阐述过“做事情”对核心素养的形塑作用：做的这个事情“对不对”，这是价值观问题；这个事情会不会做，这是关键能力问题；对的事、有能力做的事，能不能把它做好，这就涉及必备品格。[1]薛法根则从“为什么做？用什么做？做什么？如何做？做得如何？”等方面对“做事情”作了具体设计。任务群是内容与方法的整合，或者说学习的内容包括学什么与怎样学。作为载体的任务群自身包括了这两个方面，法根的把握是准确的。第三，以单元整体建构的方式开展任务群的学习。核心素养的培育，基于知识学习“知道”“理解”“能做”三个维度的落实。“能做”就是要走向知识的具体化应用，无论是用做一件事贯穿始终，还是要从感知体验，走向抽象建构，再走向应用领悟，都需要一个相对完整的时间单位，至少可以以一个教材单元为依托。薛法根从确定学习主题、设计情境任务、选择典型活动等方式入手，设计单元整体教学，正是基于这样的认识。

（三）怎样教

怎样教是核心素养落地的路径，这是方法问题。薛法根最闪亮的名片是组块教学，对此，我们在下一部分再详细阐说。这里要说的是组块教学下法根教育观念、教学观念的凝练。法根曾思考过什么是好的教育。他给了两个条件，一个是能让孩子有愉悦感，要激发学生学习的热情；另一个是让孩子有进步感，引导孩子从成功走向新的成功。薛法根曾在讨论“为言语智能而教”时，明确指出：言语智能是人在言语行为中表现出来的言语能力、表达机智、表现艺术以及内在的人文素养、精神底色。因此，教学生学习语文，就不能止于读懂课文“说了些什么”，还要琢磨“如何说的”“为何这样说不那样说”“我会如何说”，以获得一种言说的方法、能力与智慧。他还强调言语智能也是一种言语的心理敏锐感，要通过必要的语言积累，通过触摸作者的心智表达，通过与作者的对话，领悟那些基本的价值和情感是怎么温暖我们的心灵的，要通过跟着作者学语文，在“我们创造了什么”的实践活动中，慢慢生长出感言和审美的敏感。他还强调要让学生把握关键知识，相对而言，语文教学中所要学生识记的字词、积累的诗文，及所要了解的比喻、拟人等语法、修辞、逻辑知识，都是陈述性知识。“怎样概括”“怎样推理”等关于方法与策略的程序性知识，以及“在什么情境选择策略”的条件性知识，这些知识将在实践中转化为学生的语文能力、言语智慧，因此更为重要。组块教学融注了这些观念，落实了这些观念。

（四）谁来教

智慧型教师是理想转化为现实的保障，这是支持保障问题。怎么才能实现为言语智能而教？薛法根的答案很明确：教师应当是智慧型的。他写过《教育的名字叫“智慧”》《教育的智慧选择》等文章。他主政学校后，学校文化也是以智慧教育为主题。笔者和他也不止一次讨论过智慧教育这个话题，我们都赞成智慧的内核是善，教育智慧的“深处”是使命感，创造性教学是智慧教育的重要特点，教学的关键是以师者的智慧生成学生的智慧。我们也认为，教师应当提升道德境界，把握实践智慧的特点，在反思中不断走向更加智慧。难能可贵的是，薛法根想明白了就做。他的“为言语智能而教”生根开花，就是因为他带头建设了组块教学的智慧教师团队。

二、范式

正为大家所熟知,“范式”是托马斯·库恩在《科学革命的结构》中的核心观点,该书的导读说“库恩以一己之力,使‘范式’一词得以如此流行”,“使得每一个新的读者,都对这一词语赋予了与其作者在1962年提出时所想表达的非常不同的内涵”。[2]按照库恩的说法,“范式”是与“科学共同体”紧密联系的,每个学科的共同体都有着自己的一组承诺,以及自身的如何从事研究的模型。薛法根老师的组块教学,似乎就是这么一回事,在组块教学联盟中受到高度认可,更有很多教师“照此办理”。认真加以研究,触摸内在肌理,对探索语文教学的本质规律是有意义的。

(一)“教学块”,这是组块教学范式最核心的部分

其基本要素包括四个方面:一是选择生长性教学目标。围绕“言语能力”,根据文本教学价值及学生发展可能,确定最具生长价值的核心目标,以实现多方面的教学功能,体现“聚合性”。二是整合本体性内容。聚焦“运用法则”,选择语文本体性内容,并整合为板块化的教学内容,实现以少胜多,体现“简约性”。三是设计阶梯性的教学活动。基于“活动功能”,将教学内容转化为适合学生的言语活动板块,以积累为内核的诵读板块,以理解为内核的述演板块,以迁移为内核的读写板块,以创造为内核的问题解决板块,体现“层递性”。四是采用一致性的教学评价。根据“目标达成”,适时评价学生的学习状态及水平层级,以调整教与学的节奏,实现“教—学—评”的一致性,体现“有效性”。[3]“戏法人人会变,各有巧妙不同。”薛法根在教学“目标、内容、实施、评价”的认知框架中,有自己的理解和创造,最为重要的是,他的“教学主张”是由“知识块”和“活动块”有机整合而成的。“知识块”是课程内容的教学转化,形成以语言材料为内核的板块、以语用法则为内核的板块、以言语策略为内核的板块,一下子跳出了“知识点”的窠臼。“活动块”将教学内容转化为学生的言语实践,构成具有逻辑关联的阶梯性活动,通过板块式推进引领学生拾级而上。“结构化,并不止于课程内容的结构化,而是将学生及其活动纳入课程结构之中,使静态的内容能够动起来、活起来。”[4]因此,法根的课有了特别的内在秩序之美。

（二）“课程块”，这是“教学块”的前提，“教学块”是对“课程块”的落实

法根有自己语文课程的“房子”。他和伙伴们将文本分成三类：定篇，指教材中规定的经典语篇；类篇，指按照文本类型重组的单元语篇；用篇，指为完成任务而选择使用的语篇，或用其中的观点，或用其中的事实，或用其中的表达方式等。定篇是从经典性、谱系化、适切度三个方面综合判定的语文成品，换一句话说，就是最适合这个年龄段、这个任务群的经典。“假如我们能找到这样一个词，它能最充分地表现我所说的‘经典’的含义，那就是成熟……经典作品，只可能出现在文明成熟的时候，语言及文学成熟的时候，它一定是成熟心智的产物。赋予经典作品以普遍性的正是那个文明、那种语言的重要，以及那个诗人自身的广博的心智。”[5]法根十分重视从这三个“成熟”的维度，探寻核心素养落地的契合点和引发对话的共鸣点。类篇，是从文体角度考虑的。法根介绍，他们选择类篇，往往是围绕一个议题进行，议题是多元的，可以是关于这一类文章的读写策略、文体特征、表达方式、作家风格及主题表现等等。结合他的教学案例，他并不拘泥于某种题材的几个要素等等，而是有较宽的视野，是综合考虑体类、体貌、体式、体格的。体类，即文本的类别，这是大而言的；体貌，即文体的外在风貌，往往构成作品的风格；体式，即文本形体的组合方式，它构成了文本的内在结构；体格，“格”，规范也，即更具普遍性的组合方式所依据的内在规范。[6]尽管对于小学生不需要对应落实，但法根对体类、体貌、体式的把握都是很到位的，他的一些经典课例，注意引导学生对语言文字运用内在规律的体悟，更有走向体格的意味。用篇，是着眼于应用，这表明法根的教学都以走向知识的具体化应用为追求。这种“用”就是学习目标的落点，是知识的迁移，是一个相对完整的意义时间的标志，正是定篇、类篇、用篇构成了单元。法根又努力在单元中提炼大观念，形成具体教学内容与核心素养的对接。于是他创造了自己的语文课程。当然，这些基本型的课程，是基于教材又超越教材形成的。此外，薛法根他们还有一块以“跨”为主要特点的课程开发。跨学科的主题阅读，使阅读涵盖全学科；跨学科的写作课程，在多个学科中梳理“写”的要求，相机给以落实；跨学科中的问题解决，基于真实情境，调动多个学科的知识与方法，解决复杂问题，提升语文素养。全方位、体系化的“跨”形成了对基于教材开发的“课程块”的补充和完善。

（三）“方法块”，这是活跃在“教学块”中的细胞

“方法块”可以分为“教法块”，如字根识字、词串识记、句式集群、语段联比、类

篇教学、整书导读等；还可以分为“学法块”，如类化、联比、联想、推想等。落实到具体课文的教学，则可能有言与意的联结，表与里的联结，上与下的联结，知与用的联结，读与写的联结，人与文的联结，等等。

至此，我们可以尝试描摹薛法根老师组块教学的全景了。

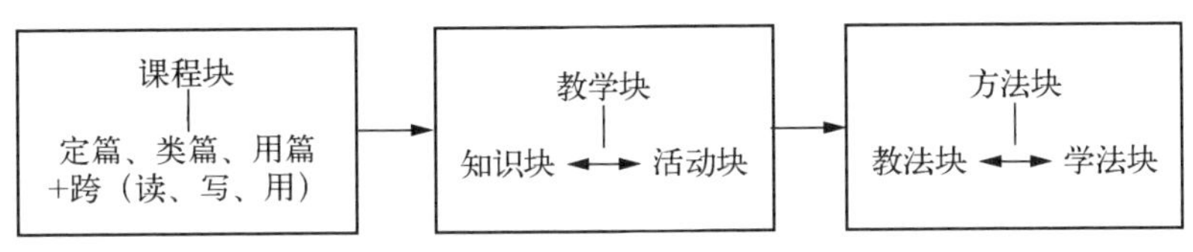

图15　组块教学范式图

（四）融合“课程块”“教学块”“方法块”形成的大单元教学

新方案提出“探索大单元教学”，究竟什么是大单元教学？或者说，大单元教学“大”在哪里？就着薛法根老师的案例，笔者以为基本可以回答这个问题了。

大单元教学之“大”，一是“大”在统领。普通高中课程改革提出“重视以学科大概念为核心”，新方案提出“遴选重要观念”。当然，关于这方面争议很多，但不管怎么说，一个单元，总是有一个东西罩住所有，这个东西基于事实性知识，从具体中超离出来，我们可以称为“大概念”，也可以称为“重要观念”。法根就是在每个单元中提炼出了一个“大观念”。如果还不能抽象到这一步，或者说，还不承认人文学科中可以用“大概念”“重要观念”（国际上也有这方面的意见），都不要紧，我们可以概括成一个大问题、大议题，或者拎出一个大任务，都是可以的。总之，是使单元各板块之间有一个凝聚点，使核心素养落实到具体单元得到有效承接。

二是“大”在整体。不同板块的知识放在一个单元的“理由”，是因为它们有相同之处，但知识的个性和放在不同部位的功能，又有同中之异。正是这异中之同、同中之异构成了一个整体，要从整体去把握其“同”与其“异”。另外，如有学者所言，“知识和过程是双人舞”，内容与方法，应当有机整合。对于这些，法根的团队都给予了有效的解决。

三是“大”在开放。法根的“用教材教”，对教学内容进行重组，将知识学习与生活经验融通，实行跨学科的读、写、用，等等，都体现了课程和教学的开放性。

四是“大”在做事。学生在任务驱动下，做中学，用中学，创中学。法根的“做事情”，就是言语实践，是在让课堂向四面八方打开的情境中，用语文的方式做事情。只要“做”，就会“大”；只有“大”，才能“做”。

五是“大”在完满。“完满”首先是一个时间维度，是一个相对完整的学习单位，从定篇到类篇，再到用篇，这就构成了一个完整的学习过程。“完满”的另一方面是质量维度的要求，包括结构化和审美性。组块教学显著的特征就是结构化，这是毋庸置疑的；审美性则是以主体自由为前提的满足感，法根的课总是让学生流连忘返，这方面我们留待机会再进一步展开。基于以上论述，笔者以为，法根对小学语文的大单元教学，进行了卓有成效的探索，对于同行是有重要借鉴意义的。

三、技术

教学也是一个技术的活儿，没有刻苦的练习，就没有熟能生巧，没有一丝不苟的规范，就没有符合规则的自由。法根能从新手到专家，其也有一条技术精进的路线。

（一）从新手到熟手：有目的地练习

有目的地练习具有四个特点：具有定义明确的特定目标，它可以引导你的练习；专注力，要想取得进步，必须完全把注意力集中在你的任务上；有效反馈，不论你在努力做什么事情，都需要反馈来准确辨别你在哪些方面还有不足，以及为什么会存在不足；走出舒适区，如果从来不迫使自己走出舒适区，便永远无法进步。[7]法根的起步阶段正是经历了这样的训练：“三字一话”基本过关。新教师的教学技能最显著的表现是粉笔字、毛笔字、钢笔字和普通话这“三字一话”，法根从读师范到做新教师，一丝不苟，持之以恒，花了不少功夫，有了一手台面上很漂亮的活儿。“素描作文”基本成形。法根尝试在自己的作文课上移植吴立岗教授的素描作文，从模仿贾志敏老师的课堂开始，一个细节一个细节去揣摩，一节课一节课照着上，很快就渡过了新手关。情境应对策略基本准确。在动态生成的课堂中，师者怎么恰到好处地“出场”？法根反复观看于永正、贾志敏等老师的课堂录像，体会二位名师课堂“金句”背后的教育情怀和教学机智，继而在自己的课上加以演绎，终于练出了智慧课堂的基本功。

（二）从操作技能到技能与心理表征建立关联：“刻意练习”

有专家认为，“有目的地练习”是不够的，还需要“刻意练习”。“刻意练习”的一个重要标志，就是将技能与心理表征建立关联。心理表征的一个重要好处在于，可以帮助我们处理信息：理解和解读它，把它保存在记忆之中，组织它、分析它，并用它来决策。技能与心理表征之间的关系是一个良性循环：你的技能越娴熟，创建的心理表征就越好；而心理表征越好，就越能有效地练习，以磨炼技能。[7] 法根的组块教学既是贯通二者的途径，又是二者贯通的结果。什么样的课程类型配以什么样的"组块"，什么样的知识呈现配以什么样的"组块"，法根和他的同事们都在实践中提炼出基本的图式，也就是他们都有针对具体知识形态教学形成的心智表达方式，恰如"刻意练习"理论强调的，这样的练习朝着有良好定义的特定目标，这样的练习既产生有效的心理表征，又依靠有效的心理表征，提高水平与改进心理表征相辅相成。自然，他们的进步不仅是教学技能的提高，也是整体素养的提升。

（三）从一个人到一群人的"刻意练习"：一课三磨

刻意练习与其他有目的地练习有两个重要的方面存在着差别。首先，它需要一个已经得到合理发展的行为或领域。其次，需要能够布置练习作业的导师。[7] "让同伴更优秀"，是法根的"处世哲学"。怎样让同伴更优秀？就是带着大家进行磨课的"刻苦练习"。他们十分富有创意地推出"一课三磨"的校本研修方式：一磨教学解读，实现教材资源到教学内容的转化。这个磨抓住三个着力点：起点，学生已有的生活经验和学习经验；终点，可测量的生活经验、课文经验的新高度；关键点，理解课文的要害之处。二磨活动设计，实现教学内容到教学活动的转化。这个磨致力于三个"转向"：由"从教"转向"从学"；由"线性"转向"块状"；由"平移"转向"阶梯"。三磨课堂实践，实现教学活动到语文能力的转化。这个磨依托三个支架：深度观察，借助录播进行定量定性分析；深度会谈，借深度观察抛出话题，寻找原因探讨对策；现场重构，在反思的基础上重新设计，显示成长的"可看见"。在"一课三磨"中，专业阅读介入、专家指导介入、专业技术介入，使专业性大幅提升。[3] 当然，这个"导师"首先就是薛法根自己，他带领团队，通过"一课三磨"的"刻意练习"，带出一群特级教师和名教师，更是影响到难以计数尝试组块教学的其他教师们。

四、艺术

苏霍姆林斯基在和青年校长谈话时，曾指出：教学和教育过程中有三个源泉，科学、技巧和艺术。[8]《现代汉语词典》对"艺术"的一种解释是："富有创造性的方式、方法。"但罗素认定教育是很难传授的艺术。做教师做到法根这样的地步，很重要的是化解了“很难”，使日常的教学弥漫着艺术的芬芳。

（一）教师和学生的相互映照

马克思有句名言，“劳动是自由的生命表现”。薛法根的语文课堂，最让人赏心悦目的是师生生命主体性的表现。一方面，法根主张：要“给学生一张自由行走的名片”，要“无限相信每个孩子都有学习的愿望”，要“无限相信每个孩子都有学好的可能”，要“允许学生犯错”并珍惜犯错这种教育资源，并且去鼓励学生与语文“恋爱”，与学伴对话。正是有了这样的教育信条并努力践行，法根的课上学生总是自信满满，自然而然地沉浸在挑战性任务的完成中。恰如叶澜教授主张的：每个学生以完整的生命个体状态存在于课堂生活中，他们不但是教学的对象、学习的主体，而且是教育的资源，是课堂生活的创造者。[9]另一方面，法根一直在塑造着自己课堂上多重角色的美学形象，首先，他是作为一个审美主体，发现知识的美，比如他对文本的解读，常常给人通体透明、形神兼备的感觉；发现学生的美，甚至能把“错误”化成教育资源；发现情境的美，借用创造“真实情境”，激活学生的学科思维。其次，他也是审美客体，“教学是一种独具特色的表演艺术，它区别于其他任何表演艺术，这是由教师与那些观看表演的人的关系所决定的”[10]。他创造性教学显示的内容美和外在美，本身就是学生获得教育的源泉之一。再次，他还是审美中介，把课程内容化为学习内容，寻找与学习内容匹配的教学方式，引导学生开展积极的学科实践活动。[11]正因为如此，法根给我们最深刻的印象是从容，而师者的“从容”与学生的“自信”相互作用、相互激荡、相互映照，美好的课堂就可以期许了。

（二）规律性与创造性的相互统一

创造的基础是对教育规律的准确把握，法根的组块教学的学理基础，一是学习心理学的关联理论，关联理论关注语境，人们是根据语境推理出言语或明示或暗示的含义，因此要在言语实际行为与语境中间寻找最佳关联性。关联理论与记忆关系密切，记忆组织基于信息的组织和再编码，关联理论大有可能对记忆本身的组织结构提供新的启示。组块教学大概是法根接触到关联理论时灵光乍现而生成的。二是语言学的言语交际理论。法根特别注重揣摩语言与思维的关系，他关注到言语者一方面基于自己的种种经验，另一方面连接着语言上的认知图式，他注意到了思维与语言连接的复杂性，思维在转化成言语时可能在经历多种变化，这使他的言语智能理论富有了比较丰富的内蕴和进一步创新的可能。三是语文课程理论，特别是新课标的基本精神，法根对核心素养、任务群、大单元、学习情境、“教—学—评”一致性等诸个新课改的关键词，都从理解与落实两个维度做了深度研究，这使他的组块教学洋溢着时代感。正是在比较深厚的学理土壤上，法根呕心沥血，培育了组块教学这株苗苗，经过一二十年的滋养，正在长成“好大一棵树”。而他秉持“创造性教学有规则的自由”这一原则，在将核心素养凝聚为言语智能，搭建大观念统领的大单元体系，探索任务群内容与方法内在统一的组织结构，进行阶梯性学习活动的板块设计等方面，都做出了卓有成效的探索。规律性与创造性的统一，使他的组块教学因别开生面而引人注目，又耐得住推敲，让人回味无穷。

（三）简与丰的相互贯通

法根将自己的教学风格归纳为“清简”，他又用了清简、厚实、睿智三个词来概括。这似乎是矛盾的，但正是这矛盾形成了张力。笔者以为他教学艺术的重要表征之一，是简与丰的相互贯通。法根的“丰”在于开阔。“野色更为山隔断，天光直与水相通”，古有学者论述，不仅是风景，做什么事，只要有了这种通透感，就成了境界。法根的“组块”在空间维度上的“学什么”与“怎么学”，时间维度上的拾级而上，都是有通透感的，都是不隔的。法根的“丰”还在组块形成的“块”，他的着力点不是知识点，而是将丰富的语言与鲜明的形象、真挚的情感融为一体，锻造成“合金”。这种种的“丰”，法根又化为“简”的表达，组块的“块”也可以看作就是一种“简”，因为它凝练了，化繁为简了。更重要的是他的教学逻辑清晰化。语文的教学逻辑，指语文知识的逻辑、语文课程的逻辑和教学过程的逻辑，其清晰化显示出简洁、缜密、雅致，就有了内在美的特质。简洁，以最简单、干净的面貌呈现教学要素及其过程的内在逻辑关系；缜密，指教学各要素、各环节之间谨言细腻；雅致，指相对独立的教学因素呈现出精美的整体形象。[12]当然，这种“简”都是基于“丰”又走向另一重“丰”的。

参考文献

[1] 杨九俊. 学习任务群：语文学习单的创新样态[N]. 中国教育报，2022-06-10(9).

[2] 库恩.科学革命的结构(第四版)[M].金吾伦,胡新和,译.北京:北京大学出版社,2012.

[3] 薛法根.薛法根与组块教学[M].北京:北京师范大学出版社,2021.

[4] 郭华.落实学生发展核心素养 突显学生主体地位:2022年版义务教育课程标准解读[J].四川师范大学学报(社会科学版),2022,49(4):107-115.

[5] 艾略特.什么是经典作品[N].文汇报,2017-09-23(8).

[6] 陈伯海.中国诗学之现代观[M].上海:上海古籍出版社,2019.

[7] 艾利克森,普尔.刻意练习:如何从新手到大师[M].王正林,译.北京:机械工业出版社,2016.

[8] 张运卉.点击苏霍姆林斯基[M].天津:天津教育出版社,2008.

[9] 张绪儒.教育智慧的实践与探索[M].山东:山东大学出版社,2015.

[10] 特拉弗斯,郭海云,祁志孝.教师:艺术表演家[J].山西师院学报(社会科学版),1983(2):92-94.

[11] 杨九俊.语文教学艺术论[M].上海:华东师范大学出版社,2020.

[12] 李乾明.语文教学艺术内在与外在的特征及其功能[J].课程·教材·教法,2003(2):25-29.

本文发表于《语文教学通讯》2024年第Z3期

让儿童“出场”

——小学语文素养表现型教学路径创新

当大家在关注儿童“出场”时，无锡市东林小学（以下简称“东林小学”）武凤霞校长的团队响亮地宣告：让儿童“出场”！以“出场”为内在灵魂的小学语文素养表现型教学先后获得江苏省基础教育教学成果奖特等奖、基础教育国家级教学成果奖一等奖。

一、为什么要让儿童“出场”

（一）现状的忧思

传统教学主要是“讲—听”式，以教师讲授为中心。学生在不在听，在不在专注地听，有没有听懂、听会，教师是不关心的，教学效果可想而知。近些年来，大家都重视让学生“动”起来，课堂教学基本上形成“问—答”式。崔允漷教授研究团队借助人工智能，对义务教育语文公开课进行了大样本的分析，发现许多课堂还是“一课百问”的教学现状①。这样的课看似热闹，实质空浮，而且有相当多的学生并没有卷入“问—答”之中。笔者听课时常观察到在热闹的课堂之中，后排的几个小男生私下讨论的是热播的电视剧。而这两种课堂又是相互交叉的，比如“一课百问”的课，老师一个人讲授的时间每节课达到 21 分钟。每每关注到这些状况，

① 此研究结论为崔允漷教授于 2024 年 4 月 20 日在江苏省前黄高级中学开设的讲座“新教学：用课程思维‘抓大统小’”中提出。

武凤霞总是痛心疾首，她的突破就是要让学生在学习活动中“出场”。

（二）时代的呼声

教育部 2014 年颁发《关于全面深化课程改革 落实立德树人根本任务的意见》，提出要培育学生的核心素养，课程教学改革进入核心素养的时代。核心素养是在“做事情”时表现出来的综合品质，这个事情“对不对”是价值观，“能不能”做这个事情是关键能力，必备品格则决定了正确的事、有能力做的事是否做得好。培养学生核心素养，很重要的就是如同义务教育课程新方案强调的“突出实践”。聚焦实践，“把存在诠释为由主体能动的实践显现的，并以此为前提把握一切的那种思维，是‘用实践的眼光看待一切’的思维：它把主观和客观、本质和现象、关系和过程视为主客体互动中原本不可分割的动态整体的分别抽象，因此对存在、本质、价值等等的诠释应该从这一动态整体中去理解”[1]。课程改革倡导用实践的方式学，而语文课程具有能力学科的基本特征，实践更应是主要的活动方式。

（三）项目的内蕴

武凤霞校长的团队，设计“小学语文素养表现型教学”，在江苏省基础教育前瞻性教学改革实验项目申报中成功立项。他们勾连了素养与表现的内在关系，认为学科素养是由学科知识、学科思想、学科能力、学科经验等部分组成的，其核心是学科能力。学科能力就是用该学科表达规范、步骤正确的语言“做事情”的胜任力。《黄帝内经》说“有诸内者必形诸外”，是医学的，也是道德的、文化的。《礼记》又说“有深爱者必有和气，有和气者必有愉色，有愉色者必有婉容”，这是对孝子而言，同样体现出人的内在与外观统一的普遍规律。素养是可以也是应该表现的，那么怎么表现呢？他们想到东林书院的先贤，“风声雨声读书声，声声入耳；家事国事天下事，事事关心”。20 世纪初，东林小学作为现代学校创办后，秉承“读书”与“责任”并重的教育精神，倡导学习、生活“自主”“自治”的教育方式，并成立“东林市”这样模拟社会运作的儿童自治组织，让儿童自己管理自己。贯通悠长的文化血脉，呼应新人培养的时代精神，“出场”闪亮而来，“表现”也就身影清晰。

二、儿童如何“出场”

（一）邀致性

“我们作为教师，需要把我们的学生‘邀致’（invite）到学习中。很多时候，许多学生进入课堂，只不过是因为这是他们不得不上的一节课。”[2]怎样才是邀致呢？教师明确地邀致学生参与整个课的流程，将目的明确地告诉学生，不厌其烦地检验学生是否知道了这些；教师对所有学生都会成功这一点持乐观态度，尊重学生的辛劳及进步。[2]学生的“出场”，是主体性的体现，关键在教师的“邀致”。从东林小学老师们的语文课看，这种“邀致”体现在：建构以学生为中心的积极的师生关系，学习时的“在场”，如沐春风；老师对学生的“先前”是了解的，是在掌握学情的基础上展开教学的；学生对这节课往哪里走是清晰的，对自己走得怎样是通过学习展评单等“证据”看见的；学习过程因为同学之间的有效合作和向纵深的有效推进，而令人向往和回味；老师一如既往地创造性地开展教学，总在激发学生求知的热情；等等。正是这样的“邀致”，使学生的“出场”成为主动的姿态，甚至总有欢欣的情绪。

（二）定向式

教学的目的在于通过知识、技能与思想行为规范的传递，使学生获得一定的能力和品德。能力和品德的机制乃是心理结构。心理结构的构成要素是可以确定的，其形成、发展是有规律的，即教学要能取得预期的成绩，就必须充分研究并利用各种心理要素形成、发展的规律，进行定向培养。[3]武凤霞团队“出场”的定向式，则是通过研制层级化素养目标确定的。通过多至十次的优化，其目标体系体现出鲜明特点：文化自信、语言运用、思维能力、审美创造四个语文核心素养是通过学习识字与写字、阅读与鉴赏、表达与交流、梳理与探究等语文实践活动方式，进行具体落实的，是“可看见的”；语文核心素养落实到具体课程内容，是与人文、阅读、写作等语文要素紧密对接的；语文核心素养的培养目标是通过任务群、教材单元、具体课文及语文活动逐层传递的；语文核心素养的培育通过三个学段，呈现出清晰的上升路径。这样的素养目标体系，从宏观着眼、微观入手，方向正确，操作性强。学生的“出场”自然都生动体现出核心素养实践性的基本特点了。

（三）结构化

生态美学的创始人之一利奥波德，曾提出生态美学的三个基本特征，即稳定、和谐、美丽。这也是完全符合课堂教学生态美学的追求的，而其稳定的落实，则主要在于结构化。武凤霞深谙此理，在教学流程、学习活动要素的结构化方面，如琢如磨，渐入佳境。从教学流程看，表现型教学主要由“目标—任务—活动—评价”要素构成。目标自然是文化、语言、思维、审美等素养要求；任务则体现为学习情绪化、主体实践化、学科整合化;学习活动则包括分享聚焦、主体研学、整体建构、迁移应用等。“流程”的模型包括相互贯通的四个模块(见图 16)[4]。

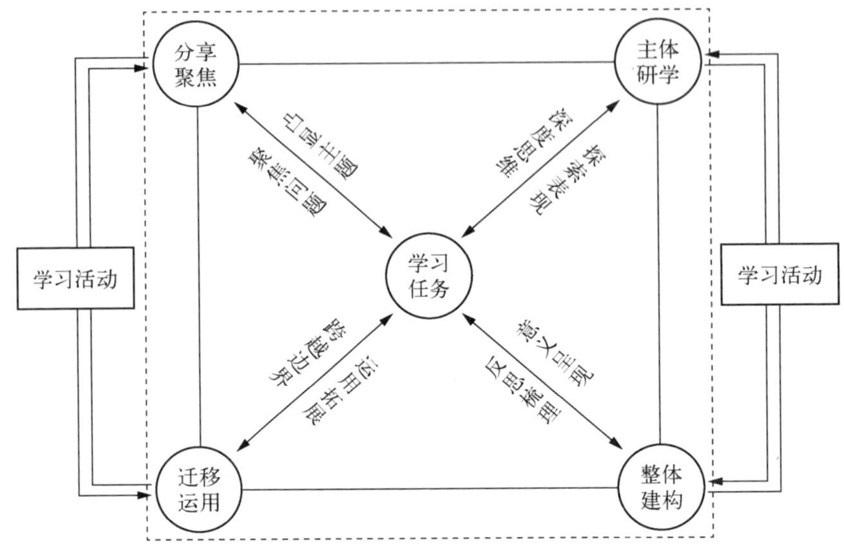

图 16　小学语文素养表现型教学学习活动结构

武凤霞解释:这四个方面既可以在整个结构图中以独立个体的存在形式做大循环,又可以融合在某一方面内部做微循环,彼此之间相互作用,构成从吸收到表现、从学习到反思的螺旋式提升。结构化是稳定的基本保证,而这里的稳定是建立一种基本的秩序,这个秩序是生成性的,这个秩序本身也生产出和谐和美丽。因此,这种语文教学方式是体现生态美学的。

(四)具身型

“出场”自然是具身的。在武凤霞那里,学习活动的具身基于对身份、认知与情感、身体与环境关系的深刻认识。他们认为,“学生的身体是身与心、感性与理性、自然与价值的统一体,是动态生成的生命整体”[4],而在具身学习的实践中,他们有自己的创新,形成鲜明的特色。

第一,事情和事件的统一。在学习的情境中,具身地“做”,是日常的事情,比如完成学习展评单,再比如按照教学流程一个环节一个环节地“过”。这种“日常”主要是实在和共通,这是学生“出场”的基本保证,也是学习培养的基本保证。但东林小学的语文远不止于此,他们的课堂上还常常出现一些“事件”。“事件”与“事情”,有特殊与普遍的区别,有聚光灯照耀与日常光照亮的区别。“事件”显然更为引人注目，如同一种“亮相”，表现感更强。武凤霞的团队在学习活动中，有机嵌入若干“事件”。比如情景剧，他们组织的情景剧有144个成熟的剧本，每册课本的学习平均有12次的课本剧表演，可以说孩子们常常会有特别来劲的“出场”机会，这一定会增加孩子们对学习的期待感，而课堂节奏也因此更有“美育浸润”的味道。

第二，情感与认知的统一。沉浸式的具身学习是伴随着体验进行的。“体验的出发点是情感，主体总是从自己的命运与遭遇，从内心的全部感情积累和先在感受出发，去体验和揭示生命的意愿；而体验的最后归结点也是情感，体验的结果常常是一种新的更深刻地把握了生命活动的情感的生成。”[5]如于漪老师所说，“文章不是无情物，师生俱是有情人”，何况教学的物理情景也是有“情”之“境”，具身体验对情感的共鸣、情感的深化与升华的意义显而易见。如武凤霞的课“登山则情满于山”，正是具身“出场”，才能使情感充盈。难能可贵的是，她仍不止步于此，而是基于体验，走向理性的觉知。一方面，自觉沟通体验与认知的内在联系，“体验的自我觉知使人脑内的感情性信息与认知的高级功能相联系”[6]，从展评单和学习评价表中都可以看出他们对“自我觉知”的要求；另一方面，她把梳理、归纳、积累等学习方法融入学习活动中，把建构、应用提升到学习要素的地位，于是“出场”的具身学习成为认知与情感双轮驱动的行为。

第三，共性与个性的统一。具身“出场”，有规定动作，又有自选动作。就作业来说，有纸笔式的、展评式的、项目化的等等，多有选择的空间。作业设计包括基础性、提高性、拓展性三个模块，体现因材施教的思想。

（五）进阶式

核心素养的培育是伴随学习进阶实现的。武凤霞团队引导学生“出场”，也是以“拾级而上”的学习活动设计为行动逻辑的优化的做法。

第一，以具体、规范为基础。看他们的课堂观察表，对“出场”表现的要求都是可看见、可测量的。比如“表达”是“出场”的一种常见方式，“表达”有三个方面具体要求：敢于表达，声音清晰响亮有情感；发言聚焦，能用一段流畅的话说明观点；积极展示，形式丰富多样且恰当。而表达的语言则要求规范准确，如推荐一些基本的形式，要求学生掌握，引导学生用孩子的语言进行交谈，“或在学生学习该学科时使用‘步骤正确’的语言，或在学生与该学科互动时使用更为清晰的解释或判断的语言”[2]。俗话说，基础不牢，地动山摇。具体、规范的要求为学生的学习打好了坚实的地基。

第二，建构三层推进的课堂形态。前置形态，在引导学生先行自主学习的基础上构建，大致包括明白、尝试、知疑等活动，以“自主学习单”作为学习支架，为进一步的学习提供基础和依据。交互形态，以主题为引导，以系列活动为支撑，让学生成为学科领域知识和知识学习方法的主动获得者，成为学习共同体中不可或缺的一员。所谓交互，是分享聚焦、立体研讨、拓展运用、整理建构等学习活动要素的立体互动，是教学的相互作用，是语文学科与相关学科、与日常生活的生动融合。交互教学的过程就是引导学生通过多种“出场”式的学习方式，达到学习的充分广度、充分深度和充分关联度，使学习进入“深度”的境界。拓展形态，学习者对学科领域的知识进行自我再构或续构，进入自主实施、找寻结果的“成果导向学习”阶段，是前置形态和交互形态中学习获得的再利用、再生成，是对知识的进一步领悟和内化，有时是以“自主复习单”为学习支架，有时则以迁移性学习的完成来证明，有时还可能以学生自己创意性学习任务的设计和展开来表达，素养的达成在这个层级生动展示出来了。[4]

第三，以用以致学为重要表征。贯穿三个层级的学习活动，就是以“出场”作为知识、能力、素养的“出口”，让学生想起来、活起来、写起来、说起来、画起来、演起来、做起来，在语文的实践活动中学习语文，在语文的实践活动中提升语文素养。

（六）情境化

“出场”总是基于特定的场景，是学习者与特定场景相遇的行为反应，所以学习的物理情境创设非常重要。武凤霞校长的团队着力打造多维学习场，促进“出场”丰富样态的生成。建设课堂学习场，基于知识单元的互文情境，引入真实生活，接触真实生命，融通知识学习与生活的经验；把儿童成长看作最重要的真实生活情境，努力创造儿童生命与知识相遇甚至相拥起舞的“真实情境”。围绕核心知识学习形成真实或者真切的有意义的学习场，使课堂本身变成“出场”的基本平台。创造校园活动场，把学校或班级模拟成社会，设置丰富的活动，提供多种岗位，让学生承担相应角色，在履行岗位职责中“出场”学习。建设戏剧表演场，如前论及，开发课本戏剧课程，组织排练演出，成立广播剧社，用声音演绎课文，助力对语言文学的理解；结合日常生活，创设情景剧，在表演中运用语文，懂事明理。建设生活体验场，让学生在家庭、在社会、在日常生活中，在场体验，在场应用，使自主发展的触角深入到全面而广阔的生活空间，创生素养生成的高品质的语文生活。

三、以教师的“出场”支持儿童“出场”

有学者谈到，在课堂中最重要的因素是教师，对于这一点，怎么强调都不过分。东林小学的孩子在素养表现型教学中精彩“出场”，正是因为老师的真正“出场”。

（一）主题统领

“小学语文素养表现型教学”是这个项目的主题，学校相关工作都围绕这项主题。任务从主题中来，这项教改实践作为江苏省基础教育前瞻性教学改革实验项目立项后，在第一时间，武凤霞校长就带领大家研讨项目书，理解这份“契约”的内容，明白为什么，明确是什么，明了怎么做，明悉自己在这个项目中可能的身份和作用。研训从主题中来，从教师完成这个项目的应然素养着眼，系统规划研训工作，从核心素养的基础理论，到作业设计的操作技术，一个一个地“过”。让项目组成为一所“教师进修学校”，使老师不仅知其然，而且知其所以然，让创新的教学行为来自理性的自觉。组织变革从主题中来，强调什么样的做事方式就创生什么样的组织，逐步形成东林教育研究院的架构，项目小组则是研究院的基层组织。聚得起来，有“院部统领”；落得下去，每个层级、每个教研组、每个“格”，都有支撑点。

（二）专题推进

怎么让主题落地生根，开花结果？武凤霞的团队常用的是专题推进的方法。将申报书的建设内容作为一级专题，比如开发小学语文核心素养的内涵研究，梳理小学语文表现的层级化目标体系，创生小学语文素养表现的基本方式，等等。将一级专题分解成具有操作性的二级专题，比如教学方式下设有创设活动情境的策略，讨论和追问促进思考的策略，高阶问题引领的策略，知识结构呈现的策略，支持儿童“出场”的策略，等等。在二级专题下面再按照技术和课例两个路向形成三级专题，比如素养表现型教育教学备课的要领、课堂观测表的设计，又如语文不同学习任务群基本课型的研究，等等。迄今，他们以 110 多个微专题的研究支撑了素养表现型教学这一项目的深度开展。

（三）问题突破

项目具有前瞻性，意味着一定会比同行碰到的问题更多、更新、更有难度。武凤霞从来都不绕开问题走，而是把问题当作研究的重要资源，通过解决问题取得研究的突破。比如，素养表现型教学范式长什么样子？他们破解的要领是：目标清晰、教学情境化、高阶问题引领、建立表现性学习圈、让具身学习贯通全过程等。教学过程零碎、表现空间狭小怎么办？他们的破解要领是：教学过程结构化，让学习基于真实生活情境。素养表现型教学的特点不够凸显怎么办？他们破解的要领是：提高“出场”数量上的要求，丰富“出场”的样态，让“出场”成为素养表现的“证据”。教师带领性强，学生自主学习的空间依然不够大怎么办？他们破解的要领是：优化学习任务展评单，保证学生自主学习的时间；让学生参与学习活动的设计和组织，从“跟跑”转化为“领跑”；坚持教师“出场”“不得不”的原则，尽量不要“抢戏”；等等。总之，正是通过一个个问题的破解，项目研究渐入佳境。

教改出课，教改出论，教改出人，武凤霞团队让小学素养表现型教学取得丰硕的成果，我为他们感到骄傲。他们的努力成就了语文课程教学改革的气象万千，也一定能创造更加美好的未来！

参考文献

[1] 孙美堂.从实体思维到实践思维——兼谈对存在的诠释[J].哲学动态，2003(9):6-11.

[2] 哈蒂.可见的学习：最大程度地促进学习(教师版)[M].金莺莲，洪超，裴新宁，译.北京：教育科学出版社，2015.

[3] 冯忠良.结构——定向教学实验简介[J].教育研究与实验，1989(4):50-54.

[4] 武凤霞，宋慧琳.让成长可见：素养表现型教学[M].长春：东北师范大学出版社，2022.

[5] 童庆炳.现代心理美学[M].北京：中国社会科学出版社，1993.

[6] 孟昭兰.体验是情绪的心理实体——个性情绪发展的理论探讨[J].应用心理学，2000(2):48-52.

本文发表于《江苏教育研究》2024年第7期

理解教学：一张闪亮的名片

理解教学是侍作兵老师语文教学的名片。多年来，他围绕理解教学精耕细作，收获了丰硕的成果。

一、“理解”：理解教学的原点

何为“理解”？这是理解教学的原点问题。侍作兵曾在哲学、教育学、心理学、语言学、接受美学、文艺学、社会学、经济学等多个领域爬罗剔抉；他也曾关心日常生活中关于“理解”的言说，体会认知维度了解、明白意义上的“理解”，情感维度共情、神入意义上的“理解”；他反复琢磨过威金斯和麦克泰格“理解”的六个维度，即解释、释义、应用、洞察、移情、自知。因为勤于阅读、善于阅读，20世纪80年代后期开始，进入侍作兵视野的殷鼎、刘少杰、金生鈜、洪汉鼎、熊川武、海德格尔、伽达默尔等人的思想与作品对他产生了很大影响。正是在阅读、思考、实践的基础上，侍作兵形成了自己一系列关于“理解”的观点：理解是学习的本质能力；理解是意义生成的过程；理解是追求教学关系的精神境界；理解是语言与思维的桥梁；理解是德育的灵魂；理解是深度学习、积极学习、自主学习发生的基础与途径；理解是不教之教的实现方式……这些是侍作兵形成自己“理解观”深厚的逻辑基础。

二、语文成品的“理解”：理解教学的基点

何为语文成品的“理解”？这是理解教学的基点问题。侍作兵是一名优秀的语文教师，他的理解教学姓“语”。语文的理解指向语文课程内容，更多指向作为语文的经典文本，语文教学也大致围绕作为载体的课文成品而进行。侍作兵曾就“文本意义的发现”[1]和我展开过深入讨论，我们的共识是：

发现是“理解”的一种“呈现”。“理解”之于教育，不仅是形式、过程和方法，更是目的。小学语文教学的意义就在于引导学生对语文成品进行认识、再造，获得具有个体烙印的发现，从而寻求意义建构并获得精神成长，因此可以说发现具有个体化，众多的个性化发现须遵循语文文本意义与阐释的边界。语文教学中基于文本的理解是师生主体对语言意义的共同建构，源于文本、经验参与、生成意义而生长出育人价值的语文理解教育，是催生文本意义建构的教育，是在多种意义发现中寻求共同意义的教育，是尊重学生个体意义理解的教育，是学生主动接受教化的教育。

发现是一种抵达。学习语文成品，最基本的是“沿波探源”，触摸文本的肌理，因而语文成品的文本意义成为语文理解教学的理论与实践前提。“作者原意”“文本原义”“读者接受之义”是文本意义的三大“发现”向度。语文成品的文本意义的理解过程是一个动态发现过程，学生的视界与文本的视界（作者原意与文本原义）相融合，学生的视界与教师的视界、同伴的视界相融合。每一次融合都是一次个体的新的自我发现，每一次融合的更新都会因局部的更新带动整体的更新，从而使文本意义的理解过程呈现循环性的发现与创生，使个体不断地“认识自我”“塑造自我”。文本意义的发现就是个体融合视界、实现自我的“世界观念”的呈现，是个体生长一次又一次的阶段性“抵达”。每一次文本意义的理解，对个体而言，都是独一无二的。个体不同，理解的文本意义就不同，就会呈现出同一方向的不同层面、不同方向的不同层面的“理解”。在此过程中，每个个体都“抵达”自己发现的文本意义彼岸。

发现是一种创造。文本的“空白”，文本本身的不确定性，文本意义的化育性，文本体验的个性化，都是创造的天地。抵达文本意义的彼岸，不是一蹴而就的，需要理解主体涵泳其中，在感受中获得经验积累，在思维碰撞中实现精神突围，在彼此合作中得到快速共进；基于共同迈进文本主旨的过程，达成个体独特的认识，实现文本意义的个性内化，这就是一个个性化的创造过程。理解主体占有的资源不

同，各自的视界不同，与原意（义）视界相融合获得的视界也就可能不同。故在课堂教学这个特殊的情境中，个体对文本意义的发现会不断变化，交流时的表达都是“主体间性”的角色显现，使每一个个体都得到自由的个性表达，这才使师生真正成为一个整体，成为尊重情怀观照下的理解实践群体。

但在追求共通见解时，也需要规正文本意义个性的化育。小学生是正在成长的、需要引导的生命个体，因而对于文本意义的理解是肤浅的，可能是存在偏颇的，甚至是反向的，特别需要教师的适时引导，借助同伴的力量，在互助中体验合作，在合作中感受友爱，在探讨中规正，在模糊中明晰，在多元体验中回归主旨，在多元理解中追求共通见解，获得文本意义的化育。

对文本意义的深度耕犁，侍作兵还不止步于此，他仍在往前走，从语言与修辞、形象与意境、体裁与类型等方面，进入语文成品的内在层次，追寻文本的意义，形成了自己的心得。这为他语文课程的理解教学构筑了有力的基点。

三、教学的“理解”：理解教学的落点

何为教学的“理解”？这是理解教学的落点问题。侍作兵的理解教学是落在课堂上的。侍作兵浸润在波澜壮阔的基础教育课程改革之中，自然又自觉地把新课改的基本理念转化成自己的教学观。他十分重视对学生主体性的激发，强调理解教学是从理解学生那里起步的，理解教学也是一种交往、对话关系的建构；他能够从单元整体优化的角度，结构化、创造性地把握基本的教学要素。

（一）学习目标是“动态而及时更新”的

课程标准确定的学习目标是理论上的逻辑设想，而在具体的语文任务情境学习活动中，需要根据学生的实际学习情况进行调整，选择适合学生的学习目标，这样才能让学生保持较高的学习积极性与接受学习任务挑战的动力；必要时还应根据学生的实际学习情况进行个性化的学习任务目标调整，让因材施教真实地发生。切合学生个性的目标是尊重“每一个”的体现，也是对“这一个”的尊重，要让学习目标动态呈现，使实现学习目标成为每一个学生素养形成的关键实践。同时，每一个个体的理解实践都是持续不断的前进过程，阶段目标必须经过个体的反省与主动建构才能扎根；每一次阶段目标的超越都是个体前进的迭代反映，个体在前进中审视自己的融合视域，在比照中肯定自己的正确经验并继续建构；每

一次努力都因为有新的学习目标，每一次超越都因为有旧的目标的实现，因而学习目标需要针对个体及时更新。但这个学习目标的动态呈现不是教师及时调整的，不是教师面向所有学生针对不同个体的发展进行调整的，而是“由终而始”的逆向设计提供的评价标准及时跟进，让个体及时选择新的学习目标而使学习目标呈现不断更新的状态。

（二）学习情境是“真实而富有意义”的

学习情境，顾名思义是指在学习状态下的自然情境。不论何种场合、学习何种知识内容、运用什么学习工具、获得何种学习效果，总之伴随着学习行为的必定有情境。但并非只要“真实”的学习情境就是好的，情境除了“真实”还要“富有意义”，这才是源于课程知识意义性产生的真实需求。学生在“真实而富有意义”的情境中自然地运用语言文字解决生活中的真实问题，深化语文学习、社会生活和学生经验之间的联系，从而实现语文素养的达成。因此，“真实而富有意义”的语文学习任务情境的创设可有三种：第一，学习任务情境是真实的生活。语文的主题任务必须“源于生活中语言文字运用的真实需求，服务于解决现实生活的真实问题”[2]。如开展街道上招牌用字的调查，学生在这种真实情境活动中的言行实践表现是真实且有意义的。第二，学习任务情境基于真实的学情。任务需要进行情境再现，切合学生的认知水平，关联语文学习、社会生活和学生经验，才能激发学生深入情境进行言行实践。第三，学习任务情境能让学习真实发生。无论是童话情境的模拟、文本情境的再现，还是生活情境的演绎、即兴情境的创生，都必须推动或有利于学习的真实发生，且是有效率有质量的发生。学生在这些情境中展示言行实践、进行思维碰撞、掌握知识技能，能促进教与学、师与生、文本与意义几组关系的良好发展。当然，学习任务情境在条件许可的情况下可运用虚拟现实技术（VR）和增强现实技术（AR），让学生在情境中增强情境学习的体验性。在这些情境活动当中，一切活动都一定要突显“语言文字运用”意识，因为这是对课程知识意义揭示的表现。

（三）学习评价是“跟进而富有实效”的

“教—学—评”一体化，指“在特定的课堂教学中，教师的教、学生的学以及对学习的评价应该具有目标的一致性”[3]。具体而言，语文主题任务的单元逆向教学设计以课程目标为导向，从六大学习任务群及学业质量标准中梳理出单元课程目标，再以表现性评价和各种检测工具，组织、监控并调适学习活动。课程学习评价与单元主题学习任务活动要融为一体，做到一体化，贯穿学习过程始终；对学生的学习成果要及时评价，发现问题及时解决。当然，评价不是简单去判断学生在活动中表现的对错，而是帮助他们找出学习方法、学习形式、思维质量等方面存在的问题，引导他们去优化，向更高更好的方面发展。评价时，对于创新性的表现形式、思维表达、方法策略等应该及时予以表扬与推广，运用表扬夸赞个体学生、激励群体学生，引导全体学生向预定的高质量目标发展。

（四）学习结果是“个性而丰富多彩”的

从学校设置的课程角度来看，实现课程目标是对学生整体性的要求，体现教学成果的整体性、一致性与高效性；从学生个体发展的角度来看，实现课程目标需要考虑学生个体发展的差异性、阶段性与反复性。不能因为过于追求课程目标的整体性而忽略学生个体的差异性，导致学生个体性的丧失。可以寻求基于课程学习个性结果的课程目标最大化，因此，课堂上学习结果应是学生个性化的显性。学生是存在差异的，不同的家庭条件、文化背景、教育资源等都会影响个体的学习质量与效果，因此得承认学生学习的结果也是有差异的；学生学习状态是存在阶段性的。这其实正是量变到质变的形态体现，对某些知识点理解后的豁然开朗反映了正常的学习进程；学生的学习过程又是存在反复性的，从错误到正确的过程不是一蹴而就的，有时需要多次的练习、体悟，甚至还会出现由多方面因素造成的倒退现象。总之，这些学习结果是学生在基于自身个性的努力达到课程知识标准的过程中呈现的学习样态。从这个角度来说，课程学习结果的形态又是丰富多彩的。

侍作兵还认为理解作为教学的方式、本体、工具，既是学习的过程，也是学习的结果。他按照“以终为始”的原则，推进“教—学—评”一体化，探索逆向教学设计；他一直把知识的迁移应用作为衡量是否理解的重要依据，而迁移应用的基本前提则是新知与已知的连接、认知图式的建构，因此他的语文理解教学十分重视图式的建构和不断丰富，让学生形成带得走、在真实情境中用得上的知识，他们的语文核心素养也从而扎根生长。

四、胜任理解教学：理解教学的支撑点

何以胜任理解教学？这是理解教学的支撑点问题。侍作兵对理解教学的探索，其实也是人生跋涉。正是因为注重自身的胜任力提升，其理解教学才有模有

样、独树一帜。他历来重视情感、思想、能力的完整修炼，使“学高为师，身正为范”在自己身上得到生动体现。他一直主张师者向学生敞开心扉，在对话和理解中构建理解型的新型师生关系，即“我—你”关系。在教师和学生的教育交往中，对话和理解使师生双方相遇，每一方都能把对方看作与自己“交谈”的“你”；师生双方都既是言者，又是听者，双方都亲临现场，在精神的深处相遇，沉浸在彼此的吸引当中。这种关系无疑是教育的最佳境界，“当受教育者感到站在自己面前的不是教育者的时候，他受着最好的教育；当教育者让受教育者感到自己不是教育者的时候，他进行着最好的教育”[4]。这种关系当然还得需要师生去共同营造。在情境中对话、理解，形成“我—你”关系，二者是相互交织的，不是分离与独立的，具有同时性。应以理解为中心，理解是对话的目的，同时也是形成对话和“我—你”关系的唯一方式。教师只有在理解的“我—你”关系中进行对话，才能真正地启迪学生、引导学生，才能实现其精神建构的价值，才能成为一个合格的富有收获的教育者，才能使理解成为共同体中每个鲜活个体的心弦和鸣。

侍作兵不断改进自己的理解教学，以此作为专业进阶的基本通道与走向，在实践中反思，从反思走向研究，因研究而读书学习，将研究的结果、学习的心得以公共产品的形式发表出来，然后，又以一个“新我”的身份投入下一个“实践—反思—研究—读书”的循环之中。这也使他的语文理解教学越来越丰富、越来越体系化，越来越传递出教学的本质规律。他人生的境界也因此不断提升、渐入佳境。如此看来，理解教学应该也是侍作兵教育人生的名片。

参考文献

[1] 杨九俊. 也说文本意义的发现[J]. 江苏教育，2019(17)：20－22.

[2] 中华人民共和国教育部. 义务教育语文课程标准(2022年版)[M]. 北京：北京师范大学出版社，2022.

[3] 崔允漷，夏雪梅. “教－学－评一致性”：意义与含义[J]. 中小学管理，2013(1)：4－6.

[4] 张楚廷. 教育基本原理：一种基于公理的教育学[M]. 长沙：湖南师范大学出版社，2009.

本文发表于《江苏教育研究》2024年第8期

问乎之妙：儿童问学课堂的意蕴

问，是儿童接触陌生事物后的第一反应，也是他们探究未知世界的基本方法。“学问千千万，起点在一问。”儿童是天生的好问者，教师要善待儿童的“问”，对此，《礼记·学记》说：“善待问者如撞钟，叩之以小者则小鸣，叩之以大者则大鸣，待其从容，然后尽其声。”“问”是许多老师在教学中给予高度关注的，但像潘文彬老师团队的儿童问学课堂做得这么风生水起的，实在不多见。潘文彬的“问学”之妙在哪里呢？

一、儿童问学课堂是素养型的

儿童问学课堂指向学生核心素养的培养，这体现在问中有“人”，闪烁着主体性的光芒。“问学”，“学”从“问”起步，是学生的主体作用决定了课堂的起点和走向，而教师的积极引导、学生的沉浸投入，则是这种课堂重要的表现。儿童问学课堂回归儿童立场，解放儿童，呵护天性，让儿童在课堂上像儿童的样子，能够自由自在地想、无拘无束地问、快快乐乐地学。戴维·迈尔斯认为：“在一个惬意的环境中被动地生活所感受到的快乐，远远比不上那种有激情地投入到有价值的活动中，以及为目标而奋斗所能体验到的满足感。”[1]更何况，在学习的情境中，被动式学习是难有惬意的。

儿童问学课堂能充分发挥学习者的主动性，把“问”的权利还给儿童，让儿童在学习的过程中萌“问”、想“问”、敢“问”、会“问”、乐“问”、善“问”，提出有价值的问题，产生学习探究的欲望。“问”中有“思”，“问”是围绕核心知识的学习进行的，这就使“问”具有打开思维之门的作用。“思”源于“疑”，杜威描述的“思维五步”的第二步是“使感觉到的(由直觉经验得到的)疑难或困惑理智化，成为有待解决的难题和必须寻找答案的问题”。于是，思维的爬坡就成为学科实践的主轴，这是我们在儿童问学课堂中常常看到的风景。

问中有“法”，问不止于“学会”，还在于“会学”。儿童问学课堂的“三问”——问源、问流、问法，不仅强调问的“法”，而且“问源”“问流”也可以看作“问法”。皮亚杰认为，不要关注儿童走得有多快，而要关注儿童走得有多远。儿童问学课堂培养的学习能力是“带得走”的。显然，问中有“人”，问中有“思”，问中有“法”，形成了潘文彬老师的团队培育核心素养的“自己的句子”。

因此，儿童“问学”，不是一般意义上的提问，而是一种思维活动，是一种质疑问难，是一种探索实践，是一种求知过程，是儿童在问题的驱动下，自主学习、主动探究，围绕核心知识的运用，大胆地“问”、主动地“学”，寻求解决问题的方法和策略，在自主、合作、探究的过程中学会学习、快乐成长。

二、儿童问学课堂是项目化的

潘文彬老师的团队自觉地将儿童问学课堂置于项目化学习的领域。他们发现儿童问学课堂与项目化学习有诸多相同之处，比如：两者都既是一种教学模式，也是一种学习模式；两者都能纳入儿童的视角，都符合“儿童本位”的教学思想；两者都离不开真实的问题情境；两者都指向共享共建共情的对话或平台的建构；两者都指向儿童的全面发展；等等。

于是，他们以项目化学习为基本载体，开展儿童问学课堂的创造性实践。项目化学习这几年很热，也有多种阐释，我还是比较赞成一种“朴素”的理解，即扣住内容、活动、情境、结果四大要素来开展学习活动。内容，现实生活中包括知识学习中出现的问题，它应该有知识系统性的线索；活动，学生使用一定的工具和研究方法开展探究行动，具有挑战性和建构性；情境，为学生提供更丰富、更真实的学习经历，有助于促进学生合作，有利于学生掌握并使用工具；结果，指在学习进程中或学习结束时学会的知识、技能，包括“学会学习”，也包括共情和价值认同。[2]

儿童问学课堂正是由这四个要素支撑的，他们特别赋予“活动”以重要位置，并概括出其游戏性、探索性、合作性、开放性等特点。

儿童问学课堂以儿童最关心的问题为教学起点。儿童带着问题进课堂，教师通过“问学单”将儿童课前普遍关心的问题作为教学的核心问题，围绕核心问题来设计教学活动，在教学活动中引入与教学内容相关的关键概念或核心知识，并把核心问题转化为驱动性问题，通过真实的学习情境，吸引并推动学生自主学习，在真实的学习实践活动中不断地走向知识的核心。从某种程度上说，驱动性问题有效连接了核心知识与学习活动，儿童在主动学习的过程中，不断产生新问题，同时在不断解决问题的过程中呈现自己的学习成果，在系列学习活动中提升素养。因此，儿童问学课堂的项目化实施还要有成果意识，这种成果意识决定了项目有另一个特点，就是“做”，项目化的“活动”，就是“做中学”。在儿童问学课堂中，“做”因“问”而生，因“学”而成，“做”主要是探究性的思维活动，“做”就是在真实情境中的问题解决与创新。参照“学以成人”的说法，这就是一种“做”以成人。

三、儿童问学课堂是结构性的

项目化已经涉及结构，这里专门讨论结构，是因为儿童问学课堂中的“问”不同于一般的“问”，而是将“问”置于结构之中，体现结构性甚至结构美，成为儿童问学课堂的重要表征。最高阶的学习，不是获得多么丰富的知识，而是在知识的传递过程中不断产生新的问题。儿童问学课堂以向四面八方打开的“问”串起学生的“学”，又在“学”的过程中持续地催生新的“问”。儿童问学课堂不以知识学习的完成为重点，而是更加追求在持续的“问”中将思维向各个方向打开，向多个学习共同体打开，在问中更好地“学”。《培格曼最新国际教师百科全书》谈到课堂结构时引用了这样的观点：“结构因素的共同点是他们给学校教学过程中的那个部分定下了时间和空间的限度。”这就告诉我们观察课堂结构有两个维度，时间的和空间的。时间维度一直是受到较多的关注的。赫尔巴特将教学过程分成明了、联想、系统、方法四个阶段，此后，关于教学过程的讨论，大抵以这个表述为底本。项目化学习的四个要素有“过程”的脉动，又强调要素的相互融合和动态生成。潘文彬老师的团队在实操时将“问”贯注于“五学”（自主探学、分享互学、优化练学、总结理学、多元评学）之中，也是从时间维度建构了“问学”的结构。难能可贵的是问学课堂从空间维度看“问学”，带给我们更多的欣喜。

第一，问学形成交叉型网格式的信息传输系统。传统教学是老师与学生单向的信息传递，有所进步的也只是双向的多向的信息传递；而儿童问学，可以“问”自己，“问”伙伴，“问”师长，“问”教材，“问”网络……儿童养成随时随地请教别人的习惯，并且认识到，不管是谁，只要能给你启发、给你帮助，都可以成为你的老师，都应该向他请教，这就构成了立体的多维的信息交流系统，课堂就成了信息畅通的学习场。

第二，“问学”以小组合作为重要的组织策略。教学组合的小型化、多层次，使教学更具针对性。儿童问学课堂以学生自己的生活为基础，打通人与人交流合作的通道，打通课堂与生活的联系，让学习也成为学生的日常生活。在这种学习过程中，学生学会了有效配合，他们会交流，会积极主动地发言，清楚明白地表达观点，倾听别人的观点；会互帮互学，互相促进；会评价，敢于表达自己的观点，敢用发展的眼光看待自己和伙伴的变化与进步。独立学习与小组学习相辅相成，在集体性教学体制下个性化学习得到更多关照，而社会情感能力也得到更好的培养。

第三，问学之问在学生，也在老师，还在家长。恰如学校出版的《学习就这样发生了——一百个问学故事》，故事的主人公有学生，也有老师和家长，当学生写下属于自己的问学故事时，他们记录的不只是问学体验，还有对问学过程的元认知；当老师们怀揣热爱，整理澎湃的问学思潮时，他们写下的不只是问学反思，更有问学智慧；当家长们主动配合，共护坚固的问学阵地时，儿童问学的时间和空间都在进一步生长，儿童的生命也在生长。这些散落在字里行间的十年问学记忆，虽然朴素，但让我们看到儿童问学课堂的开放性、生成性，特别是家长兴趣盎然的“卷入”，大大拓展了课堂的空间。

多年来，我力主“课堂向四面八方打开”，潘文彬无疑是知音，开放的课堂才是生气勃勃的，这种结构的张力，让我们感受到创造的力量。当然，恰如恩格斯所说：“一切存在的基本形式是空间和时间，时间以外的存在和空间以外的存在，同样是非常荒谬的事情。”[3]从时空整合的角度看儿童问学课堂的结构，让学生站在中央，多元主体对课堂共建共享，在动态生成中创造积极可能性，等等，这其中许多的意蕴是值得我们回味的。

参考文献

[1] 张莉.社会心理适应[M].北京:中央广播电视大学出版社,2015.

[2] 刘景福,钟志贤.基于项目的学习(PBL)模式研究[J].外国教育研究,2002(11):18-22.

[3] 马克思,恩格斯.马克思恩格斯选集:第3卷[M].中共中央马克思恩格斯列宁斯大林著作编译局,译.北京:人民出版社,1995.

本文发表于《江苏教育研究》2022年第35期

菊荣的力量

《电影的力量》是一部由若干有关电影的条目结构化而成的经典。其中,“角色,力量”这个条目,深入讨论了电影中那些英雄角色的力量所在,给人启迪良多。每当与一些具有“英雄”气质的校长、老师相遇,我都会自然而然地想到,他或者她,究竟有什么样的力量。张菊荣校长无疑是我探寻的校长之一,而且在我心目中的“英雄榜”上,是名列前茅的。张菊荣的力量,主要体现在以下几个方面。

一、心灵的力量

萨乔万尼曾用领导之心、领导之脑、领导之手阐述校长之力的要素,而“领导之心”应当是发动机。萨乔万尼说:“领导之心必须与人的信仰、价值观、理想以及人所专心投入的东西——借用流行的概念,就是与个人愿景联系起来。不过,它又不仅仅是愿景,它是人的内心世界,且又成了他/她真实(生活)的基础。”[1]我特别赞成“它是人的内心世界”这样的论断,因为如菊荣这样的“英雄”角色,其美好,其力量,都是从“内心世界”生长而形成的。“教育本质上是引导人在人生旅途中追求自己心灵完善的活动……也许,只有那些自觉地提升自己心灵的人,才是教化人的心灵的教师,即,那些不断寻求向着美善而变革自身心灵的人才能被称作真正的教师。”[2]菊荣就是一位“真正的教师”。

他的心灵,是富有童真的。他不仅心里装着儿童,而且在“变革自身心灵”的历程中，还不断回归儿童。菊荣说，他很欣赏我与人交往的一个标准：好玩。所谓“好玩”，就是童心未泯，童趣尚在。菊荣校长也很“好玩”。菊荣沉浸在孩子们之中，其乐融融，那是因为他是作为一个还算“好玩”的长者与儿童在一起的。他的心灵，是坦诚的。作为一个关系中的人，特别是作为一位校长，这一点非常重要。人与人交往，最无聊的就是藏着掖着。坦率、真诚，其实是最有力量的，也是最有魅力的。这种内心世界的澄澈之美，在一定意义上，也是“童真”的升级版、成熟版。

他的心灵，是有诗与远方的。“美德扎根于心灵，心灵的成长是美德的提升与变革。”[2]菊荣的追求在于“把学校建设成为智力生活和精神世界不断丰富之地”，正是在这种土壤上，他们在培养“积极生长者”。于是，在菊荣身上，我们感受到“令人惬意的品质”（诺丁斯语），在他们的校园里，我们感受到处处明亮和一派生机。

二、专业的力量

范梅南说：“教育是迷恋他人成长的学问。”“学问”，是要花功夫的。菊荣的功夫花得很深，这使他这位“第一小提琴手”，在引领学校发展时，焕发出蓬勃的专业力量。他是一位课程专家：对课程知识引经据典、侃侃而谈，显然“腹有诗书”；课程技术，科学规范，带领教师叙写教学目标，设计课堂观察量表，选择研究方法，都是“一丝不苟”。更重要的是，他有先进的课程观、知识观，“我们如何思考知识，确实在相当程度上影响着我们思考教育”[3]。他的课程观、知识观的灵魂是人的成长。正因为聚焦于此，他们提出学生在学校六年中应该成为什么样的人，指向培养目标。他们通过学期课程纲要落实课程标准，通过单元教学方案落实学期课程纲要，通过课时教学目标落实单元教学目标，并以“教—学—评一致性”原则，开发指向素养的评价任务，促进目标达成。他们创生“儿童创造信息”“穷尽思维可能”“同学成为同学”的课程样态，引导儿童智力和精神的积极成长。他们还通过“完整学习时间”，让儿童经历学习的完整性和完满性，真正建构如杜威所倡导的“一个经验”。张菊荣凭借课程建设的建树，荣获“明远教育奖”的大奖，位列人大复印报刊资料《中小学学校管理》的编委名单，可谓实至名归，而同事们的“服”他、“信”他，当然少不了他所拥有的专业力量的加持。

三、领导才干的力量

菊荣是一所集团校的领导。何谓“领导”？“领导是个体影响一群个体实现共同目标的一个过程”[4]。在学校组织中，张菊荣这个特殊的个体，有其美好的心灵，还有坚韧执着的“必备品格”，想明白了，就踏踏实实、扎扎实实地做。在他们的“行政学院”，张菊荣每天用千字文与同事们进行思想激荡，且持续近两年时间，实在是了不起的一件事。《电影的力量》中说，“英雄之所以超越他人而成为英雄，是因为他比别人具有更强的意志力量。是否拥有超人的意志力量，才是英雄的试金石”[5]。可见，菊荣有着“英雄”的气质。张菊荣这个“个体”拿什么“影响一群个体”呢？是“共同目标”。菊荣和他团队的共同目标是培养“积极生长者”。这样的目标描述具有向上性，“积极”是一个人的人格底色，“我来到这个世界，为了看太阳”，这大致决定了这个人会拥有意义人生；具有完整性，菊荣说，以“者”收束，就是强调完整，其实“生长”还点出了根基性特点，只要是根基性的，就都是完整的；具有未来性，“积极”和“生长”都是向未来的，而且是指向美好未来的，给孩子打开的发展可能性是令人向往、可以期待的。想象，就是不在场的“出场”，这样一个新人的形象就活泼泼地在精神校园里“行走”了。菊荣又怎样“影响一群个体实现共同目标”呢？

第一，引导大家发自内心地做“美好的东西”。萨乔万尼说，学校管理中的激励，最好层级就是“美好的东西使人去做”。在张菊荣和他的团队看来，“美好的东西”就是“共同目标”。张菊荣的本领不仅在于“共同目标”的美好性，还在于落地性，从而使大家内心认可，发自内心地去做。比如，他主政吴江实验小学教育集团后，从学校文化传统中拎出“爱德求真”，将校训转化为愿景描述——“把学校建设成为智力生活和精神世界不断丰富之地”，其样态性和亲切感引发大家去触摸，去创生。作为一个集团校，他们坚持“和而不同，各美其美”的原则。每个学校的文化表达都形成自己的句子，契合自己的传统，彰显自己的特色，然后又融汇凝聚成“积极生长者”的目标追求，既高远，又贴近。目标与现实，观念与行为，汇通交融，“美好的东西”也就顺其自然蓬勃生长了。

第二，以课程教学为主阵地，推进学校变革。如果说培养目标主要是回答培养什么样的人，而课程教学以及与之密切关联的活动，则是回答怎样培养人。菊荣和他的团队清醒地认识到这一点，即以课程教学为主阵地，解决怎样培养人的问题。在课程建设方面，他们通盘考量指向核心知识的基础性课程，指向学生兴趣爱好的选择性课程，指向学校文化传统的特色性课程，整体构建课程体系，又通过课程建设的"五层楼"，将课程逐层逐级地落实下去，让立德树人的根本任务落地生根。在教学方面，围绕"教—学—评一致性""积极生长课堂"，创生了许多令同行瞩目的经验。恰如迈克尔·富兰所言：总之，只有那些集中力量搞教学改革的努力和持续地支持发展的外界条件，才有可能为变革的道德目标增加和再增加动力。[6]也正因为如此，教师通过专业生活品质的提升，享受充实感、成长感，并成为学校变革的核心力量。

第三，构建发展共同体。学校是一个组织机构，其组织优化的方向应当是共同体建设。作为一位"家长"，张菊荣的学校经营，就是着力构建共同体。首先，这个共同体是道德型的。自然状态下的学校也是一个集合体，正如杜威所说，那是一个联合体，是物理型的，而共同体应当是道德型的。前已论及"价值引领""愿景认可"，吴江实验小学教育集团这个"组织"显然是道德型的。其次，这个共同体也是学习型的。很少看到有学校如吴江实验小学教育集团一般充斥着如此浓郁的学习氛围，每位教师在教书育人的同时，其实也在读一所"教师成长学院"。这所学院有统一的布置，更有自主的选择，读书成风，研讨上瘾。最后，这个共同体又是创生型的。仅就组织形态说，管理人员有"行政学院"，教师有"课程研修班"，教师想做事有志同道合的专业社群，家长的积极介入有家长委员会，具体的项目有专家持续的参与，等等。

第四，在"成人之美"中享受人生价值。如李勤华老师所说，张菊荣是"迷恋"他人成长的校长。在江苏省汾湖高新技术产业开发区实验小学时，他就让老师们把自己的心得、感受记录下来，汇聚成册，学校为教师推出一部部的"土书"，让教师享有职业生涯的高光时刻。到吴江实验小学教育集团后，他的相当一部分精力都在探索、创造教师的积极发展，甚至是跨越式发展的可能性，乐此不疲地为教师的发展搭台子、扶梯子、探路子。然后呢？他在为教师鼓掌的同时，"嘿嘿嘿嘿"地怡然陶醉并且幸福地分享。在我的校长朋友中，有不少以"成人之美"为职责、为己任的，而菊荣无疑是其中突出的一位。恰如《电影的力量》在"角色关系"这一条目中所说："让角色有趣的不是他自己，而是他与其他角色的关系。"[5]在吴江实验小学，这个"他"指张菊荣，也指李莺、李勤华等。正是由于这种上等上的关系，"个体”的力量相互传递，“一群个体”正在酝酿，生成更壮大的力量，“共同目标”自然能够高质量地实现。“遍地英雄下夕烟”，也正在成为吴江实验小学教育集团一幅美好的图景。

参考文献

[1] 萨乔万尼.道德领导：抵及学校改善的核心[M].冯大鸣，译.上海：上海教育出版社，2002.

[2] 金生鈜.教育者的心灵诗学[M].北京：教育科学出版社，2021.

[3] 刘黎明.教育哲学[M].开封：河南大学出版社，2021.

[4] 诺思豪斯.领导学：理论与实践(第 2 版)[M].吴荣先，译.南京：江苏教育出版社，2002.

[5] 苏伯.电影的力量[M].李讯，译.北京：中国人民大学出版社，2008.

[6] 富兰.变革的力量：透视教育改革[M].中央教育科学研究所，加拿大多伦多国际学院组织，译.北京：教育科学出版社，2004.

本文发表于《教育视界》2022 年第 22 期

走进教育的生活美学

徐州市第一中学(以下简称“徐州一中”)有深厚的美术教育传统,李可染先生曾在这里执掌教鞭,朱德群先生曾作为学子在课堂上涂抹点染。而今,国家级名师张颖震老师践行“走进教育的生活美学”,在这里创生美学浸润教育、美学浸润生活的新画卷。

一、开放的课堂

走进教育的生活美学,意味着生活与美育的融通。在张颖震老师那里,呈现的基本样态就是开放的课堂。

(一)生活进课堂

在颖震的课堂里,既有经典的专业的元素,又有校园生活、日常市井生活的融入。以“一中鉴宝大会”为例:“一中鉴宝大会”是一个专题性的公开展示、交流分享的艺术鉴赏平台,以学生参与组织、学生“出场”为主要表征。“鉴宝大会”课前15分钟,每4人一组,现场抽签,选作品、定顺序、明分工、出方案;后30分钟,每组3分钟“鉴宝”时间,教师稍作补充。“鉴宝”的目标很明确,就是让学生在多元而开放的课堂上成为学习的主人,能够灵活运用费德门鉴赏四步法尝试分析陌生的作品。费德门鉴赏四步法是由美国艺术评论家费德门提出的一种美术鉴赏程序,运用“描述、分析、解释、评价”四步,由浅入深,由感性到理性,全面剖析一件艺术作品。“鉴宝大会”为学生掌握费德门鉴赏法创造了平台，而其主题则有向生活打开的系列，如在“校园文化专场”里，颖震带着学生品味校园里的每一处“风景”——石刻碑廊、青铜钟鼎、校史浮雕、老校门、手印墙、灵璧石……这些“熟悉而陌生的作品”通过学生有趣生动的讲述，瞬间被赋予了更多生活美学的神韵，亦让徐州一中这所百年老校有了更多值得挖掘与传承的精神。还有日常生活用品趣味加盟专题，如“生活美学道具专场”，随着笼子、红花布、遮阳伞、垃圾箱的趣味加盟，“生活美学”再次成为课堂的主题，学生在惊讶之余，由衷感慨：“艺术还能这么玩！”眼前的这群孩子终将走进社会、走进生活，如果他们今后能将学到的艺术融入平凡的生活，那将是何等的惬意与自豪！艺术不是悬于半空的楼阁，艺术其实就在我们身旁，无时无刻不隐藏在平凡的生活中，需要我们以慧心来挖掘，以慧眼去发现。所有的美，都是来源于实践，来源于用心体会，来源于对生活点滴的珍惜，来源于对瞬间和对细节的捕捉，来源于对世界和对人生的热爱。颖震正是在这些方面用心用情。

（二）课堂的多样式

颖震的课堂有时不是美术教室，而是另一个生活空间。如在“徐州汉画拓片专场”中，他特意将美术课转场于图书馆，让学生身处偌大的文化空间，心无杂念尽情感受汉画的意韵。当学生面对这些精美的拓片，以个性的语言诠释它们穿越千年的“前世今生”，虽不尽完美，却有别于他人。有时上课会调到晚上，理由很简单，为让学生的自主学习能够更好地融入美学之境。团市委组织的民间美术进校园活动为“鉴宝大会”提供了绝好的资源。白天的美术课因光线充足而缺少博物馆般沉浸式体验的氛围，颖震于是将美术课安排至晚上，在夜色的“掩护”下徐徐展现艺术品曼妙的影像。课堂还可能就设在大自然、日常原生态的真实情境中。颖震不要求学生在课堂有限的时间里完成一幅“美妙”的作品，而是让他们在室外开放的空间中能够畅想到“更多的可能”。课堂学习也可能是主题性社会实践活动，如“行走的艺术”。一所博物馆的价值，不在于教化，而在于启蒙，从云龙山坡的博物馆到云龙湖畔的汉画像石馆，从户部山的明清建筑群到广大北巷的李可染艺术馆，颖震带领学生一路走来，找寻徐州厚重的历史，感触家乡丰富的人文，让“舞动汉风”不再是一种口号，而是实实在在地走进学生的心灵深处，让他们在拓展课外知识的同时，提高自身的艺术综合素养。

（三）跨学科学习

“美术＋文学”。“叶绘四大名著”是一次很有趣的美术课，师生在探讨文学的同时进行艺术创作，以艺术的形式展现文学的价值，文创的过程又彰显着环保的理念。艺术是全面发展的技能，枯叶是自然散落的载体，四大名著则是耳熟能详的经典，当三者邂逅于美术课，便产生了奇妙的“化学反应”——四大名著的经典场景在原本回归大地的枯叶中重现，孩子们以线描的方式呈现，并对环保观念进行了饱含趣味的实践。

“美术＋音乐”。颖震在讲授“传统与革新——从巴洛克到浪漫主义”这节课时不可避免地涉及名作中的裸女，如鲁本斯《劫夺吕西普的女儿》、安格尔《大宫女》、德拉克洛瓦《自由引导人民》等。如何化解这些看似“敏感而尴尬”的话题，让学生能够正确理解画作传达的唯美意蕴呢？他尝试让学生在不同旋律的音乐疏导与心理暗示下，淡化具象的裸体画面，转而去关注抽象的艺术内涵。音乐与绘画有着最为紧密的联系，当我们闭眼去静静聆听一段熟悉的曲调，心与手会很快、很自然地串联在一起，在想象中勾画出不同强度的线条，而这些起伏多变的线条便是我们对艺术最直观、最直白的印象。

“美术＋话剧”。颖震在“鉴宝大会”的基础上又创生出“生活美学剧场”，他要求学生以北宋王希孟的《千里江山图》为背景，以家国情怀为主题，以生活道具为载体，通过话剧融创去找寻艺术别致的一面。“生活美学剧场”的初衷是让学生在繁忙的课业外找寻生活与美学的关联，再以这种千丝万缕的关系去重塑自我的人文素养与家国情怀。“生活美学剧场”像是一个大熔炉，它可以包罗万象生发多元，启迪学生诸多观察，引发他们更深的思考。

“美术＋考古”。颖震在讲到《中国古代雕塑艺术》时谈及秦兵马俑的发现、挖掘、修复、研究与保护，他发现学生似乎对“洛阳铲”很感兴趣，于是从“淘宝”买来真实的教学“物件”，课后带着学生真实操作了一把。在满足他们好奇心的同时，也让这节课从另一种角度得以拓展。

“美术＋兵法”。颖震在摄影的过程中总结了一些套路与方法，编写了《我的摄影三十六计》，后来又发现，其中有些兵法策略亦可推陈出新，适用于美育课程的创意实践，如欲擒故纵、反客为主、假道伐虢……他将美的沉思折射于自己的美学理念中，再以具体的作品、真实的案例呈现出美最原始的光环。

这些教学实践体现了跨学科的双重特点，内容上有内在的连接，形成新的知识形态；形式上有外在的学习方式变革，都是以学生参与为主。在具体实施中他又注意处理好两个关系：一是学科立场，美术与其他学科的“美术＋”，都有明确的美术学科的教学目标，指向美术素养的培养；二是引导学生从多学科的视角认识事物，分析问题，创新表达形式。

二、好玩的学习

教学的一个基本矛盾是知识与情感的关系。颖震老师解决这对基本矛盾的切入点，是让美术课变得好玩。

（一）参与性

知识、能力都应有自我建构的过程，通过“参与”，打破主客区分，让学习者成为知识（能力）的主动建构者。美术是具有能力属性的学科，更是要“做”、要练、要精益求精的，参与是学习最主要、最基本的方式。

这种参与是全身心的。美术是一种“手艺”活儿，当然要“做”。颖震的美术课上学生是“做”的，而这种参与是全身心的。首先是身体的、具身的，在此基础上又是身脑并用、认知与情感交融的。比如“灯影剧场”是对艺术底蕴和精神世界的呈现，创作中不仅要得其形，更要“神似”。课堂上学生有如身处神话的剧场，传统的师生关系、教学环境、学习氛围在这里发生了微妙的变化。看似“随心所欲”的课堂背后有着一条牵引艺术灵魂的主线，那就是让学生在变幻的教学情境中感触艺术多种可能的存在。颖震一直力行充满“动感”的生活美学课堂，希望所有学生能够“做”起来，这种做，既指思维上的，也有肢体上的。在“紧张刺激”的课堂氛围中，每个人都有着明确的任务与分工，学生自然会全程投入，让教学效果事半功倍。光与影、人与布、台前与幕后、理想与现实，在45分钟的时段里交错与转换，一布相隔，演绎的却是两幕不同的“艺术人生”。

这种参与是融入生活美学的。日常生活现象都可以成为审美的对象，身体也成为审美表达的有机组成。比如“掌上四大名著”，将身体作为一件艺术作品的一部分，也是生命的一种呈现方式。在掌心作画是孩子们小时候最爱的涂鸦，重拾顽童之趣提笔作画，此时此刻，学生的双手既是绘画的主体，又是创作的对象，承载了更多生活与美学间的微妙转换。细细的笔尖在手中舞动，线条时而圆滑时而尖锐，时而细腻时而粗犷，经过一段“美丽的挣扎”，竟也呈现出一幅绝美的图画。

绘画不一定拘泥于装裱格调，也不必对工具与材料有着过分的苛求，或许简单的手绘也有着别样的魅力与收获。

这种参与还可以包含参与教学过程的设计与组织。如“名画·连环话”，“名画”指美术教室周围布置的28张印有中外名画的挂布，而“连环话”则是引导学生用生动的语言、逻辑的思维、丰富的想象、深刻的内涵去选择挖掘至少3幅“风马牛不相及”的名画关系，在有限的3分钟里创意表达一段简短而完整的“思创”故事。这项任务对于学生又是一次挑战，相较先前的“鉴宝大会”与“生活美学剧场”，“名画·连环话”显然更复杂些，要求也更高，看似游戏化的过程实则考验学生的综合能力与人文素养。眼前的这些画布内容大多源于高中美术教材中的艺术经典，当它们以大尺寸高清的美学道具身份出现于美术课堂时，便即刻被赋予了值得品味与研究的价值。任务布置下去，每个同学都很认真，全心投入其中，生怕自己在台上没能展示出优秀的一面。学生们即兴的表达既天马行空、无拘无束，又深入浅出、有理有据，将学科知识、校园生活、时政热点等话题巧妙融入其中，用一组画呈现出一个人不一样的文化底蕴与精神世界。

颖震常在课堂上说，高中有限的美术课不可能讲完课本上所有的内容，却可教给学生诸多认识美的方式与方法，这样他们就会在生活中主动地浸润美，进而懂得融合所学，最后以参与者的身份来创造美。

（二）进阶性

颖震的美术课是带领学生通过浸美、研美、创美拾级而上的。浸美是基于真实情境的，是在情境场景中感受美。如“行走的艺术”引导学生在研学过程中由外而内地去感叹；“鉴宝大会”则是让学生学以致用，在课堂上敢于表达对身边艺术近乎直白的理解与判断；“摄影三十六计”则是以另一种“出圈”方式将艺术之美带出课堂，试图以生活为趋向探讨美学的课题。研美则是要运用探究性、研究性的学习方式，将审美与思维发展融合起来。当学生初步理解了摄影的美学意义，再学以致用，以光影剧场为舞台，真实体验艺术带来的快感，便也成就了“光影剧场”的教育价值。“名画·连环话”亦是让学生在理性表达的基础上能够有个性而深刻的思考。创美其实就是一种理想化的“邂逅”，这里的“邂逅”是艺术探寻的至高境界，学生将毕生所学融于自身，在美的基础上发现与表达更高层次的美。校本课程“舌尖上的汉画”正是一个样例。

学生们都很喜欢“舌尖上的汉画”，在美术教室品味“艺术”的同时，也享受着快乐。在他们心中，艺术似乎不再是博物馆中深沉而严肃的经典，也不再是课本上的图片，而是近在咫尺、如影随形的生活点滴。课程缘起央视策划的一次活动，几所学校根据节目组要求通过创意呈现出一本“奇异的书”。在此过程中，颖震老师团队创意的“中国徐州汉画壮馍典藏”脱颖而出，成为一本可以“吃”的书。它将徐州的汉文化与食文化通过传统书简的形式串联在一起，把传统美育中具有鲜明地域特色的汉文化、有情有义的徐州精神与新时代中国特色社会主义核心价值观相融合，通过以劳育美，提升学生的审美品位和人文素养。汉画壮馍的横空出世让人眼前一亮，活动结束后，观众怎么也没料到，他们的作品会在比赛现场被分而食之，既环保又卫生；更重要的是理念上的革新，原来文化是可以“吃”的，艺术是可以“品”的。当“舌尖上的汉画”以连环画的形式华丽呈现时，再次刷新了孩子们对文创的认知。艺术就是这样有趣，以艺术的形式去表现新的艺术，同样是在传承与弘扬艺术的经典。在项目充实过程中，不断有新成员加入，在这个“流动”的文创团队中，同学们各自发挥着不可小觑的作用，或撰文，或编剧，或配音，或插图，或手语……大家以多种方式演绎着这段“穿越千年的邂逅”。当美食遇上艺术，当艺术走上餐桌，两种不同的滋味跨越千年而邂逅，孩子们品尝的是壮馍，回味的却是文化。

（三）愉悦性

游戏化的学习方式。颖震曾谈到自己的一个追求：“让学生在笑声中恋恋不舍地下课。”这使得他的美术课大多像一场“游戏”。如“艺术品鉴争霸赛”，这种模式，看似简单，实则复杂，他虽“经营”多年，仍在反复推敲与斟酌。随着不断调整，赛制已愈加成熟，能够让学生在课堂有限的时间内尽情发挥、率性表达。“艺术品鉴争霸赛”中的必答题是男女生轮番随机上阵，抢答题与风险题则为毛遂自荐，三个回合的较量让比赛高潮迭起、悬念层出。比赛环节起承处插播了三段《射雕英雄传》个性音乐，让学生心潮起伏、热血澎湃。赛题以美术课本知识为主，灵活穿插中国传统文化与世界热点话题，并以实物、图片、视频、音乐等多种形式出现，题目前后之间彼此关联，成系列化，由一条主线串联起所有问题，让学生在错综复杂的题海中感触艺术的多元。比赛只是一种学业考察的呈现方式，而最终的教学目的是让学生将学到的东西灵活多变地释放出来。

审美化的高峰体现。颖震的美术课上，扑克既是一项娱乐游戏，也是一种绝妙的创作载体。如果能有效利用牌面上既有元素进行二次创作，让学生手中的文创扑克成为调剂学习与生活的艺术品，那么，这次看似无意的实践或许会改变他们对美学的一些认知，原来艺术是可以“玩”的，“俗”与“雅”往往一步之遥，只要跨过这道坎，再平凡的物件有时也会迸发出意想不到的生命力。颖震还让学生参与徐州一中新校区标识系统设计，这本身就是件有意义的事，尤其是“Toilet 设计”则更让学生兴奋不已，他们认为：自己的作品“中标”后至少会陪伴所有徐州一中人三年的韶光。标识的存在亦是传播的过程，既影响他人对艺术的关注，也激励自己对艺术的尊崇。

如何总结与提炼学科融合与美育的要旨，颖震又想到了传统的连环画。每次活动结束，总会留下大量图片与文字，稍加整理，便可汇编成册，通过连环画的形式将融创过程记录下来。这既是一项收尾的过程，也是新项目开始的方向，更是打开学生创造新视野的天窗。现阶段他已汇编了 22 本文创连环画，并将其归为三类：生活类、美学类、生活美学类。生活类以旅行游记为主，美学类以专业素养为主，生活美学类以课程案例为主。连环画图文并茂有故事性，能够将教学过程完整地呈现出来，并能够通过阅读拓宽课程结构。书中这些案例是颖震自己实打实经历过的，每一页都能讲出一段故事，传递一种思想，这些案例也逐渐成为他不断探究“生活美学”课程审美化的高峰体现。

三、带得走的素养

颖震经常收到徐州一中毕业生的来信来电，学生们表达的是对张老师美术课的眷恋和感激。更多的学生未必给他来信来电，但他们谈及自己生活中有点审美的底子时，都会提及张老师给大家带来的“走进教育的生活美学”。

（一）求知的热情

颖震带给学生的，首先是对生活、对艺术的热情。现在于北京大学就读的徐欣彤说起张老师，是惊异张老师的“敢为”——能从流水线似的应试教育模式中跳出来，让学生享受艺术，享受生活，激发了同学们对美术，对求知，对生活的热情。还有个参加工作多年的同学，又返身去攻读艺术史的博士，这名同学本科读的是日语，硕士读的是管理，为什么又去读个艺术史的博士呢？她告诉张老师：“三十多岁了，张老师播下的种子似乎发芽了，就想做点自己喜欢的事，学点自己喜欢的专业。”徐州一中的毕业生对有审美元素的事物都喜欢“鼓捣”，他们说，这是受张老师喜欢“折腾”的影响，相信这种习惯会使自己享受到学习和生活中不一样的美好滋味。

（二）美术的表达力

美术属于能力的学科，能力是需要表现方“可看见的”，美术的核心素养，如图像识别、美术表现、创意实践等，都是要“做”出来，要用“产品”表达的，颖震在教学中对此十分关注。颖震格外重视学生美术基本功的训练，他常常把精益求精、如琢如磨挂在嘴边。他常对学生说，好玩是要有本钱的，创意是要有根基的，因此，他要求学生对美术的基本理论、基本技能下足功夫，培养自己对形式、色彩、构图、风格、文化内涵准确的感受与理解。过硬的基本功特别是形式感的训练，使学生们在形象表达时能意到笔到，在言语表达时能言意兼得。

这种表达力往往包括了对形式和意蕴的完整理解，深层次地体现着学科育人的价值。2018 年颖震带队进京参加国际青少年创新设计大赛，这项活动注重人的全面而有个性的发展，探索创新人才选拔新模式。当年参赛的竞翼队队长宋梓赫回忆：我们的参赛作品《中国“速质”》结合国情展现出中国的快速发展，而后来无论是《万国同心》《致行乾坤》，抑或《国风雅粹》《川流九域，润泽八方》，无一不以国家为核心，展现出在各方面全球化、百年未有之大变局中大国的责任与担当，这是精神与文化最好的传承。作为徐州一中的学子都认为“天下兴亡，我的责任”，比赛带来的不仅仅是个人的感悟与思考，更多的是家国情怀的培养，青少年的使命与担当意识，在文化入侵严重的现在，做到文化自信，理性地看待中华传统与外来文化，在回首过去的同时更好地走向未来。

这种表达力还体现着他的生活美学观，引导学生从不经意的生活细节中去发现美学元素。2024 年寒假前，颖震给学生布置了一项作业，将大量用过的明信片发给大家，要求学生利用纸张背面的元素进行二次创作。这种作业形式他已经坚持了很多年，那就是破旧立新，在“疏忽”中找寻新的“可能”。颖震觉得这样的作业或许会慢慢影响学生今后发现美的眼光，看待美的态度，创造美的方式，原来美可以如此“平凡”，如此“低调”。这些年，国家各级各类学校都在抓拔尖创新人才培养，美育同样可以做些文章，在布置的美术作业中引导学生从生活、科技、思政、非遗等层面展开丰富的想象，再以这种想象去表达他们对美的追求。如果每次布置的作业仅为常规而未挣脱传统的束缚，那所做的一切终将归于平淡，只有让“不可能”成为“可能”，最后的任务才会因“刺激”而“精彩”。

（三）审美的人生态度

颖震的美术课上，总希望学生能够在愉悦沉浸的氛围中从内心深处体悟艺术的美好。正是在他创生的“生活美学”引导下，同学们渐渐明晰了前行的目标与方向。

徐州一中2003届学生迟歆曾谈道：“张老师为多少人打开了那样的一扇门，不得而知。但是作为曾经的学生，带着儿子外出郊游，我都会告诉他‘处处是文章’，鼓励他发现生活点滴之美。想起二十年前张老师如是教育我们，恍如昨日。”颖震说他的美术课就是“走进教育的生活美学”，其实是在无意识地带着学生们从“生活美学”走向“美学生活”，进而成就未来的“美好生活”。

2018年这名同学在给张老师的推文中留言：“今天带着儿子去参观博物馆，给两岁的儿子讲‘汝、官、哥、钧、定’宋代五大名窑，讲各种时代的造像，讲文房清供的用途……总会想起张老师带着我们去徐州博物馆，或是在美术课上的讲授，激发我们对传统文化的热爱、对艺术的追求，这种教育在我们的心中埋下了一颗美好的种子。我们未必会在高考中获得最优异的成绩，但是在漫长的人生旅途中，收获的却是完整而有趣的人格。”2023年这名同学再次留言：“这么多年，毕业的学生几近不惑，虽然身体与精神经历着现实与生活的磨砺，但内心对于美的认知和追求从未改变。这种对美的追求，是疲惫时透着琥珀微光的天青茶盏，是深秋残阳夕照中的蝈蝈鸣叫，是光影斑驳人潮汹涌的路边广告，是流云变幻睡莲印象中的莫奈。”显然，颖震老师教的不仅是美术，更是人生。培养了学生审美的人生态度是他最重要的教学成就。

本文发表于《江苏教育研究》2024年第5期

深耕于体验的田地

——夏静团队体验教学研究述评

体验是重要的学习方式。“脱离体验谈论学习没有任何意义。体验不能被忽略，它是所有学习的核心思考点。学习建立并源自体验，不论刺激学习的外部因素是什么——教师、材料、有趣的机会——只有当学习者进行了体验，至少某种程度上进行了体验时，学习才会发生。只有通过转化学习者的体验，这些外部影响因素才能起作用。”[1]夏静老师显然深明此理，多年来，她带领老师们持之以恒，深耕于体验教学的田地，其成果获得 2022 年基础教育国家级教学成果奖。而其实践研究的路径，相信也会给同行们以启迪。

一、参与者知识观的视角

传统的教学基于主客两分的知识观立场，学习者是知识的旁观者。新课程倡导自主、合作、探究的学习方式，就是努力引导学生通过体验、建构，参与知识的“发现”和“生产”。夏静团队的研究和许多近些年来在课程改革中有所作为的同行一样，都是以波澜壮阔的基础教育课程改革为深层背景的。他们是以体验教学为切入点，投身到课程改革这场生动的活剧中的。其最突出的特点，就是知识观的变化。

第一，学生先成为积极参与者。夏静团队曾兴奋地分享过杜威的一个论断：“心灵不再是从外边静观世界和在自足观照的快乐中得到至上满足的旁观者。心灵是自然以内，成为自然本身前进过程中的一个部分了。心灵之所以是心灵，是因为变化已经是在指导的方式之下发生的而且还产生了一种从疑难混乱转为清晰、解决和安定这样指向一个明确方向的运动。从外边旁观式的认知到前进不息的世界活剧中的积极参加者是一个历史的转变，这个历史转变我们业已追溯过它的沿革。”[2]夏静他们认为，这个“积极参加者”就是主体性最鲜明的表现。他们把积极参与作为学习方式变革的前提条件，为此逐步实现了知识立场的转变，从旁观者知识观走向参与者知识观。

第二，通过积极参与实现发展的完整性。这是夏静老师一再申明的一个观点，她在多篇论文中都讨论过体验教学对完整儿童的追求，又有专文《完整：小学语文体验教学的价值追寻》。这源于她对教育的理解，对体验教学的理解。她在文章中引过约翰·哈蒂的观点：把人作为一个整体来看时，人存在的处境就是事实和目标、气质和对意义的追求等相互交织在一起的综合体。[3]夏静认为，体验教学正是以人的完整生长为旨趣的。“体验的自我觉知使人脑内的感情性信息与认知的高级动能相联系。”[4]在夏静团队那里，这种完整性的实现，又以身心的完整参与、逻辑思维和形象思维的共同作用、学习者与课程知识相拥起舞、人与环境的有效互动为基本路向，促进生命的完整生长。

第三，探索参与性学习的基本样态。在实践探索中，夏静团队逐步建构了参与性学习的基本样态，使“参与者”形象渐次清晰起来。他们创生出多种参与方式：行动型参与——可见活动过程的学习；思维型参与——获得内力生长的学习；体悟型参与——深层内化豁然的学习。通过这些参与方式，学生将有所见、有所悟、有所为相互交织融通，从而使学科育人的价值得到实现。[5]

二、触摸文本的肌理

适切的经典文本是语文学习的核心资源。在一定意义上，语文课程是通过引导学生触摸文本的肌理，领略经典文本的意蕴，将其中蕴含的课程知识应用于语文实践，从而形成核心素养的。近几年，我和不少老师讨论过“触摸”这个话题。夏静老师深表赞同，并努力实践。她的“触摸”比较多地聚焦于文本的陌生感，聚焦于文本的独特之处，形成了自己的心得。

一是关注文本之窗。这扇“窗”是作者的，也是文本接受者的。她很善于透过这扇窗瞭望文本的世界。如教学《小岛》时通过两个"竟"，把握文本意料之外、情理之中的特色。教学《纸的发明》时扣住三个"但是"，对应蔡伦改进造纸术的三个问题。

二是关注文本立场。文章的脉络、思路，是作者心智表达的匠心所在。夏静老师和她的团队对于梳理文本思路，把握作者运思特点，是下了很多功夫的。我曾经听夏静老师教学《只有一个地球》，她引导学生通过四个"但是"，梳理了文章脉络，体会到结构的特点。

三是关注文本之味。经典文本的一个重要特点是其意蕴的丰富，《韦氏大学词典》将"触摸"解释为"轻柔地把握住和感受"，范梅南讨论"触摸"是基于全身心的、审美感知的意境[6]，其中的一个重要原因，是通过"触摸"感知、品味文本的意蕴，是从课程知识维度如夏静老师一篇文章题目所述"让语文教学温暖起来"。我们从夏静老师《走月亮》《牧场之国》的教学案例中，都能领略到她是怎样引导学生沉潜涵泳，品味文本意境的。

三、创生与知识呈现特点匹配的体验方式

叶圣陶先生《语文教学二十韵》有句云"教亦多术矣，运用在乎人"。"在乎人"无非就是"活用"。吕叔湘先生说："在各种教学法上，还有一把总钥匙，它的名字叫做'活'。"刘国正先生说："活，也许可以算是贯穿诸法的一个基本法。"[7]"活"当然意味着因文、因人、因情境而采用适切的方法。夏静团队在"因文"方面着力良多，他们总是尽可能创生与知识呈现特点相匹配的体验方式。① 比如，他们创生了识字教学、阅读教学、口语交际教学、综合性学习教学、习作教学、整本书阅读教学等体验方式（见图 17）。

① 参见夏静等撰写的 2022 年基础教育国家级教学成果奖申报材料《小学语文体验教学的实践研究》。

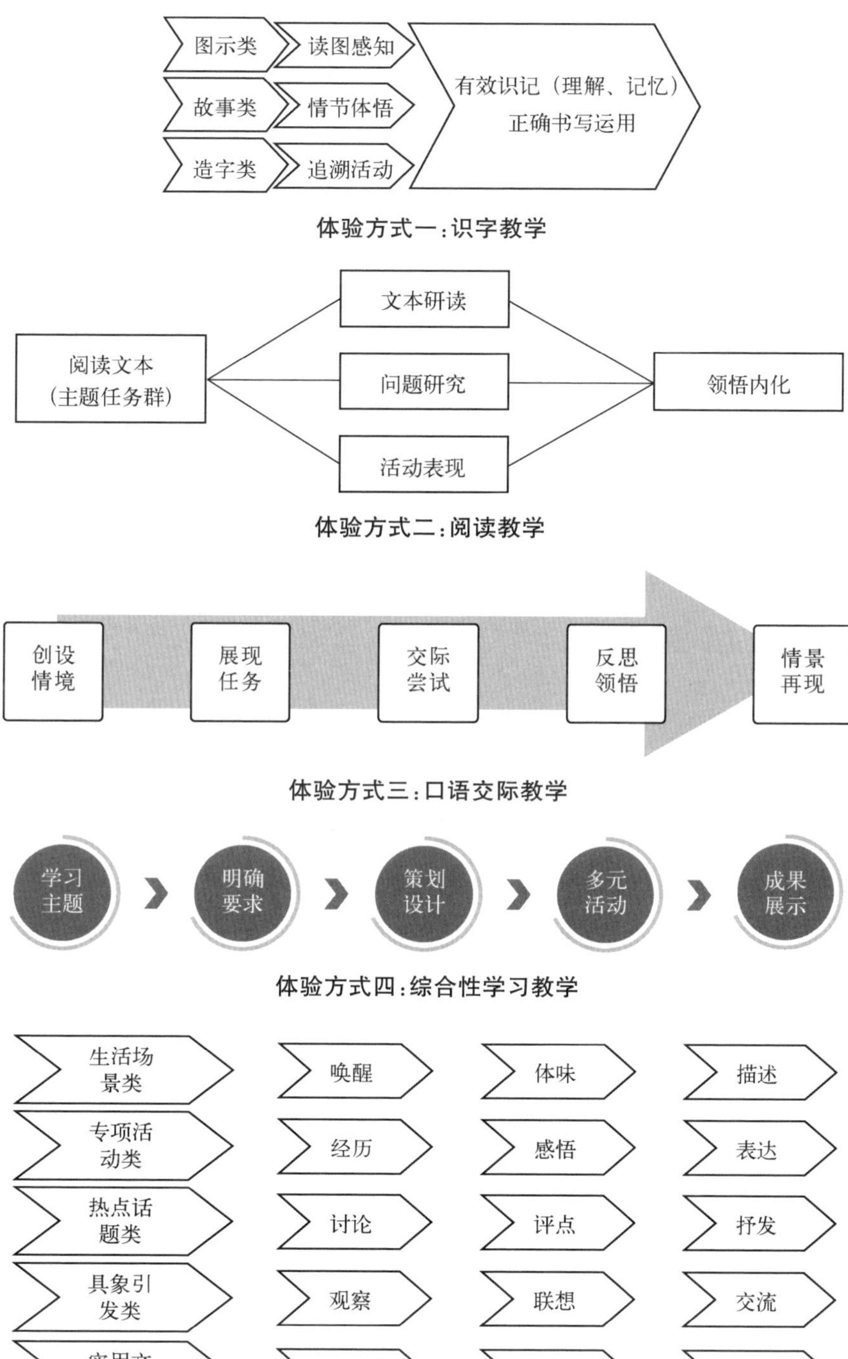

体验方式一：识字教学

体验方式二：阅读教学

体验方式三：口语交际教学

体验方式四：综合性学习教学

体验方式五：习作教学

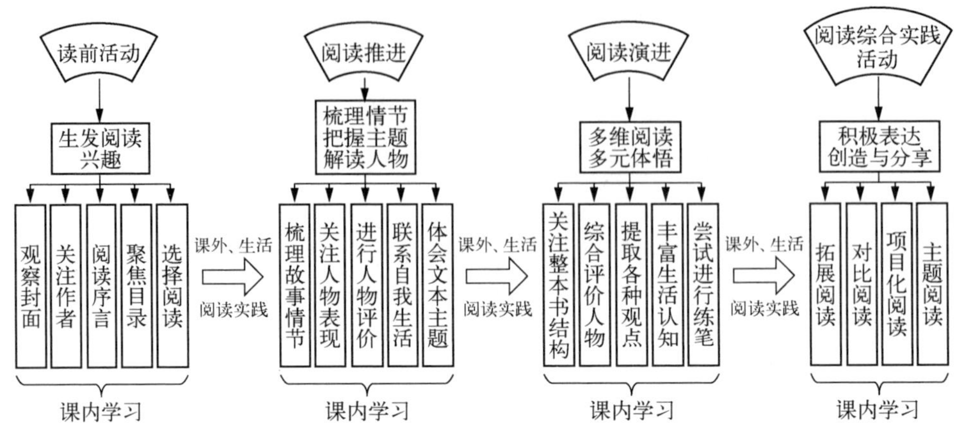

体验方式六：整本书阅读教学

图 17　匹配教材知识呈现特点的体验教学图式

四、从体验走向建构

众所周知，教学是为了理解。“理解意味着能够智慧地有效地应用与迁移——在实际的任务和情境中，有效地运用知识和技能。”[8]而知识的迁移、应用，一个重要的前提，是知识的图式化、结构化。夏静团队体验教学研究的一个重要突破，就是从一开始偏重于感觉、偏重于情感，逐步转向对体验完整的认识，更多地把体验看作“图景式的思维”[9]，致力于从体验向建构转化，让体验通向深度学习。

其一，将体验置于完整学习的应然情境。所谓完整学习，大致包括直观、直觉感知的阶段，归纳、概括、抽象的阶段，应用、内化领悟的阶段。夏静团队的体验性教学贯通体验与建构，从体验始，通过建构形成知识图式，又在知识的具体化应用中确认、反思，形成个体化的知识。体验与建构贯通，形成了完整的学习过程。

其二，创造了转承、转换、转化的贯通路径。夏静将“从体验到建构”的“从”具体化、技能化，提出通过梳理与归纳推动体验的转承，通过类比与迁移促进体验的转换，通过联想与想象联结体验的转化。[10]

其三，在思维方式上授人以渔。正是在转承、转换、转化之中，我看到了一个非常有价值的东西，那就是归纳与演绎相互作用形成思维的“概括模式”，有专家以为这如同刀刃的两面，两面磨砺，思维的刀刃才能锋利。归纳是由个别、特殊到一般的推理，演绎是由一般到个别、特殊的推理。夏静团队的建构基于体验，又回到体验，但其循环的过程是侧重于理性的，思维力也就由此而“炼”成了。在其中，形象思维并不缺席。他们力图超离具体的语言现象，从图式化角度给学生确定性的东西，比如他们总结心理描写的一个重要方式，是借客观景物的表现，反映人物的心理，这个规律性的理性概括就是基于若干个情景交融的教学案例。比如教《跳水》，最本质的是领悟船长的直觉思维方式。他们曾和我讨论，将直觉思维用确定性的训练方法“落”下来，如：速思法，尝试跳过逻辑分析阶段，不假思索地回答问题；预见法，用猜读、假设的方法理解课文；间歇法，调节教学节奏，为直觉的闪现提供时间和空间；勤录法，用笔记录下稍纵即逝的想法。可见，在体验式学习中，学会与会学融为一体了。

“春种一粒粟，秋收万颗籽。”夏静深耕体验教学的田地，取得丰硕的成果。尤为可贵的是，她一直带领一群人，基于教学的“真实情境”，把一节节课的改进，作为教师专业成长康庄大道上的一块块砖石，同时又不断以论文和专著等公共产品，显示出他们在实践、反思、学习、研究的良性循环中拾级而上。这些都让人们看到他们的后步宽宏，让我们对其实践研究的前景充满期望。

参考文献

[1] 比尔德，威尔逊. 体验式学习的力量[M]. 黄荣华，译. 广州：中山大学出版社，2003.

[2] 杜威. 确定性的寻求：关于知行关系的研究[M]. 傅统先，译. 上海：上海人民出版社，1966.

[3] 哈蒂. 可见的学习：最大程度地促进学习（教师版）[M]. 金莺莲，洪超，裴新宁，译. 北京：教育科学出版社，2015.

[4] 孟昭兰. 体验是情绪的心理实体——个体情绪发展的理论探讨[J]. 应用心理学，2000(2)：48 - 52.

[5] 夏静. 深度参与性学习的三个基本样态[J]. 人民教育，2017(24)：53 - 55.

[6] 杨九俊. 新课标的教学期待：理解与落实[J]. 中学语文教学，2022(9)：4 - 12.

[7] 刘国正. 也谈一个“活”字[J]. 课程·教材·教法，1991(10)：16.

[8] 威金斯，麦克泰格. 追求理解的教学设计[M]. 闫寒冰，宋雪莲，赖平，译. 上海：华东师范大学出版社，2017.

[9] 刘惊铎. 道德体验论[M]. 北京：人民教育出版社，2003.

[10] 夏静. 由体验走向建构的语文教学实践路径[J]. 语文教学通讯·D刊(学术刊)，2022(7)：34-36.

本文发表于《江苏教育研究》2024年第3期

为每个儿童打开数学之窗

数学不仅是一门重要的学科，还是一种工具、一种思维方式，也是一种美的体现、一种文化的传承。数学学习应该是充满趣味和创造的探索与发现。然而，有些儿童认为数学是一门枯燥难懂的学科。作为数学教师，我们应该如何为每个儿童打开数学之窗，让他们感受到数学学习的乐趣和意义呢？连云港市云山小学教育集团孟霞校长带领团队，将数学个性化学习与“教—学—评”一体化的理念相结合，致力于为每个儿童打开数学之窗，让他们人人都能获得良好的数学教育，让不同的人在数学上得到不同的发展，逐步形成适应终身发展需要的核心素养。

一、把握真正的学习起点，使集体的教学面向个体

每个儿童都是独一无二的，他们在数学学习上有着不同的基础、兴趣、特点和需求。不能用一套固定的标准和方法来衡量与教导所有的儿童，而应该尊重他们的个性，了解他们的思维，发现他们的潜能，激发他们的主观能动性。教师要通过多种方式，如观察、问卷、测试、访谈等，收集和分析儿童的数学前概念（即他们在正式学习数学之前对数学概念、规律、方法等自然形成的认识和经验）。这些前概念可能是正确的，也可能是错误的，可能是清晰的，也可能是模糊的，但它们都是儿童数学学习的真实起点，也是教师教学的切入点。教师要根据儿童的前概念设计合适的教学内容、教学过程和教学方法，使他们能够在原有的认知基础上深入

理解数学知识，形成系统的数学认知结构。

例如，教师在教学苏教版三年级下“分数的初步认识”时，发现儿童对分数的认识处于不同的层次。他们有的能理解分数的符号表示，有的能理解分数的意义，有的能理解分数的大小比较，有的能理解分数的运算。教师要根据儿童的不同层次设计不同的教学活动，如运用分数条、分数圆盘、分数拼图等具体材料帮助儿童建立有关分数的直观感受，通过分数的等价、比较、排序等问题引导儿童探索分数的意义和规律，借助分数的加减、乘除、分数与小数的转换等问题培养儿童运用分数的能力。同时，教师要根据儿童的不同层次提供不同的教学支持，给予低成就者更多的鼓励、引导和帮助，给予高成就者更多的挑战、创新和拓展，使每个儿童都能在已有水平上取得进步。例如，给低成就者提供一些简单的分数问题，让他们通过操作具体材料或画图等方式来解决，以此达到复习与巩固分数基本概念和运算的目的，同时及时给予他们反馈和肯定，增强他们的自信心和学习兴趣；给高成就者提供一些开放性的分数问题，让他们通过自己的思考和探索来解决，还可以给予他们一些延伸和拓展的问题，让他们能够发现和创造一些新的分数知识，激发他们的好奇心和求知欲。

另外，还要关注儿童数学学习的关键节点。一般认为，三年级是儿童数学学习的转折点——从形象的图形转向抽象的文字，从直观的几何转向逻辑的推理，这是一个难度较大的跨越，也是一个分化较明显的阶段。教师要采取有效的措施，引导儿童加强基础知识的巩固和实际问题的解决，促进他们保持数学学习的兴趣和信心，培养他们数学思维的习惯。

这一方面与“教—学—评”一体化的理念是一致的。“教—学—评”一体化要求教师采用多样化的评价方法和工具，全方位地了解儿童的学习情况和教学效果。除了传统的考试和测验，教师还可以结合观察、讨论、作品展示、项目报告、同伴评价等方法来评估儿童的知识、技能和学习过程。同时，也要注意评价教师的教学设计和实施，以促进他们及时调整教学策略和方法，提高教学质量和效率。

二、构建完整的数学生活，使学习的课程可供选择

众所周知，数学学习不是仅仅在课堂上进行的，而是在儿童的整个生活中进行的。

教师要打破课堂与生活的隔阂，让数学与生活相结合，让儿童在生活中体验数学，在数学中享受生活。首先，要在国家课程的指导下，让儿童通过主题式、项目式、探究式等多种形式，把数学知识应用到实际问题的解决中，培养他们的数学素养和综合能力。例如，教师可以开展“数学与艺术”的主题学习，让儿童通过观察、分析、创作等活动，发现和感受数学与艺术之间的联系，如数学与音乐的节奏、和声、比例等，数学与绘画的对称、比例、透视等，数学与建筑的形状、结构、比例等。其次，要优化作业设计，让儿童在课后能够及时巩固和拓展课堂上的数学学习内容，而不是重复地进行枯燥的练习。教师可以结合儿童的生活经验和兴趣爱好，设计一些富有挑战性和创造性的数学问题，让儿童在问题解决过程中运用数学知识、发展数学技能，同时培养他们的思维品质和情感态度。例如，可以让儿童以小组为单位，收集和整理一些与数学相关的新闻、故事、趣味游戏等，编写数学小报，并展示给全班同学，大家共同进行交流和评价。再次，要开发校本课程和校本活动，利用学校的资源和特色，为儿童提供更多数学学习的机会和平台，如数学角、数学节、数学竞赛、数学社团等。最后，要充分利用校园的空间和设施，布置一些数学的展示和体验区，让儿童在课余时间能够自由地观看和参与，增加他们与数学接触的机会，增强他们对数学的感受。例如，可以在校园里合适的角落布置一些数学的拼图、魔方、华容道等玩具，让儿童在玩乐过程中锻炼数学思维和探究能力。

教师还要引导儿童在非正式学习（如日常生活、游戏、阅读、旅行等）中，发现和感受数学的存在与作用，增强他们对数学的敏感性和学习兴趣。其一，鼓励儿童在日常生活中观察和记录一些与数学相关的现象与问题，如天气、时间、价格、距离等，然后在课堂上与同学分享和讨论，共同寻找解决问题的策略以及其中的规律。其二，实现多样化的课程形态，如面授、在线、混合等，为儿童的个性化学习提供可能，让他们能够根据自己的特点和需求选择适合自己的数学学习方式与路径。其三，利用网络平台，为儿童提供一些数学的视频、动画、游戏、测试等资源，让儿童可以自主地学习和探索，同时可以与教师，与同学进行在线交流和互动。

这一方面与“教—学—评”一体化的理念也是一致的。“教—学—评”一体化要求教师关注儿童的整体发展，不仅要评价儿童在正式课程中的表现，也要评价儿童在非正式学习中的表现；不仅要评价儿童的数学知识习得和技能形成情况，也要评价他们数学素养的发展情况，促进儿童的自主学习和终身学习。

三、坚持“做中学”的数学活动,使知识的建构基于体验

数学是一门需要动手操作和实践的学科。教师设计和组织“做中学”的数学活动,有助于儿童在动手操作和实践中感知数学的规律与原理,建构数学的知识和概念。这些数学活动应该具有探究性和问题导向性,要有利于儿童在解决问题的过程中发现和提出问题,提出和验证假设,分析和归纳数据,表达和交流想法,形成和运用策略,反思和评价结果。这些数学活动也应该具有个性化和多元化的特点,让儿童根据自己的兴趣、能力,选择和安排自己的学习内容与学习方式,展示和评价自己的学习成果,体现自己的个性与风格。通过“做中学”的数学活动,儿童能够在体验中建构数学,这有利于培养儿童的数学创造力和创新能力。另外,可以开展“数学与生活”的项目学习,让儿童以小组为单位,选择一个与数学相关的生活主题,如购物、旅行、美食等,进行调查和研究,运用数学知识和方法解决实际问题,并制作成项目报告,与全班同学进行交流和评价。

这一方面与“教—学—评”一体化的理念也是一致的。“教—学—评”一体化要求教师不仅关注儿童的学习过程,也要关注他们的学习结果,不仅评价儿童的个人表现,也要评价他们的小组合作与交流能力。教师可以通过学习报告、同伴评价等方式收集和记录儿童的学习证据,反映儿童的学习过程与成果,及时为儿童的学习提供反馈和指导。

四、开发丰富的支持途径,使个性化学习成为可能

数学教学不仅要关注儿童的共性,也要关注他们的个性。教师应该通过多种途径,对儿童的具体个性提供支持和帮助,促进儿童的个性化发展。教师可以利用网络平台,为儿童提供丰富的数学资源和信息,儿童可以自主选择和学习,这有助于拓宽他们的数学视野和学习深度。教师也可以组织学习小组,让儿童在合作中互相学习和帮助,发挥各自的优势和特长,提高数学的水平和能力。教师还可以指导儿童制订个别化的学习方案,根据儿童的学习目标和需求安排合适的学习内容与方式,监督和评价儿童的学习过程与结果,帮助儿童实现自己的数学梦想。教师通过多种途径个性化地支持儿童,可以让每个儿童都感受到数学的关怀和尊

重，激发他们的数学潜能和热情。例如，可以借助网络平台为儿童提供一些个性化的数学学习资源，如自适应学习系统——根据儿童的学习水平和进度，自动调整学习内容和难度，并提供个性化的学习路径和反馈；再如，可以建设个性化学习社区——让儿童根据自己的兴趣、需求选择和参与一些数学的主题讨论、问题解答、知识分享等活动，与老师、同学进行在线交流和互动；等等。

这一方面与“教—学—评”一体化的理念也是一致的。“教—学—评”一体化要求教师关注儿童的个体差异，不仅要评价儿童在统一标准和要求下的表现，也要评价儿童在个性化学习中的表现及其数学兴趣和动机。教师可以通过学习分析、学习报告、学习计划、学习咨询等收集和记录儿童的学习情况，形成儿童的学习档案，为儿童核心素养的发展提供有效支持。

本文发表于《江苏教育》2024 年第 33 期

“尚美语文”：让语文学习成为美的旅程

淮阴师范学院第一附属小学张丽老师提出“尚美语文”的主张：让儿童的语文学习成为美的旅程。观摩她和风煦煦的课堂，细品她娓娓道来的文稿，我们可以观赏到“尚美语文”的多重风景。

一、“尚美语文”的学理性

“尚美语文”倡导“让语文学习成为美的旅程”，这既符合知识论的一般规律，也符合美学的基本原则，既符合语文课程的审美属性，更是实现语文育人目标的重要途径。

（一）“尚美”是从真善美一体视角提出的

真善美如同一座山，真、善、美是其不同侧面，当师生通过课程学习到达山顶时，就会发现真善美是一个整体。真善美是最基本的哲学概念，是人生的核心价值。孙正聿认为：“‘真’的问题需要从人与世界、思维与存在的总体关系中去思考。”改变对真理问题的简单化理解，即“真”是需要不断探索、超越自我认知的真理。“善”蕴含着某种被人认同或接受的价值尺度或价值标准，人正是以某种价值尺度或价值标准为依据，而形成某种道德理念和伦理规范，即“善”是道德的规范标准。“美的本质、美的存在、美的发现和美的追求，构成了以‘美’为聚焦点的哲学层面的美学问题。”说明人应该树立审美意识，培养审美能力，创造美的生活。[1]

在知识学习中，真善美这三者被视为一个整体的价值追求，它们相互融通。张世英教授认为："为了使人性得到更完满的实现，人不能只满足于求真，不能只满足于科学的快乐，而且应该由此出发更进而上升到求美，上升到审美的愉悦。人生的最高境界或者说人性的最完满的实现应该是真善美的统一……而且在这个统一体上，美是主导的。"[2]因此，语文教学要从审美的视角出发，引导学生在诵读赏析、品读感悟、创意表达等一系列"审美"活动中完成语文学习，获得对知识、道德、情感、审美完整性和深层次的理解。

（二）课程本身也是美学文本

派纳认为课程可以作为美学文本。席尔瓦认为课程是真实世界的"表征"。基于这个特性，课程是自身现实语言的话语创造，形成的文本是美学的，也是政治学的、课程诗学的。杨澄宇认为：课程诗学在观念上，是对课程中大写的人的感性与诗性维度的再发现，包括教育中本该饱含的愉悦感；在实践上，以学生的体验为课程实施的着力点；在内容上，对课程言说方式和句法规则反思创造；在方式上，通过新内容、新方法的引入与融合，优化课程整体设计。[3]课程的内容之美可以让学生感受到人类智慧和文明的伟大，激发他们的求知欲和探索精神；课程的形式之美让学生更好地理解和体验课程的内容，并从形式美的欣赏中获得审美的愉悦；课程的意蕴之美可以激发学生的文化自信和价值追求。深入挖掘课程的审美内涵，通过欣赏的、艺术的、表演的、游戏的方式帮助学生理解课程、体验课程，有助于激发学生的学习兴趣和创造力，培养他们的人文素养和审美情趣。

（三）语文"天生"具有审美性

语文选文的经典性包含了美学的要求，按照艾略特的说法，经典体现了文明的、心智的、语言的成熟[4]。审美则是三个"成熟"的一个综合评判。科学的言说方式是对"真"的追求，诗歌的真实内容则是通过且只能通过隐喻所曲折确认。[5]而在现代诗学的视野里，这里的"诗"是对世界文本的体认，当然首先是语文的文本。比如，许多文字抒写的都是心曲，而语文的学习，很重要的一个特点是认知与情感、审美的一体性。"文章不是无情物，师生俱是有情人。"（于漪语）在"尚美"语文中，学生在语文实践过程中产生情感体验和共鸣，学习就成了"美的历程"。

二、“尚美语文”的体系性

难能可贵的是，张丽老师的“尚美语文”已经是有模有样的一座“房子”，渐成体系。

（一）以育美为目标

基于真善美一体而美为主导的观念，育“美”就是培养全面发展的人。语文教学要借助课程“美”的因子，运用语文学科育“美”，培养全面发展、人格完善的人。“尚美语文”主要通过以下方式达成育美目标：一是要善于挖掘文本中的育美元素，如诗歌、散文、小说等文学作品中的语言美、意境美、情感美等，通过品读、感悟、想象等方式来体验文本所传达的美感。二是营造育美情境，通过多媒体演示、角色扮演、情境模拟等方式，营造与文本内容相符合的育美情境，让学生身临其境地感受文本所传达的美感，增强学生的审美体验。三是引导学生创作表达，通过写作、绘画等方式，将自己的审美体验表达出来，培养学生的审美创造能力。四是融审美活动于语文学习中，如开展诗歌朗诵、课本剧表演、辩论赛等，让学生亲身体验各种文本形式的美感，培养学生的审美素养和情感素养。

（二）以审美转化为前提

语文教学的审美转化是指将语文学科的知识和技能转化为审美体验和情感表达，从而提高学生的审美素养和情感素养。“尚美语文”课堂是经过审美转化的课堂，包括教材内容审美转化、教学目标审美转化、教学内容审美转化、教学实施审美转化、教学评价审美转化等。通过诵读赏析、品读感悟等教学手段，引导学生在诵读赏析、品读感悟等一系列审美活动中完成对文本语言范式的学习，从而培养学生的语言运用、思维能力和审美创造等核心素养。

（三）以适切开放的情境为学习场景

营造适切的、开放的情境作为学习场景，能够为学习者提供一个富有启发性和吸引力的环境，促进有效学习。“尚美语文”注重营造开放的学习场景：一是根据学习内容和学生的特点，选择适合的情境类型，例如问题解决情境、模拟情境等，激发学生的探究欲望，提高学生的学习主动性和参与度。二是利用多种媒体资源来丰富情境，帮助学生增强感官体验，提高学习效果。三是引入现实生活中的问题、跨学科的内容等，以激发学生的创新思维和跨学科思考。四是提供互动与合作的机会，帮助学生提升团队协作能力，通过思想的碰撞激发新的思考和创意。五是及时反馈与调整，可以指导学生调整学习策略，也可以根据学生的反馈和表现，对情境进行适时的调整，以更好地满足学生的学习需求。六是强调反思与总结。在学习活动结束后，组织学生进行反思和总结，让他们分享在情境中的学习体验和收获。

（四）以结构化为内在逻辑

教学实施以结构化为内在逻辑，是确保教学质量和效率的关键。这意味着在教学过程中，需要以学科知识的内在结构为基石，以有逻辑、有条理的方式精心组织教学内容和教学过程，从而助力学生深入理解和牢固掌握知识并形成学科观念。一是采用模块化、层次化的方法实施教学。要深入理解学科知识的结构，以“学习任务群”等为单元模块，把握其核心要素和文本相互之间的联系，让学生经历从知识结构化向知识观念化进阶的过程。二是设计有梯度的教学流程至关重要。我们要根据学生的认知特点和学科知识的连贯性和递进性，设计有逻辑的学习任务和学习活动，推动学生学习进程有质的提升，让学生的语文核心素养得到发展。三是善于使用思维导图等可视化工具。根据不同的学习需求选择或综合使用思维导图、情节梯、气泡图、维恩图等可视化学习工具，帮助学生梳理提取信息、串联知识点、多角度展示问题、分析和解决问题等，提高学习效率，提升思维品质，推动学生进行深度学习。

（五）以实践为主要方式

在语文学习中，积极的实践和应用是至关重要的。“尚美语文”体现语文课程标准要求：通过积极的语言实践，积累语言经验，体会语言文字的特点和运用规律，培养语言文字运用能力；同时，发展思维能力，提升思维品质，形成自觉的审美意识，培养高雅的审美情趣。首先，教学时把“识字与写字、阅读与鉴赏、表达与交流、梳理与探究”贯穿于整个语文学习实践中。其次，把听、说、读、写作为最为基本的语文活动，每一项活动都努力体现出“人与环境互动，预设与生成互动，体验与建构互动”的特质。再次，让学生个体在具体的语文任务性的实践过程中感受、体会和创造，让实践个体在文化世界中行走、体会。最后，创设情境，建立语文学习、社会生活和学生经验之间的关联，符合学生认知水平；整合关键的语文知识和语文能力，体现运用语文解决典型问题的过程和方法。

（六）以表现性评价为落脚点

以表现性评价为落脚点，可以更好地评估学生的实际应用能力和问题解决能力，而不仅仅是考查学生的知识记忆。“尚美语文”努力做到的，一是教学评价要与真实生活产生联系，以真实或虚拟的问题来考查学生运用所学知识解决问题的能力。二是既评价学生的所知，又评价其所做；既对学生的行为表现结果进行评价，又对其行为表现过程进行评价；既评价学生的认知能力，又评价其综合运用已有知识解决问题的能力。三是实施“教—学—评”一体化，促进学生的学习与成长，给教师的教和学生的学带来积极的影响。

三、“尚美语文”的时代性

改革创新是最主要的时代精神，“尚美语文”是时代大潮中的一朵浪花，表现出一种突破陈规、大胆探索、勇于创造的思想观念。它强调对学生主体性的尊重，探索从大任务、大单元、“教—学—评”一体化等角度入手设计并实施教学，注重现代信息技术等的融合应用，引领学生经历完整的学习体验。

（一）对学生主体性的尊重

人的自主性是指人在行动和思维上有独立的判断和决策能力，能够根据自己的意愿和价值观来选择和决定自己的行为。“尚美语文”充分尊重学生的自主性，把学生作为学习的主体，引导学生形成“感知为先—想象为辅—体验为主—理解为要—品味为核”的阅读审美思维路线，经历“课前预学，提出问题；课堂研学，探讨问题；分享展学，解决问题；课后延学，生发问题”的学习过程，培养他们感受美、欣赏美、创造美的能力和审美情趣，促进他们的全面发展。

（二）经历完整的学习体验

“尚美语文”从大任务、大单元、“教—学—评”一体化等角度设计并实施教学，引领学生经历相对完整的语文学习体验。一是经历完整的认知体验。在阅读教学中，通过合理情境的创设，使学生迅速进入学习状态，在情境中感受和体验知识的形成过程。二是经历完整的思维体验。在阅读教学中，根据所学内容的特点，引领学生思考和探究，把学生对阅读内容的感性体验转化为理性思考与认识。三是经历完整的情感体验。以培养学生的完整情感体验为目标导向，让学生在学习和体验中培养良好的学习品质和正确的世界观、价值观等。四是经历完整的审美体验。学生的学习活动体现层层推进、逐渐深化的体验过程，经历“感性阶段—意义阶段—分析阶段—综合阶段”的完整审美体验，让学生在体验中获得知识、提升能力、健康成长。

（三）信息技术的有效应用

“尚美语文”关注将学习过程嵌入信息、网络环境，通过信息技术与语文教学深度融合，发挥信息技术在语文教学中的独特价值和功能。如信息技术环境、真实情境、任务驱动、知识迁移、思维训练、动态评价等，体现如下教学逻辑：设计情境问题，形成驱动任务；指导获取信息，补充学习内容；合作解决问题，促进迁移应用；经验交流评价，达成修正反思。

四、“尚美语文”的自我实现性

“生命·实践”教育学派创始人叶澜教授认为：培育“生命自觉”是教育的最高价值，只有具备“发展自觉”的人，才会呈现出“生命自觉”的样貌，并培育出“生命自觉”的学生。[6]张丽老师把“尚美语文”作为自我发展的过程，使自己成为“发展自觉”的主体。在“尚美”教学过程中充分发挥潜能，主动发展，不断探索，使自己成为一个美的存在，且“学不可以已”，人生的意义和境界不断提升。

（一）读书在前，教学在后，不断夯实基础

“尚美语文”教育主张是在“生命美学”“教育哲学”的基础上提出的，是作者感性与理性、实践与思考的结合。从文字中可以看出，“尚美语文”的提出首先是建立在阅读相关理论和实践文献基础上的，比如《美学导论》《人是如何学习的》《学习的本质》《“新基础教育”论》《走向生命美学》《语文：生命的，文学的，美学的》《审美阅读十五讲》等。张丽老师把阅读的相关理论作为“尚美语文”教育主张的根基，并扎根于课堂，用教学实践丰富自己的教育主张，使教育主张从感性经验走向理性思考。

（二）抓住一切学习的机会，思考问题，自我启迪

教师是在“读书—实践—思考—总结”中发展的。一名教师要从感性走向理性，仅仅靠阅读、实践还不够，还需要学会思考问题、自我启迪。因为教师走向理性，意味着走向对教育教学本质的澄明，走向质疑和批判，走向系统化，从经验走向科学。“尚美语文”是教育实践成果的凝练，也是一种理想的教育追求，需要抓住一切学习机会，突破已有的经验框架，不断改造经验、优化经验；需要抓住语文本质特征，与时俱进，整体化、系统化思考语文教学问题，并不断梳理、总结、概括语文教学经验，形成语文教育教学成果；需要在学习实践中不断自我启迪，以儿童及教学基本问题为研究对象，认真思考如何实现师生“生命自觉”的最高境界，让师生的语文学习成为一段美的旅程。

（三）在每一节语文课的改进方面体现长久的成长

“尚美语文”课堂教学是审美的课堂，它努力将每一节语文课进行审美转化，形成“尚美”语文课堂积极对话、互动生成、思维灵动、审美自失、主动发展的美好样态。于漪老师说，“与其说我做了一辈子教师，还不如说我一辈子学做教师，一辈子学做‘人师’”[7]。一辈子做教师是情怀、态度、价值取向；而一辈子学做教师，则是求真、求善、求美的过程。一辈子的人生长度是一节一节的课铺就的。张丽老师对每一节课都如琢如磨，在每一节课的进步中升华人生的境界。“慢慢走，欣赏啊！”祝张丽老师绘出更加绚烂的“尚美语文”画卷！

参考文献

[1] 孙正聿. 哲学通论(修订版)[M]. 上海：复旦大学出版社，2005.

[2] 张世英. 张世英讲演录：提高人生境界[M]. 长春：长春出版社，2011.

[3] 杨澄宇. 课程诗学的理论探究与实践路径[J]. 教育研究，2024，45(1)：67－79.

[4] 艾略特. 艾略特诗学文集[M]. 王恩衷，编译. 北京：国际文化出版公司，1989.

[5] 英加登. 对文学的艺术作品的认识[M]. 陈燕谷，译. 北京：中国文联出版公司，1988.

[6] 叶澜，王枬. 教师发展：在成己成人中创造教育新世界——专访华东师范大学叶澜教授[J]. 教师教育学报，2021，8(3)：1－11.

[7] 于漪. 一辈子学做“人师”[J]. 未来教育家，2015(Z2)：13－14＋12.

本文发表于《江苏教育研究》2024年第9期

不待扬鞭自奋蹄

李屹是南通市名师培养第一梯队的成员，她有一本书《爱的絮语》，其中有一篇叫作《怎样才能不待扬鞭自奋蹄》。她的这种思考，本乎其对生命境界的追求。我想借用“说三道四”这个词儿，说说李屹的“三”，从中我们可以看出，她是怎样“不待扬鞭自奋蹄”的。

一、角色：三重身份

李屹有三重身份，而这三重身份，每一种又都是“合成”的。

第一重身份，她是老师，也是学生。她当然是一名老师，一位颇有名气的老师，但她同时还是一名学生，这是泛指的学生。她做老师有一个定位，就是带着学生读书写作、陪着学生成长成人。她坚持每天和学生“共读一小时”，在与一届又一届学生的共读时光中，她收获着内心的丰富和宁静。因为这份宁静，她以更平和的目光看待她的学生，以更理智的视角反思她的教育。她开始以文字记录下每天的观察和感受，从起初只是在班级群里有感而发的百字言到逐步聚焦问题、关注某一主题的千字文，再到后来以研究视角透视现象本质的案例反思、专业论文、专项课题……坚持阅读与写作既使她成为“为师”的身教榜样，亦成为她“为生”的终身习惯。2018 年 8 月，江苏凤凰教育出版社出版了她的 20 万字教育处女作《爱的絮语——以“周记录”助力孩子成长的班主任随笔》，这成为她与孩子们共同拔节生长的见证。

从另一个意义上讲，李屹还始终是一名狭义的学生。她现在的一个身份是在读博士生。自2014年获得浙江大学教育硕士后，读博一直是她的求学梦。2021年9月，她以本专业总分第一的成绩顺利考入南京师范大学教育科学学院，师从齐学红教授攻读学生发展与教育博士学位。她的不懈努力终究让她实现了“更上一层楼”的博士进修梦。一路走过来，不仅仅可见她学历的拾级而上，更可见她一直走在“上学的路上”。《学记》所说的“教学相长”，可谓对李屹日常教育与学习生活的一种凝练与表达。

第二重身份，她是研究班主任工作的，又是研究语文教学的。2016年12月，她以优秀语文老师的身份进入南通市名师培养第一梯队，无论是在原来的教学一线还是后来的教研岗位，她对语文的热爱都丝毫未减，也始终没有中断过对语文教学的研究。近年来，她在《中学语文教学参考》《语文教学与研究》《中学语文》《教育研究与评论》《语文新读写》等专业期刊上发表语文教研论文30余篇；她主持的江苏省教育科学“十三五”规划青年专项课题“指向初中语文核心素养的生本资源开发研究”于2020年12月已经结题；2022年3月她参与的语文研究“融通润泽：初中语文学科育人的区域探索”获得江苏省基础教育教学成果奖二等奖。

她又是我省第一个班主任教研员。早在2017年她就获得长三角、江苏省班主任基本功竞赛一等奖。到教研员岗位后，她更注重实践的提炼与理论的深潜，努力将20年的班主任一线经验细致梳理，在德育理论的指导下，不仅渐渐形成“大道臻美”的育人主张，更是在班主任研究方面著书立说。2022年7月，南京师范大学出版社出版了她的第二本专著《带班方略》，书中对班主任带班育人策略进行了深入浅出的针对性诊断、规律性研究及系统性整合，相较于第一本著作《爱的絮语》，《带班方略》具有了更强的理论色彩与研究意味。这是李屹的成熟，也是李屹的成长。

众所周知，班主任都是由学科老师担任的，不少优秀的前辈、老师都在“育人”这个聚光点上，把学科教学和班主任工作结合起来，做出了不凡的成就，比如斯霞老师、李庾南老师。李屹向前辈学习，这使她工作研究的视野更宽一些。相信未来，作为一个大市教研员，她一定可以超越她的经验，在规律性的探索方面有更大的空间，也期待她能为更多的班主任带来更有价值的经验与思考。

第三重身份，她是徒弟，又是师傅。李屹读初中时就是李凤老师的学生。

2011 年，李凤老师成立南通市青年名师工作室，李屹成为首批 6 名弟子之一。进入南通市教科院后，她和李凤老师又成了同事，自然有了更多请教的机会。可以说，小有名气的李屹，是在李凤老师的带领下，在语文教育教学的实践探索方面朝前走的。近年来，她跟随李凤老师致力于“无痕语文”课程的建构、实践与推广，不断探索语文核心素养落地生根的抓手与路径。在李凤老师的引领、指导下，李屹不仅担任过南通市中考语文命题专家，获得过 2 次江苏省语文优质课评比一等奖，而且为江苏省电教馆和中央电教馆制作了系列微课资源，还多次在中国研修网为各省（自治区、直辖市）不同区域的初中语文教师作课程展示与交流。

而近年来，李屹自己又当起了师傅。2020 年 10 月，她成为南通市首批德育名师工作室领衔人培养对象。2022 年 1 月，南通市李屹德育名师工作室正式成立，从此，她有了自己的名师工作室。为了让“领衔人”名副其实，她凡事身先士卒、对标创优，不仅个人先后获得江苏省“333 高层次人才培养工程”培养对象、江苏省教科研先进个人、南通市五一劳动奖章获得者、南通市语文学科带头人、南通市德育工作带头人、南通市优秀德育工作者等称号，而且带出了一批优秀的班主任和德育工作者。她的团队成员现有 23 人，其中已有江苏省特级教师 1 名、“苏教名家”培养对象 1 名、正高级教师 1 名、南通市德育工作带头人 10 名、南通市德育工作骨干 6 名，3 人获得南通市五一劳动奖章。自成立以来，李屹德育名师工作室致力于“养正厚德”育人主张的实践与推广，采取线下线上双驱动研修模式，开展专家授课辅导、主题沙龙研讨、课堂把脉问诊、校园公益行动等多种形式的德育活动，并创建“小样儿问诊所”“老班会客厅”两个平台，主动发现更多的教育热点、难点、堵点，将研究深入到实践，以研究服务更多的学生、班级和家庭。工作室已成为南通地区名班主任的“孵化器”、青年班主任成长的“加速器”、学校及地区德育工作的“助推器”。2022 年工作室还被《班主任之友》杂志评为“全国十大优秀班主任团队”。

我欣喜地看到，李凤老师带李屹时的用心用力用情，现在李屹也在努力践行着。李屹始终铭记师傅的名言“幸福着孩子们的幸福，是我莫大的幸福”。可以说，正是李凤老师对学生的爱，正是李凤老师在课堂教学之外关于自由、生命、人性、生活等的哲学思考，让李屹的教育生活有了一种赓续，有了一种传承，更有了一种生发。“师者，所以传道受业解惑也”可以很好地概括这对师徒的成长样态。

二、关键词:三重词性

优秀的老师总是有自己的教育思想、教育哲学、教育主张的。李屹也尝试着作这方面的提炼。她的教育哲学是“大道臻美”,其中最核心的关键词是“道”。从李屹的实践探索看,“道”的三重词性都在她身上有所体现。

“道”首先是个名词。在中国文化史上,“道”有一个演变的过程。在战国以前,包括战国的前期、中期,“道”都是一个先于“天地”的存在。《道德经》有云:“有物混成,先天地生。寂兮寥兮,独立而不改,周行而不殆,可以为天地母。吾不知其名,强字之曰‘道’,强为之名曰‘大’。”此时的“道”是一个自然状态的东西,“道法自然”。后来“道”逐步演变成道德,所谓的“传道受业解惑”“天道人心”,都有这方面的意思。可见,这个“道”,就是原来、本来的意思;它又是说不清的,是一种精神、魂魄,形而上的;它还是一条道路,是人走出来的,是让人走的;它后来与“德”联系在一起,富有了伦理价值的内涵。今天,我们也更多是从规律性、道德性来看待它的。李屹做班主任、研究班主任,本质都是在做“德”的工作,做“道”的事业,可以说,她的工作、生活,她的思考、实践,她的为人、做事都与“道”息息相关。

“道”也是一个动词。《说文解字》云:道,从辵,从首。段玉裁《说文解字注》中,解释“道”为“行道”,又说“亦谓之行”。从首,首长、首领的“首”,可以想象这是个人,是一个人在走(走字底)。可见“行道”是得从脚做起,是得一步一步走的。在不少语境中,“道”也作动词用,比如“不足为外人道也”“一语道破”。在李屹的教育主张里,“大道”与“臻美”互为对应又互为补充,既指向于立德树人的学生精神成长目标,又呈现出语文教育合于学生德性成长的生命样态。简言之,就是以语文学科底色、以个人教学特色,在充满人文魅力的语文世界里,和学生一起,求真知、扬善德、合大道、臻美境,共同走向美好人生,让每个孩子都能成为一个大写的“人”。“大道臻美”是在人的德性的丰富与成长这一目标的引领下,师生共同过一种有道德意义的教育生活,抵达一种灵动的、开放的、诗意的精神境界。这是要做的,是要一步一步、踏踏实实做的,而她亦是这样努力的!从李屹的成长轨迹来看,她提倡的“道”正是她个人专业发展与教育教学生涯的勾勒与描摹。

“道”还有形容词的词性。道从首,这个“首”强调重要,强调第一位,所以古人有了“以道为先”的说法。“道”就是最根本、最重要的东西。从“大道臻美”看,“大道”就是教育教学最根本、最具规律性的东西，比如立德树人、学科育人。最根本、最重要的东西就要摆在优先、首先的位置上，予以强调和突出；“道”又是要落实、要践行的，要在具体的实践中，道器统一，予以落实。李屹对“德为先、德首要”不仅高度认同，而且全力践行。李屹主持江苏省第四批中小学生品格提升工程项目“立学课堂：学科育德的南通实践”，对学科德育有比较深入的研究。她组织项目组成员编制全市中小学学科育德现状的调查问卷，编写《南通市中小学学科育德指导手册》（小学版、初中版、高中版），编纂的著作《启智润心思与行》已由苏州大学出版社正式出版。项目不仅在 2022 年圆满结项并被评为全省“精品项目”，更是赢得专家的高度肯定与重视。2022 年 7 月 20 日，江苏省教科院院长、党委书记陆岳新专程率队对该项目进行调研，称“该项目内容全面，有思考深度、有实践范式、有创新突破，是坚持五育并举、推进立德树人、三全育人落地的示范项目，是实施‘双减’目标要求、全面提高育人质量的更具优势的品牌项目，是探寻学科育德规律、探索学科育德基本问题、探求学科育德范式的创新项目”。其实，在学科育德、全员育人的道路上，不仅仅是李屹，每一位老师都要共同努力。

三、成长：三重境界

第一重境界，是成才。首先，李屹在六年前能够在全南通万千中小学教师中脱颖而出，进入南通市名师培养第一梯队，成为二十人之一，可见已经是可造之人才。

现在的李屹经过南通市名师培养导师团的精心培养，以及她自己从未停止的奋斗与磨砺，已经渐入第二重境界，即成名。我和朋友讨论名师的“名气”时，曾琢磨过这个“气”。“气”，气概也，“我来到这个世界，为了看太阳”，向着真善美追求；“气”，气质也，“腹有诗书气自华”，身心兼修；气，气度也，眼界开阔，严己宽人。李屹和许多优秀的名师一样，无论是做老师、做学生还是做徒弟、做师傅，无论是读博进修还是主持项目课题，都是在自我修炼、自我提升、自我成就方面努力耕耘着、收获着，可以说，这些年，李屹在“养吾浩然之气”方面，一直“在路上”。

李屹又不止于此，她还有实在的未来规划，未来可期，她会进入第三重境界，即成家。“成家”是一个什么样子？南通的“李老师”们（李吉林、李庾南）就是榜样：她们拥有大情怀，视教育为神圣的使命；她们有超人的专业能力，以一节一节高品质的课垫就了自己的人生高度;她们具有创新精神,在遵循教育规律的基础上创造新的规律,甚至创造出具有中国气派的教育科学。

碰巧的是,李屹也姓李,她的师傅李凤也姓李,也算是"南通的李老师",有李吉林、李庾南这样伟大的前辈,"高山仰止,景行行止",李屹现今"虽不能至",但"心向往之",她是"不待扬鞭自奋蹄"的。相信总有一天,她将和"天下谁人不识君"的二位大先生一样,真正成为"南通的李老师"!

我期待那一天早一点到来!

本文发表于《江苏教育研究》2023 年第 21 期

附　录

教育叙事中的文本解读

——杨九俊《诗意的光亮》方法论说略

汪　政

《诗意的光亮》是杨九俊先生"幸福教育的样子"系列的第 5 本。如果要全面深入地理解作者的教育思想,最好能完整地阅读这个系列。这个系列的第一本《幸福教育的样子》出版于 2014 年,距今已经 8 年了。8 年来,杨九俊先生一直在思考、在行进、在实践。因此,系统地阅读过这个系列 5 部著作的读者都有这样的体会:对于什么是理想的教育,大到中国的基础教育应该怎样高质量地发展,小到具体的课堂教学,杨九俊从没有停止他的探索,换句话说,他一直在描绘他心中幸福教育的样子。他在构思,在作图,幸福教育是图画,是许多幅图画。正如教育有它终极的规律,但好的教育又从来因主体的不同而不同。所以,幸福教育既是唯一的、相同的,它要给教育主体以幸福感,同时,幸福教育的样子又是不同的,因为主体的感受不同,获得幸福的途径不同,用杨九俊的话说,它是"一树一树的花开"。所以,这一系列不但充分展示了幸福教育的理想愿景,同时也展示了杨九俊如何以人为本、以教育为根,描绘多彩多姿、五色斑斓的幸福教育的样子的心路历程与学术境界。

每个教育家都有自己的教育理想、教育理念、实践路径,特别是进入教育世界的方式。在我看来,杨九俊是一个务实性的,也就是实践性的教育家。他当然有形而上的教育理念与教育理想,但他更重教育现场。教育是理念与理想,但这理念与理想是从教育实践中生长出来的,是与教育的各个环节和要素密切相关的。教育家在创造,更在发现。教育固然需要构筑形而上的理论体系,但更需要脚踏实地的寻找、试验、培育与呵护。这既是一个教育家的思想方式,也与他的职业身份相关。按现代社会分工理论,杨九俊属于社会的技术管理阶层,他长期担任教育行政与教育科研管理工作,是现行国家教育体制的核心参与者,不但承担着国家教育意志传达与实现的职责，还必须寻找这种实现的理想通道与有效途径。进一步说，杨九俊不但是一位敬业的行业管理者，更是一位职业的超越者，他将国家意志与个人理想统一了起来，将工作做成了学术，将职业做成了专业。杨九俊著作所呈现出的治学道路给教育工作者许多启发，正如他在谈到教育科研时语重心长地对老师们所说的，要把工作当学问做："把手中的活儿当学问做了，你在流水般的时光中努力追求人生的价值，你的生活就有了意义，生命就可能因之而丰盈华美。"（《创造教学研究的黄金时代》）

从《幸福教育的样子》到《诗意的光亮》，不仅体现了杨九俊丰富的教育思想，闪烁着他幸福教育的理想光亮，而且呈现出一个教育家的思想路径、研究方法与表达风格。这其中最引人瞩目的就是对一个个教育样本的描述与考察，这不仅仅是一篇篇专题的研究报告，它们就是当下教育现状的田野调查。可以看出，叙事是杨九俊非常看重的方法。他曾提出基础教育教学研究的六种意识，第一就是"现场意识"，他认为"教育教学研究基于教育现场，还要回到教育现场"。他从现象学的角度对这一方法进行了价值定位，那就是"面向事实本身"，相应地，他认为一个教育家应该是一个优秀的叙述者，一个故事高手。在一定意义上，"教育教学研究大致是一种'教育现象学'，现象就是个体的实际经验，对个体实际经验的尊重和把握，会让人有一种存在感。所以应当提倡叙事，讲故事"。（《我们怎么做教育教学研究》）

《诗意的光亮》又给我们带来了新的故事，其中既有一个地区教育的宏大叙事，如常州的集团化办学，苏州吴江区主动融入长三角一体化教育的创造，也有以学校为主体的中型叙事，如南菁高级中学的"大美育"教育实践，苏州中学的书院制育人方式，扬中市外国语小学的挑战性学习支架建构，太仓市城厢四小的苏南工艺课程开发，又有以老师为主角的微观叙事，如武凤霞老师的"素养表现性教学"、吴建英老师的"中国风·母语美"教学、陈家梅老师的"领学制"数学教学、徐栋老师的"共创性"写作教学、刘昕老师语文教学的审美实践和刘玮老师教育实践中的思想者追求。正是这样的教育叙事，真实地再现了正在进行中的教育教学改革，呈现了中国教育大地上的精彩故事和生动人物。

当然，杨九俊善于讲故事，但不止于故事。故事固然重要，对故事的解读更为重要。从这个意义上说，将杨九俊的教育叙事看成教育文本的解读可能更为准确。德里达有一句名言，除了文本，世界再无他物。也就是说，世界上所有现象，一切人与事都是文本。表面看上去这只是一个概念的转换，其实，它喻示了一个重要的思想方法。因为一旦将事物看作文本，那就意味着它是人的自觉选择，它是有意义的，是需要解读的。所以，杨九俊重视叙事与故事，但是，他反复强调理论、强调创造、强调个性与立场、强调结构化……正是从文本角度对教育现象的这些多角度的深度解读，杨九俊不但揭示了它们的意义，更从中生发出了自己围绕幸福教育的一系列思想创造。杨九俊推崇"一位学者教育研究三个视角"的说法，即经验性的"前科学"视角，理论性的"教育科学"视角和哲学与时代精神的"超科学"视角，在杨九俊的文本解读中，这三个可以是递进式的阶段成为叠加共在，他总是能在葆有教育现场的鲜活的同时，又能给予教育理论的专业解析，并且时时发显出哲学的智慧与精神的辉光。

这是高境界的文本解读，于此中，杨九俊显示出一个教育家的学术个性与精神气质：善良、真诚、高扬、善解人意，富于感染性与引导力。所以，他能从朴素的教育行为中发现价值，能够从自在的教育实践中发现自觉，能够从萍末发现未来的教育之风。他能集众人之智，形成浩大的教育能量。幸福教育是杨九俊的理想，更是他行走在教育大地之后凝聚成的教育思想共同体。

（作者系江苏省文艺评论家协会主席、江苏省特级教师）

本文发表于《文艺报》2022 年 8 月 29 日第 8 版

让诗意的光亮照进现实

张克中

与社会中的其他许多职业一样，教育也是服务于人的存在。但教育职业的特殊性在于其本质属性的道德性，成全人是教育为人的使命，这种特质让教育本身、教育行为、学校的存在、教育过程、学生成长过程拥有了哲学诗性。教育的哲学诗性既抽象又具体，其为人的普遍价值是抽象的，其让每一个接受教育的人都成为活泼泼的生命又是具体的。基于此，我们才主张和强调每一个教育从业者、每一所学校都要遵从教育的德性，通过自己的职业努力，让教育的诗性成为教育的现实。

杨九俊先生将教育的哲学诗性具体界定为"幸福教育"。他认为，教育既是为人，使学生获得幸福就是学校和教师的责任，学校与教师在成就学生幸福的过程中也成就了自己。他主张幸福教育就是办幸福的学校，做幸福的教师，培养幸福的学生。近几年，杨九俊先生将自己对教育的理解诉诸文字，连续推出以"幸福教育"为主题的教育观察与思考，这本由江苏凤凰教育出版社出版的《诗意的光亮》是他关于"幸福教育"的第五部作品。

进入 21 世纪以来，基础教育改革前沿的所有场域都有江苏基础教育从业者的身影。杨九俊先生既是新世纪江苏基础教育大发展的领导者之一，又是这场基础教育大变革的重要研究者和实践者，江苏基础教育的每一次行动，都有他的参与。他观察、记录、思考、研究，然后进行专业的判断。阅读他之前的四部著作，杨九俊先生周延的观察、缜密的思考、详细的记录和他笔下的专业分析给人以启发，就像这部《诗意的光亮》第一辑——"瞭望前沿"，涉及科技、社会发展对教育变革带来的观念冲击、行为影响、路径思考，涵盖了基础教育学校的方方面面。从这些教育案例和教育观察中，我们不仅看到了一名基础教育从业者对教育前沿问题敏锐的"嗅觉"，更能体会到其对教育前沿问题独到而深刻的分析。高品质学校建设是江苏正在进行的基础教育改革推进项目之一，在本书中，杨九俊先生用了整整一辑的篇幅来表达自己对一批名校在高品质学校建设中创新实践的观察，他观察的对象从幼儿园到普通高中，是对基础教育所有学段的全覆盖。这些学校观察既有一校探索，也有集团化办学，既有区域整体高品质办学的记录，也有跨区域的名校办学思考，提炼和总结了一批名校的创新实践经验，表达了自己在“守朴”中对发展并成就学生的教育方式创新的期待。

因成全人的使命而拥有诗性光辉的学校教育，无论中外，校长与教师都是走向教育诗性未来的关键。在中国当下的教育语境中，一所学校如何作为，首先要看校长，校长有无教育的情怀，有无清晰的教育理念，有无坚定的教育信念，有无历尽艰辛而始终不渝的专业作为，这对一所学校的现状与未来十分重要。一位教师如何作为，要看他是否认同教师的身份意义，是否拥有职业的朴素良知，是否秉持专业的负责态度。校长与教师的专业状态直接决定了学生在学校接受教育所能拥有的学习结果。在本书的第三与第四辑，杨九俊先生从校长与教师两个视角给阅读者呈现了教育的诗意。无论是王文英校长的“百川园”，还是吴建英校长的母语美育实践，我们都能看到江苏一批有情怀有使命担当的校长在教育旅途中的思考与诗意追求。无论是陈家梅老师在泗阳双语实验学校探索的儿童数学课堂，还是杨九俊先生对自己过往几十年间语文专业探索的点滴记录，都让阅读者一睹教师做专业思想者的美，认识到专业修为的重要性。

杨九俊先生将此书命名为“诗意的光亮”，在我看来，“诗意”是江苏基础教育者对教育哲学诗性的执着追求，“光亮”是教育者在实践中取得的成就，以及实践者在专业努力过程中给人的感动。其实，这部《诗意的光亮》，又何尝不是杨九俊先生自己的写照呢？“诗意”是他矢志不渝的专业修为，职业责任的主动承担，鼓舞人心的使命坚守；“光亮”是他带给人的精神鼓舞，是他诉说的那些教育故事带给人对教育美好未来的想象。

（作者系江苏省教育科学研究院研究员、江苏省特级教师）

本文发表于《中国教育报》2022 年 11 月 9 日第 10 版

后　记

黑塞在谈经典阅读时，说过一段话："在数千年来不计其数的语言和书籍交织成的斑斓锦缎中，在一些突然彻悟的瞬间，真正的读者会看见一个极其崇高的超现实的幻象，看见那由千百种矛盾的表情神奇地统一起来的人类的容颜。"这段话是作者拟就本书书名的触发点。生活是创作的源泉，这样的"容颜"应当溯源到文明进程中人类的劳作与创造。而在教育的语境中，"美好的容颜"则自然是"幸福教育的样子"。

本书收录的是2022年以来公开发表的部分文章。第一辑风乎舞雩，这里用"风乎舞雩"最基本的意思，到春天的大自然吹吹风。在笔者，就是沉浸在基础教育课程改革的"真实情境"如沐春风，"情动于中而形于言"，于是有了这些篇什。第二辑云蒸霞蔚，叙写了一批学校在高品质建设、高质量发展进程中的绚丽风景。"寻找属于自己的句子"，这些学校都有属于自己闪亮的文化名片；生动的特殊性蕴含普遍规律，这些学校的创新实践都具有推及一般的价值。第三辑郁郁葱葱，描摹了我所书写的若干位名师拾级而上的身姿。无论是如于漪老师"好大一棵树"，还是树到中年的刚健挺拔，渐成气候的新枝摇曳，郁郁葱葱绿意深都是其基本特征。

非常感谢各位领导、专家、校长、老师，是大家在政策、理论、实践层面形成的多重对话，激发了我写作的灵感；特别感谢一线的教育同道，你们的躬耕实践是我写作的源头活水；蒙各位编家厚爱，让这些文章都有了公共产品的身份；感谢李彤教授，为我题写"幸福教育的样子"第六集的书名；也感谢朋友们此前为我的书撰写书评，给我许多鼓励。

取法乎上，心向往之，是笔者的生活法则，我相信也是我的各位教育同仁共同的生活法则。我们会永远想象着、创造着幸福教育"美好的容颜"，我们永远在路上。